LE VOYAGEUR FRANÇOIS,

OU LA CONNOISSANCE

DE L'ANCIEN ET DU NOUVEAU MONDE

Mis au jour par M. l'Abbé DELAPORTE.

TOME XXIII.

Prix 3 liv. relié.

A PARIS;

Chez L. CELLOT, Imprimeur - Libraire, rue Dauphine.

―――――

M. DCC. LXXVII.

Avec Approbation, & Privilege du Roi.

LE VOYAGEUR FRANÇOIS.

LETTRE CCLXXXVII.

LA HONGRIE.

La crainte de franchir des montagnes escarpées & couvertes de neige, n'a point effrayé mon courage. Dans une saison rigoureuse, j'ai traversé les monts Carpaths, qui séparent la Hongrie de la Pologne ; & des rives de la Vistule, je me suis trouvé sur les bords du Danube. Plusieurs Villes s'offrirent sur mon passage dans les gorges de ces montagnes ; je ne m'arrêtai dans aucune. Une maison seule fixa mon attention, & fit naître en moi le plus vif intérêt. Un Descendant de cet infortuné Nadasti qui expia, sur un échaffaut, des crimes que sa famille persiste à croire imaginaires, y vit, loin des Humains, des fruits d'un bénéfice qu'il partage avec sa Mere & sa Sœur. Le hasard, ou p'utôt l'erreur de mon guide me conduisit dans cette habitation isolée ; la nuit & le bon accueil m'engagerent d'y accepter un asyle ; un repas frugal, mais donné avec joie, fut suivi d'une conversation qui m'intéressa.

« Le nom de Nadasti vous est con-
» nu, me dit cette tendre Mere, dont
» les années n'avoient point affoibli le
» sentiment de la douleur. Ce nom,
» distingué dans les Annales de Hon-
» grie, a occupé l'Europe vers le mi-
» lieu de l'autre siecle. Le Monde a
» retenti de nos disgraces ; nos mal-
» heurs sont consignés dans toutes les
» Histoires, & présentés sous d'af-
» freuses couleurs. Des Ecrivains ga-
» gés ou prévenus ont rendu nos Pe-
» res odieux, en s'efforçant de les

» rendre coupables ; mais croyez que
» ces Seigneurs infortunés, qui ont
» péri fous le glaive, ont été plus
» malheureux que criminels.

» Les Hongrois souffroient impa-
» tiemment que l'Empereur s'empa-
» rât de toutes nos places ; Plusieurs
» croyoient encore avoir des sujets
» personnels de se plaindre. Nadasti
» étoit indigné qu'on lui eût refusé la
» Charge de Palatin de Hongrie, juste-
» ment due à sa naissance & à ses ser-
» vices. Le Comte de Serin, mon
» Aïeul, se plaignoit de n'avoir pu ob-
» tenir le Gouvernement de Car-
» lestad.

» Ici commencent les accusations
» d'assassinat, d'incendie, d'empoison-
» nement. A en croire nos Ennemis,
» dès l'année 1666, Serin & Nadasti
» avoient envoyé cinq cens hommes
» dans un lieu où devoit passer l'Em-
» pereur accompagné de peu de mon-
» de ; mais le Commandant, chargé de
» le poignarder, arriva trop tard ; & ce
» contre-tems rompit toutes les mesures.
» Désespéré de ce peu de succès, Nadasti
» fit mettre, dit-on, le feu au Palais,
» afin que, pendant le désordre, les

» Conjurés puſſent ſe rendre maîtres
» de la perſonne de Léopold; mais ce
» Prince eut encore le bonheur de ſe
» dérober à la pourſuite de ſes Aſſaſ-
» ſins. Enfin le malheureux Nadaſti,
» toujours criminel, & jamais accuſé,
» jamais ſoupçonné, a encore la li-
» berté de ſe livrer à un troiſieme at-
» tentat: c'eſt d'empoiſonner l'Empe-
» reur; & pour cela, il invite ce Mo-
» narque & toute ſa Cour qui ne ſe
» déſie de rien, à prendre le divertiſ-
» ſement de la pêche à Puttendorf.
» Cette partie de plaiſir eſt ſuivie d'une
» ſuperbe collation, dans le deſſein de
» ſervir devant Léopold, qui aimoit
» la pâtiſſerie, une tourte empoiſon-
» née; mais la Comteſſe de Nadaſti,
» à qui l'on prétend que ſon Mari
» avoit fait cette horrible confidence,
» trouva moyen de ſubſtituer une au-
» tre tourte à celle qu'on deſtinoit
» au Monarque. Le Comte, qui vit le
» Prince ſortir de table ſans accident,
» en eut quelque ſoupçon; & ſur l'a-
» veu de la Comteſſe, on ajoute, pour
» mettre le comble à toutes ces hor-
» reurs, qu'il la força de prendre un
» bouillon qui la fit expirer à ſes

» yeux. D'autres se contentent de dire
» qu'il tua son Cuisinier de sa propre
» main, sans faire mention de ce se-
» cond empoisonnement.

» Pendant que les Mécontens cher-
» choient à se défaire de l'Empereur,
» ils travailloient à s'attacher la No-
» blesse. Ils gagnerent entr'autres le
» Prince Ragotski, si célebre dans
» l'Histoire des troubles de ce Royau-
» me, le Comte de Tattenbach, & le
» Marquis de Frangipani, Beau-frere
» du Comte de Serin. Tattenbach fit
» son traité avec ce dernier; mais il
» fut trahi par un de ses Gens, qui en
» avoit une copie écrite de la main de
» son Maître. Cette conspiration fit
» trembler la Cour de Vienne, qui
» n'avoit encore de lumieres, qu'au-
» tant qu'il en falloit, pour appérce-
» voir la grandeur du péril. Une Let-
» tre de Frangipani, qui fut intercep-
» tée, acheva de découvrir le secret.
» Cette Lettre étoit d'un jeune homme
» qui se livroit à toute la vivacité de
» son caractere; & aussi peu attaché
» à sa Religion qu'à son Prince, il
» n'aspiroit, disoit-il, qu'au mo-
» ment de couper des têtes Alleman-

» des, & de changer son bonnet en
» turban.

» Le projet une fois découvert, il
» ne fut pas difficile de se rendre maî-
» tre des Conjurés. Quoique l'Em-
» pereur fût disposé à leur pardon-
» ner, ses Ministres aigrirent telle-
» ment l'esprit du Monarque, qu'il
» se détermina, contre son gré, à les
» traiter avec la derniere rigueur. Les
» Prisonniers lui écrivirent, lui firent
» même écrire par le Pape ; mais il ne
» se laissa point fléchir, & voulut in-
» timider les Hongrois par un exem-
» ple de sévérité. On annonce à Na-
» dasti de se préparer à la mort ; &
» ce n'est qu'au moment de l'exécu-
» tion, qu'on lui déclare qu'il n'aura
» pas le point coupé, comme le porte
» son Jugement. Le pauvre Comte
» éprouve quelque sentiment de joie
» à cette nouvelle ; & s'étant mis à
» genoux, il se recommande à la mi-
» séricorde divine. Après qu'il a ache-
» vé sa priere, il se fait déshabiller
» par un de ses Pages ; qui lui bande
» les yeux ; il se place ensuite sur une
» espece de sellette ; & l'Exécuteur lui
» sépare, d'un coup de sabre, la tête

» du corps. Telle fut la fin déplorable
» de ce malheureux Comte Nadasti,
» que son ancienne noblesse, ses grands
» biens, ses illustres alliances ne purent soustraire à la rigueur du supplice.

» Serin ne doutoit pas qu'on ne lui
» fît grace en considération de ses services. Il osa même, dans une Lettre
» qu'il écrivit à l'Empereur, insinuer
» à ce Prince, que les Hongrois ont
» droit de prendre les armes, pour
» défendre leurs privileges, & empêcher d'établir l'autorité monar-
» chique dans un Pays, où le Gou-
» vernement est mixte par sa nature,
» & la Royauté élective; qu'il y a, en-
» tre le Prince & les Sujets, une obli-
» gation mutuelle, qui lie tellement
» les Parties contractantes, que si
« l'une des deux ne remplit point les
» conditions, il est permis à l'autre de
» les enfreindre. Il objectoit aussi la
» longue vacance du Palatinat de Hon-
» grie, que Nadasti avoit sollicité,
» & la violation des articles que Sa
» Majesté avoit juré d'observer. Il con-
» cluoit enfin, que toutes ces circons-
» tances devoient faire regarder les

» troubles de ce Royaume comme
» moins criminels, que ceux qu'exci-
» citeroient des Vassaux héréditaires;
» & il rappelloit à Léopold, que la
» Maison d'Autriche avoit toujours
» traité les Hongrois révoltés, avec
» plus de douceur & de modération
» que ses autres Sujets.

» La Comtesse de Serin écrivit aussi
» à l'Empereur, & juroit à ce Prince,
» que le Comte, son Mari, n'étoit
» entré dans aucun traité contre sa
» Personne; que son malheur ne ve-
» noit que des mauvaises impressions
» que ses Ennemis avoient données de
» sa conduite. » Si néanmoins, ajoutoit-
» elle, il étoit assez malheureux pour
» vous avoir donné sujet de douter de
» son innocence, j'implore votre clé-
» mence si naturelle aux Princes de
» votre Maison. Vous nous avez assez
» fait connoître votre puissance; don-
» nez-nous des marques de votre mi-
» séricorde. Songez qu'il y a plus de
» gloire à se vaincre soi-même, qu'à
» triompher de ses Ennemis. Suivez
» l'exemple de Dieu, dont vous êtes
» l'image; rendez un mari à sa femme
» désolée; & soyez assuré que nous

» emploierons le reste de notre vie à
» réparer, par notre zele & notre sou-
» mission, les fautes dont nous som-
» mes accusés, quoique nous n'en
» soyons pas coupables ».

» Ces deux Lettres ne produisirent
» aucun effet; Frangipani, qui vou-
» loit perdre son Beau-frere, pour
» profiter de ses Charges, fit connoî-
» tre aux Ministres de l'Empereur le
» secret de la conjuration; & la Sen-
» tence les condamna l'un & l'autre à
» avoir la tête coupée sur un échaf-
» faud. Ils furent exécutés à Neustad,
» & moururent avec des sentimens de
» piété, qui tirerent les larmes des
» yeux des Assistans. Nous conservons
» dans la famille la Lettre que le Comte
» de Serin écrivit à sa Femme la veille
» de sa mort. Il n'y témoigne aucun re-
» mords; parce qu'il ne se croyoit cou-
» pable d'aucun crime, & se fondoit
» sur un droit accordé par nos Rois.
» Albert II fit publier, en 1222, une Dé-
» claration qui permet à chaque Gentil-
» homme de s'armer contre son pro-
» pre Souverain, si ce dernier entre-
» prend de toucher à nos franchises.
» Aussi les Hongrois, mécontens du

» Gouvernement Autrichien, se plai-
» gnirent-ils, dans un Manifeste, de la
» violation de tous nos privileges.
» Notre Nation, disoient-ils, est aussi
» ancienne que le Pays que nous ha-
» bitons. Nous descendons de ces bra-
» ves Pannoniens qui se sont toujours
» choisis leurs Chefs, auxquels il don-
» noient le pouvoir de commander &
» non de punir. Nos Peres ne con-
» noissoient pour Maîtres que les
» Dieux, pour Juges que les Prêtres ;
» & telle fut de tout tems cette fa-
» meuse, cette antique Pannonie,
» qui ne put être conquise que par
» Alexandre, Céfar & les Romains.
» Les Huns, Peuples barbares, sortis
» des environs des Palus Méotides,
» nous inonderent au cinquieme sie-
» cle ; mais ils furent détruits ou dif-
» persés par une autre Peuplade venue
» de la Scythie, qui, sous le nom de
» Hongrois, se mêlerent & s'établirent
» parmi nous.

» Si nous passons de ces tems obs-
» curs à ceux qu'éclaira la lumiere de
» l'Evangile, la Hongrie, en embras-
» sant le Christianisme au dixieme sie-
» cle, ne perdit ni sa valeur, ni sa

» gloire, ni sa liberté. Elle conserva
» le droit d'élire ses Princes; & Saint-
» Etienne, premier Roi Chrétien de
» la Nation, donna des regles de Gou-
» vernement, qui ressembloient plus
» aux exhortations d'un Pere à ses En-
» fans, qu'aux Loix d'un Souverain à
» ses Sujets.

» André II, voulant mettre une sorte
» d'équilibre entre le pouvoir de la
» Royauté & la justice de la liberté,
» dépouilla l'une de ce qu'elle avoit
» usurpé, & rendit à l'autre ce qu'elle
» avoit perdu. Mais on commençoit
» à peine à goûter les douceurs de cette
» Administration, que le Royaume
» fut ravagé par les Tartares. Il se ré-
» tablit & devint florissant, jusqu'à
» l'accroissement de la puissance Ot-
» tomane en Europe. Il s'affoiblit en-
» suite, soit par divers démembre-
» mens, soit par l'invasion des Turcs.
» Jusques-là, cette Couronne avoit
» été élective, & le fut encore en
» entrant dans la Maison d'Autriche
» l'an 1540, dans la personne de Fer-
» dinand, Roi de Bohême & de Hon-
» grie «.

» Ce qui révoltoit le plus les Auteurs

» du Manifeste, étoit de voir ce Royau-
» me, d'électif devenir héréditaire;
» d'être privés pour toujours du droit
» de se choisir un Maître, & de ne
» plus pouvoir l'être eux-mêmes; mais
» les mesures que voulurent prendre
» quelques Grands de la Nation, pour
» conserver cette auguste prérogative,
» sont précisément ce qui nous la fit
» perdre. Léopold nous traita comme
» un Peuple conquis, nous envoya
» des troupes étrangeres, tira tout
» l'argent du Pays, supprima la Charge
» de Palatin, lui substitua celle de Vi-
» ceroi, dont il limita encore le pou-
» voir, & se réserva même la faculté
» de la révoquer. Le Conseil de Vienne
» se crut tout permis, dès qu'il se vit
» en état de tout entreprendre. Il dé-
» clara le Royaume héréditaire dans la
» Maison d'Autriche; & les Etats fu-
» rent obligés de reconnoître pour
» leur Souverain l'Archiduc Joseph,
» fils aîné de l'Empereur. Ils confir-
» merent la succession au Trône aux
» enfans mâles de cette Maison; en cas
» d'extinction de ces derniers, on vou-
» lut bien nous rendre le droit de nous
» choisir un Maître; & l'on révoqua

» le décret du Roi André, qui auroit
» pu occasionner de nouveaux trou-
» bles dans un tems, où les anciens
» même n'étoient pas encore appai-
» sés.

« En effet, les Mécontens déférerent
» à Tékeli le Gouvernement de leurs
» troupes. Ce Général attaqua celles
» de l'Empereur, remporta plusieurs
» victoires, se rendit maître d'un grand
» nombre de places, & mérita le titre
» glorieux de Protecteur de la Patrie.
» Le Grand Seigneur promit sa pro-
» tection à tous les Hongrois qui se
» rangeroient sous les drapeaux du
» nouveau Commandant, & menaça
» de ne faire aucun quartier à ceux
» qui refuseroient de se soumettre.
» Les Turcs pénétrerent dans l'Autri-
» che avec une armée formidable, s'a-
» vancerent jusqu'à Vienne, & en
» firent le siége ; mais l'avantage que
» remporterent les Impériaux, jetta la
» terreur dans l'esprit des Hongrois ;
» & la plupart des Seigneurs jugerent
» à propos de se soumettre. Tékeli
» obtint la Principauté de Transilvanie,
» & embrassa, avec plus de chaleur

» que jamais, le parti de la Cour
» Ottomane.

» Après dix-huit ans de guerre, le
» Prince Eugène, toujours victorieux,
» négocia avec les Turcs le fameux
» traité de Carlovitz, qui rendit le
» calme à l'Empire; mais Ragotski,
» qu'on retenoit dans les fers, trouva
» moyen de se sauver de sa prison; &
» lorsqu'il se vit en liberté, il souleva
» de nouveau les Hongrois. Léopold
» étoit alors en guerre avec la France,
» qui l'obligea de partager ses forces;
» & dès-lors, nous fûmes en état
» de lui faire la loi; mais il fallut
» céder aux armes Autrichiennes, qui
» nous ont enfin réduits sous un joug,
» dont nous ne cherchons point
» à nous délivrer. Persuadés qu'à l'a-
» venir nous n'aurons pour Souve-
» rains que des Princes de la Maison
» d'Autriche, nous avons consenti,
» par un acte solemnel, que le
» droit héréditaire passât à perpétuité
» dans la ligne féminine, comme ne
» composant qu'un même corps de
» Monarchie avec les autres Etats de
» cette Maison.

» Après la mort de l'Empereur
» Charles VI, le premier soin de l'Ar-
» chiduchesse Marie Thérese, sa Fille
» aînée, fut de se concilier l'amitié des
» Hongrois. Elle se soumit de bonne
» grace à prêter l'ancien serment de
» notre Roi André ; & cette complai-
» sance lui captiva les cœurs d'une Na-
» tion fiere, mais généreuse, le fléau
» de ses Tyrans, & l'appui de ses Sou-
» verains. Plus les Aïeux de l'Archidu-
» chesse avoient témoigné d'éloigne-
» ment à se soumettre au serment de
» leurs Prédécesseurs, plus la démar-
» che prudente de cette Princesse la
» rendit chere aux Hongrois. Ce Peu-
» ple, qui avoit fait des efforts in-
» croyables, & versé des flots de sang
» pour se souftraire à cette domina-
» tion, se présenta de lui-même au joug
» que la nouvelle Reine voulut lui im-
» poser. Un instant d'affabilité, que ses
» Ancêtres ne connurent presque jamais,
» fit oublier deux cens ans de haines,
» de séditions & de guerres civiles.
» Les Monarques Autrichiens avoient
» été redoutés & haïs; Marie Thérese
» fut chérie & adorée. Elle bannit cette
» étiquette & cette morgue qui peu-

» vent rendre le Trône odieux, fans
» le rendre plus respectable.

» Vous savez que cette Princesse,
» attaquée par toutes les Puissances
» de l'Europe, fut obligée d'abandon-
» ner sa Capitale, emportant avec elle
» l'Archiduc son Fils, & de venir in-
» téresser, en sa faveur, ces braves Hon-
» grois, que la sévérité de ses Aïeux avoit
» rendus ennemis de sa Maison, mais
» que sa douceur lui avoit inviolable-
» ment attachés. La Reine parut de-
» vant les Ordres de l'Etat, tenant
» entre ses bras le jeune Archiduc, âgé
» de quelques mois, & leur adressa
» ces paroles touchantes : " Abandon-
» née de mes Amis, persécutée par mes
» Ennemis, attaquée par mes plus pro-
» ches Parens, je n'ai d'autre ressource
» que dans votre fidélité, dans votre
» courage, & dans ma constance. Je
» mets en vos mains la Fille & le Fils
» de vos Maîtres, qui attendent de
» vous leur salut ". Les Palatins sont
» attendris, versent des larmes, tirent
» leurs sabres, & s'écrient : " mourons
» pour notre Roi, Marie Thérèse ".
» Cette Princesse fit élire, en 1751,
» à la Diette de Presbourg, l'Archi-

» duc Joseph, son Fils aîné, pour son
» successeur à ce Royaume.

Ces matieres d'Histoire & de politique occuperent une partie de notre souper; on parla ensuite des différens Princes qui ont gouverné la Hongrie ; & nous convînmes que cette Monarchie avoit produit plus de grands Saints, que de grands Rois. Étienne I fut comme l'Apôtre de ses Etats. Il publia des Loix sages, & donna de grands exemples de vertu. Il étoit Fils de Geisa, quatrieme Duc des Hongrois depuis leur entrée en Pannonie. Son Pere avoit favorisé la Religion Chrétienne; Etienne la prêcha à son Peuple. Quelques Seigneurs, irrités des progrès de cette Loi nouvelle, se révolterent, & pillerent les Terres de la Couronne. Etienne assembla ses troupes, marcha contre les Rebelles, les vainquit, s'empara de leurs biens, & y fonda des Monasteres. Le premier fut érigé à l'honneur de Saint-Martin, pour qui la Pannonie, où étoit né le saint Evêque, a toujours eu beaucoup de vénération. Pour affermir ses Sujets dans le nouveau culte, le Duc de Hongrie fit venir des Missionnaires.

Une troupe de Moines se consacrerent à cette bonne œuvre. Etienne prenoit plaisir à s'entretenir avec eux, & les combloit de ses libéralités. Ce fut l'origine de cette quantité de riches Abbayes qui s'établirent dans ce Royaume. Il s'informoit de la conduite des Religieux, reprenoit les négligens, & donnoit aux plus ardens des marques distinguées de son affection. Ce Prince eut la satisfaction de bannir l'idolâtrie de ses Etats; mais cette Eglise naissante ne pouvant subsister sans Pasteurs, il divisa le Pays en dix Evêchés, dont Strigonie fut la Métropole, & tira tous ses Evêques des Monasteres. Un des plus célebres fut le Moine Astric, qu'il envoya à Rome pour demander la Couronne Royale, dans la persuasion où l'on étoit alors, que le Pape disposoit des Diadêmes. Le Saint-Siége confirma les dix Evêchés, & envoya au Prince la Couronne avec le titre d'Apostolique, que n'ont pas laissé perdre ses Successeurs. Etienne fut reconnu Roi, sacré & couronné solemnellement; mais ce qui le rendit sur-tout vénérable à ses Peuples, ce sont les miracles qui s'opérerent sur son tombeau à Albe-Royale, où il fut inhumé.

Dans la Vie de Ladiflas, autre Roi de Hongrie, que l'Eglife a mis également au nombre des Saints, je ne trouve ni établiffemens de Monafteres, ni fondations d'Evêchés, ni aucune de ces inftitutions pieufes, qui rendent fi mémorable le regne d'Étienne, dans les Annales Eccléfiaftiques. J'y lis feulement qu'il fecourut le Roi de Pologne contre fes Sujets rebelles, le rétablit fur le Trône, foumit les Bohémiens, chaffa les Huns, vainquit les Ruffes, dompta les Bulgares, fubjugua les Cumans, défit les Tartares, agrandit fon Royaume, y ajouta la Dalmatie, la Craotie, & joignit à toutes ces conquêtes, les vertus d'un homme de bien.

Quoique privé des honneurs de la Canonifation, André II eft encore révéré de tous les Hongrois. Il eut une Fille, qui fe fanctifia fur le Trône, & que ce Pays invoque comme une Patrone. Elifabeth, née en 1207, fut mariée au Landgrave de Heffe, & devint Veuve de très-bonne heure. Les Seigneurs la priverent de la Régence, que son sang & les dernieres volontés de son Mari sembloient lui assurer. Elle avoit employé sa dot, ses pierreries & sa vaisselle à nourrir les pauvres ; & l'on prétend qu'elle se vit réduite à mendier son pain de porte en porte. Tirée de cet état d'humiliation, elle prit l'habit du Tiers-Ordre, & s'enferma dans un Monastere, où elle mourut à vingt-quatre ans.

Quoique située dans un lieu solitaire, la maison de M. Nadasti n'est pas éloignée de la Capitale, où j'arrivai en moins de sept heures. Presbourg ou Poson, car toutes les Villes ont ici un nom Hongrois, & un nom Allemand, occupe la rive gauche du Danube, à dix lieues au-dessous de Vienne, avec un pont de bateau sur le même fleuve. Son enceinte n'est guere que de deux mille toises ; mais ses fauxbourgs sont assez étendus. La place publique est belle, on peut même dire grande, eu égard à la petitesse de la Ville. Elle est ornée de deux fontaines, & de maisons aussi propres, aussi bien bâties, que les moyens des Habitans ont pu le permettre. On ne compte que
trois

trois Eglises, dont la principale est la Collégiale de Saint-Martin, où se fait le Couronnement des Rois de Hongrie. On garde la Couronne sacrée, le manteau & l'épée de Saint-Etienne, ainsi que la Croix Apostolique qui lui fut envoyée par le Pape, dans une des tours de la citadelle, depuis que les Turcs se sont emparés de Vicegrade. Sept grandes serrures ferment cette tour, dont les clefs sont gardées par autant de Seigneurs, qui ne l'ouvrent que le jour du sacre. La forteresse est bâtie sur une élevation qui commande la Ville. C'étoit autrefois au Comte de Palfy, qui en est le Burgrave & y fait sa demeure, qu'appartenoit la garde de cette citadelle ; mais la fidélité des Hongrois étant devenue suspecte, l'Empereur y a mis un Officier Allemand, qui a sous lui cinquante hommes de sa Nation ; le Burgrave en a autant de la sienne ; & ces deux troupes servent ensemble aux portes du fort.

Presbourg est environnée de fossés qui ne sont ni assez larges, ni assez profonds, pour la mettre en état de défense. On lit sur une des portes cette inscription, *Omne Regnum in se divisum desolabitur*, qui auroit dû empêcher les troubles dont ce Royaume a été désolé, & apprendre d'avance aux Habitans, les tristes suites de leurs divisions. Cette Ville est la résidence du Palatin du Royaume, qui, après le Roi, est la premiere personne de l'Etat. Il doit être Hongrois de Nation; & c'est à lui qu'est ordinairement confié le gouvernement de cette Capitale. L'Archevêque de Strigonie y réside aussi depuis l'an 1741, & y a un magnifique Palais. Les Habitans, partie Hongrois, partie Allemands, y sont polis, & vivent entr'eux, quoique de cultes différens, avec beaucoup d'union. Les Catholiques & les Protestans y ont chacun un College. On permet à ces derniers le libre exercice de leur Religion; mais la Catholique est la dominante.

A peu de distance de la Ville est la montagne de Kœnigsberg, où les nouveaux Rois, à chaque Couronnement, vont à cheval, l'épée de Saint-Etienne à la main, & frappent l'air vers les quatre points du monde, pour marquer qu'ils défendront le Royaume contre tous ses ennemis. C'est ainsi que Marie Thérese commença ce regne glorieux, ce regne qui doit former une époque si brillante dans l'Histoire des Femmes célebres. Elle a connu le malheur à l'entrée de sa carriere ; & dans le cours heureux de sa prospérité, la Fille de Charles VI a fait voir, qu'elle étoit digne du rang suprême qu'on lui disputoit. Dans l'une & dans l'autre fortune, cette Princesse a montré à l'Europe la fermeté, le courage, les talens qui font les grands Rois, & les vertus qui font aimer les bons Princes. J'aurai, Madame, plusieurs fois occasion de vous offrir le tableau intéressant de ses actes de bienfaisance, de ses Réglemens, de ses institutions utiles, soit pour réformer les abus, simplifier la perception des impôts, établir l'ordre & la discipline parmi les troupes ; soit pour animer l'agriculture, encourager les arts, favoriser le commerce, accroître la population, & faire circuler l'abondance.

On vante la fertilité des environs de Presbourg, & sur-tout la délicatesse de ses vins ; mais ils sont mortels aux goutteux ; & pris avec excès, ils donnent lieu à de fréquentes maladies. Les fruits y sont délicieux, les bleds abon-

B ij

dans, le bétail nombreux, & les bœufs d'une grosseur extraordinaire. On y voit aussi une espece de bélier, dont les cornes, qui forment plusieurs tours sur sa tête, lui font une espece de couronne.

Pour revenir aux vins de Hongrie, vous serez peut-être bien aise de connoître l'origine de celui de Tokai, & ses différentes qualités. Les Marchands sont dans le préjugé, que le vin du canton où est située cette Ville, est préférable à celui des Vignobles voisins; quoique tous ces vins soient presque égaux, & prennent généralement le nom de Tokai. Il faut pourtant convenir, qu'il y a une certaine partie de ce territoire, d'environ six cens pas d'étendue, exposée au plein midi, dont le vin est admirable. On parle aussi beaucoup du Vignoble de Tarzal, qui peut avoir trois mille pas de largeur, & neuf mille de longueur. Quoique le vin de ces deux cantons soit excellent, il ne s'en fait pas néanmoins une si petite quantité, qu'il soit, comme on le dit, uniquement employé à la table de l'Empereur.

Ce vin passe pour le meilleur de l'Europe; & les Connoisseurs en attribuent la cause, autant à la maniere de le faire, qu'à la qualité du sol, & à la bonté des raisins, dont on distingue plusieurs sortes : les uns qu'on appelle Augster ; parce que c'est au mois d'Août, qu'ils commencent à être dans leur maturité : les Habitans les font sécher; & l'on s'en sert au lieu de raisins de Damas, avec lesquels ils ont quelque ressemblance : les autres nommés muscadins; parce qu'ils ont l'odeur & le goût de la muscade. Ces deux especes sont les plus estimées : on les cueille séparément; on les fait ensuite sécher à demi, ou au soleil ou dans un four; on détache les grains de la grappe; on les met sous le pressoir; & l'on en tire un suc délicieux. On le laisse fermenter jusqu'à ce qu'il se change en un vin doux & huileux, que l'on soutire au bout d'un an.

Une autre sorte de vin se fait avec des raisins qu'on porte au pressoir au sortir de la vigne, & sans les faire sécher. On prend seulement la précaution d'en ôter la grappe ; & après en avoir tiré un suc très-doux, on y jette des raisins à demi secs. Le moût, en fermentant, tire toute la douceur du fruit; & il en résulte un vin agréable, mais moins estimé que le premier.

On en fait d'une troisieme espece avec le jus pur du raisin, qu'on n'expose ni au four, ni au soleil. Ce vin est spiritueux & très-clair, mais moins doux & d'un moindre prix que les précédens. Ceux-ci ont cela de particulier, qu'ils conservent long-tems leur douceur ; qu'ils ont le goût & l'odeur aromatique, & que, même en en buvant beaucoup, ils ne causent ni maux de tête, ni langueur dans les membres. Enfin ils s'éventent difficilement, & se conservent pendant de longues années, même en vuidange, même dans des vaisseaux débouchés, sans souffrir aucune altération. Un Valet-de-chambre du feu Roi de Pologne s'amusoit à en boire, lorsqu'on vint l'avertir que son Maître, qui partoit pour un voyage long, étoit déjà dans sa chaise de poste. Le Domestique enferma promptement sa bouteille débouchée, qui n'étoit qu'à moitié pleine, & n'eut pas même le tems de vuider son verre. Environ deux ans après, étant de retour, il trouva ce même vin aussi bon, qu'il l'étoit avant son départ.

On attribue communément la qualité salutaire & exquise du vin de Tokay à l'or que renferme le terrein où croissent les vignes. On rapporte même plusieurs histoires, dans lesquelles on assure avoir trouvé, dans les pépins, des atômes d'or très-brillans. Mais il ne seroit pas difficile de réfuter toutes ces fables, & de faire voir que ni l'or, ni les autres métaux ne peuvent contribuer à rendre la terre féconde, & moins encore à améliorer les sucs des végétaux. Si le vin de Hongrie conserve plus long-tems sa douceur, c'est uniquement parce qu'on emploie, pour le faire, une méthode différente. Je crois vous avoir déjà dit quelque part, que nos Marchands ont le secret de nous procurer du vin de Tokay, sans le faire venir de Hongrie. Ils en mettent la lie, ou une espece de peau qui se forme au-dessus, avec du vin de Champagne & de Malaga; & ce mêlange donne le Tokay qui se sert sur la plupart de nos tables.

La Ville de ce nom est une place forte de la haute Hongrie, dans le Comté de Zemblyn, au confluent du Bodrog & de la Teisse. Elle tomba sous la puissance de la Maison d'Autriche, par la cession que lui en fit Ragotski, après la perte de la Transylvanie. Ce Prince, dont j'ai déjà parlé dans cette Lettre, s'étant mis à la tête des Mécontens, fut proscrit par la Cour de Vienne. On afficha dans toutes les rues une promesse de dix mille florins à ceux qui le livreroient vivant, & de six mille à qui apporteroit sa tête aux Officiers de l'Empereur. Il n'en devint que plus cher aux Hongrois, qui le proclamerent Prince de Transylvanie, & Protecteur du Royaume. Mais les affaires ayant changé de face, Ragoski obtint de la reconnoissance, autant que de la générosité de Louis XIV, un asyle en France, & cet honorable accueil, auquel toutes les Nations de l'Europe ont applaudi.

Cet illustre proscrit, dont l'infortune

n'avoit point affoibli le courage, tenoit sa petite Cour à Clagny, que le Roi lui donna pour demeure, avec des pensions considérables, qui lui furent continuées toute sa vie. Son goût pour la solitude de Grosbois lui fit quitter sa premiere habitation. Il se réduisit quelque tems à mener la vie des Camaldules, quoique mêlée d'un grand nombre de bisarreries & de foiblesses. A la fin, fatigué peut-être de son propre choix, ou piqué de se voir moins considéré du Régent, que du grand Monarque dont il venoit d'éprouver la protection, ou réveillé enfin de sa pieuse léthargie par ce caractere actif & les talens militaires, qu'il avoit si long-tems exercés à la tête des armées, il se ménagea, par des intrigues secrettes, un autre asyle chez les Turcs, sous prétexte d'y trouver ou d'y faire naître plus facilement l'occasion de rétablir ses affaires en Hongrie. Le Grand-Seigneur lui donna, pour retraite, la Ville de Rodosto, sur le bord du canal de la Mer Noire, où il mourut en 1735, âgé de cinquante-cinq ans, aimé & estimé de la Cour Ottomane. On a donné sous son nom un Ouvrage intitulé *Testament politique & moral du Prince Ragotski*; mais on doute qu'il en soit l'Auteur.

On lui attribue aussi une description manuscrite de la Transylvanie, avec des remarques sur la Bulgarie, la Valaquie, la Moldavie, qu'on dit être un des fruits de sa retraite. Je ne connois, de tous ces pays, que ce que j'en ai lu dans cette relation; & ce que j'ai lu, ne m'a donné aucun desir d'y voyager. Vous en jugerez par la Lettre suivante, qui contient en substance tout ce que renferme ce manuscrit.

Je suis, &c.

A Presbourg, ce 20 Octobre 1765.

LETTRE CCLXXXVIII.

SUITE DE LA HONGRIE.

« La Transylvanie, aujourd'hui an-
» nexée à cette Monarchie, étoit
» une portion de l'ancienne Dace, &
» formoit un Royaume, avant que les
» Romains s'en fussent rendus maîtres.
» Ils lui donnerent le nom qu'elle por-
» te, à cause de sa situation au-delà
» des forêts qui la séparent de la Hon-
» grie. Les Lettres & les Loix des Grecs
» s'y étoient introduites, & s'y con-
» serverent jusqu'à l'arrivée de Tra-
» jan, qui fit la conquête d'un Pays,
» que sa situation & ses défilés sem-
» bloient devoir rendre innaccessible.
» Rome y envoya des Colonies qui
» y porterent la Langue Latine, & en
» fit une Province Consulaire, comme
» le prouvent encore d'anciennes ins-
» criptions.

» De la domination des Romains, elle
» passa rapidement sous celle des Sarma-
» tes, des Goths, des Huns & des Hou-

» grois. Saint Etienne l'enleva à son
» Oncle, qui lui faisoit la guerre en
» haine de notre Religion. Un de ses
» Successeurs permit aux Germains &
» aux Saxons de s'y établir, & leur
» accorda plusieurs Villes qu'ils ont
» habitées, embellies & rendues fa-
» meuses. Ils y conserverent leurs
» Loix & leurs usages, auxquels les
» révolutions du Pays n'ont apporté
» aucun changement.

» Un Gouverneur mécontent y at-
» tira les Troupes Ottomanes. Jean
» Corvin, surnommé Huniade, se
» signala contre les Turcs, & se ren-
» dit si redoutable à ces Infideles,
» que les Meres, entendant crier leurs
» Enfans, n'avoient pas de moyen
» plus sûr, pour les faire taire, que
» de les menacer de l'arrivée d'Hu-
» niade. Il empêcha Mahomet II de
» prendre Belgrade, que ce Sultan te-
» noit assiégée. Il avoit gagné des ba-
» tailles importantes contre les Géné-
» raux d'Amurat; & étant près de
» mourir de ses blessures, il se fit
» transporter dans l'Eglise, se confessa,
» communia, & expira dans les bras
» des Prêtres qui le soutenoient. Maho-

» met Il pleura, dit-on, la perte de
» ce Héros, & se crut malheureux, de
» n'avoir plus de tête assez illustre
» dans l'univers, contre laquelle il
» pût tourner ses armes, & venger
» l'affront qu'il avoit reçu à Belgrade.
» Le Pape Calixte III. versa aussi des
» larmes, lorsqu'il apprit la mort de
» ce Général ; & tous les Chrétiens en
» prirent le deuil.

» La Transylvanie a souffert diffé-
» rentes révolutions : tantôt elle a été
» soumise à la domination des Turcs ;
» tantôt elle a appartenu aux Rois de
» Hongrie ; tantôt elle a eu ses Princes
» particuliers, qui la gouvernerent
» comme Vassaux de la Porte Otto-
» mane. Après la mort de Michel Abaffi,
» qui avoit déjà reçu une Garnison Al-
» lemande, l'Empereur s'assura de cette
» Province, se la fit céder comme
» dépendante de sa Couronne, & l'a
» toujours conservée malgré les pré-
» tentions de Ragotski, qui, en diver-
» ses occasions, a fait des tentatives
» inutiles pour la reprendre.

» Ce Pays est administré, au nom
» de l'Empereur, par des Dietes qui
» s'assemblent à Herman-Stadt, & sont

» distinguées en Haute & Basse Table.
» A la premiere siégent le Gouver-
» neur, les Prélats, les Comtes, les
» Barons. Un Commissaire y préside
» de la part du Prince, & y expose
» solemnellement ses ordres & ses de-
» mandes. La même chose a lieu à la
» Table basse, où conferent ensemble
» les Députés des Villes, des Comtés,
» des Jurisdictions. Le Gouverneur
» est assisté de plusieurs Conseillers
» pris chez les Luthériens, les Réfor-
» més, les Sociniens & les Catholi-
» ques; car toutes les Religions sont
» permises en Transylvanie; mais la
» Catholique, quoique moins nom-
» breuse que celles de la Confession
» d'Augsbourg & de Genève, est la
» dominante. Il y aussi des Grecs,
» des Ariens, des Mahométans, des
» Anabaptistes.

» On y distingue également trois
» sortes de Peuples, les Hongrois, les
» Saxons & les Sicules, ainsi nommés
» de la petite Province de Siculie, où
» ils semblent s'être confinés. On y
» voit aussi des Valaques & des Mol-
» daves établis dans des Villes écar-
» tées, uniquement appliqués au soin
» des bestiaux. Toutes ces Nations,

SUITE DE LA HONGRIE. 39

» différentes par leurs Loix, leurs
» Langues, leurs habillemens, leurs
» mœurs, leurs usages, pouvoient
» mettre anciennement plus de quatre-
» vingt mille hommes sous les armes :
» aujourd'hui il n'y a guere que six à
» sept régimens, commandés par un
» Général en chef, pour la défense
» du Pays.

» Les Hongrois occupent la partie
» occidentale, qui renferme huit Com-
» tés, dont je ne nommerai que les
» Villes principales. Colofwar, en Al-
» lemand Clausenbourg, située dans
» une plaine fertile, est grande, com-
» merçante & fort peuplée, parce que
» toutes les Religions y sont égale-
» ment protégées. Les Jésuites y ont
» une Université, les Réformés & les
» Sociniens chacun un College. Ces
» derniers y sont fort nombreux, &
» ont leur imprimerie particulière;
» mais l'Eglise principale, dont ils
» étoient en possession, leur a été en-
» levée par les Jésuites. C'est dans
» le Château de Clausenbourg, que
» s'assemblent les Etats de la Province,
» & que se tient le Sénat. Torda,
» ou Torenbourg, est une autre

» Ville, remarquable par ses salines, » ses antiquités Romaines, & sur-» tout, par l'histoire d'une femme qui, » ayant convaincu son mari d'adul-» tere, obtint de la Justice de lui cou-» per la tête elle-même dans la place » publique.

» Les Saxons possedent onze Com-» tés ou Territoires, qui passent pour » les plus étendus, les plus riches, les » plus abondans en bled, en vin, en » pâturages. Ce pays est arrosé par un » grand nombre de rivieres, & con-» tient des mines d'or & d'argent. On » ignore de quelle maniere & dans » quel tems ces Peuples sont entrés en » Transylvanie. La Fable a inventé » que, dans le troisieme siecle, un » Preneur de rats fit entrer de jeunes » Allemands dans une montagne; & » que de-là, ils passerent sous terre jus-» ques dans cette Province. Ce qui » paroît assez vrai, c'est que Charle-» magne, après avoir vaincu les Sa-» xons, y en envoya une Colonie; & » l'on peut croire qu'ils y étoient » déjà au commencement du neu-» vieme siecle. Ils habitent le mi-» lieu du Pays sur la riviere de Ma-» rozck, & parlent un dialecte Alle-

» mand, qui approche de celui des
» environs de Cologne. Leur Ville
» Capitale, qui l'est en même tems de
» toute la Province, se nomme Seben
» ou Herman-Stadt. On ne connoît
» point cet Herman dont elle porte
» le nom, ni en quelle année elle fut
» fondée. On sait seulement qu'au
» douzieme siecle, elle s'accrut de plu-
» sieurs beaux édifices, & qu'au trei-
» zieme, le Roi André lui accorda
» plusieurs priviléges. Les Souve-
» rains y faisoient autrefois leur rési-
» dence; c'est aujourd'hui le siége du
» Gouvernement, de la Chambre Roya-
» le, du Tribunal des appels, & de
» l'Assemblée des Etats. La Ville est
» grande, forte, bien peuplée, située
» sur la riviere de Seben, & divisée en
» haute & basse. Cronstat, sur la fron-
» tiere de Valaquie, l'emporte peut-
» être, & par le nombre de ses Habi-
» tans, & par l'importance de son
» commerce. Les Hongrois, les Sicu-
» les & les Valaques n'en peuvent oc-
» cuper que les fauxbourgs. Les seuls
» Saxons peuplent la Cité; y ont un
» College Protestant & une bibliothè-
» que. Cette Ville est bien fortifiée,

» a son château sur une hauteur comme
» c'est l'usage; & l'on y tient tous les
» ans une foire très-fréquentée.

» Les Sicules habitent le voisinage
» de la Moldavie, & tiennent leurs
» assemblées à Neumarck, Chef-lieu
» de leur district. Ils se croient tous
» de condition égale, & ne connois-
» sent aucune distinction de Noblesse
» & de Roture. La distribution des di-
» gnités & des Charges s'y fait par la
» voie du sort. Ils professent le rit
» Grec, & ont un Évêque à Fogo-
» rasch, qui est en communion avec
» l'Eglise Romaine. Ces Peuples, que
» quelques-uns appellent Bulgares,
» descendent de ces anciens Scythes,
» qui ayant été chassés de la Panno-
» nie, s'établirent dans ce Pays, &
» changerent de nom, pour éviter la
» fureur des Nations qui cherchoient à
» les exterminer. Leurs mœurs sont
» encore très-grossieres; & leur lan-
» gage se rapproche de celui des Hon-
» grois; mais la prononciation en est
» plus rude. Dans les sept Comtés qui
» partagent leur territoire, & où se
» trouvent autant de Siéges de Jus-
» tice, il n'y a aucune Ville, à l'ex-

» ception peut-être de Neumarck, qui
» mérite d'être citée.

» Les deux Comtés d'Albe-Jule &
» d'Huniade, situés au Midi, le long
» de la riviere de Marosck, sont habi-
» tés par les Hongrois & les Saxons.
» Albe-Jule ou Carlsbourg est le siége
» de l'Evêque Latin de Transylvanie,
» & l'ancienne résidence de ses Sou-
» verains. Les Ragotski y ont fondé
» une Université, & l'ont confiée aux
» Jésuites. Il paroît, par quelques ins-
» criptions, que cette Ville a pris son
» nom de Julie, mere de l'Empereur
» Marc-Aurele. Les Allemands lui don-
» nent celui de Weissembourg, & les
» Hongrois, de Galafeiwar. On l'ap-
» pelle Carlsbourg, à l'honneur de
» Charles VI, qui l'a fait réparer &
» embellir; mais elle est moins consi-
» dérable qu'Herman-Stadt, qui n'en
» est éloignée que de douze lieues.
» On voit par les monumens qu'on y
» découvre, qu'elle a beaucoup per-
» du de sa grandeur. Elle est défen-
» due par une forteresse qui domine
» sur une plaine parsemée de terres
» labourables & de vignobles, dont
» les Jésuites & l'Evêque tirent une

» partie de leurs revenus. Huniad, le
» principal lieu du Comté de ce nom,
» est une forteresse importante, située
» sur une montagne. Au-dessous est un
» bourg, dont les environs fournis-
» sent du fer de bonne qualité. Mais
» ce qui le rend plus célebre, c'est
» d'avoir donné naissance à ce fa-
» meux Comte Jean, la terreur des
» Infideles.

» Les Valaques, qui forment une
» quatrieme sorte d'Habitans de cette
» Province, sont un reste des ancien-
» nes Colonies Romaines, dont la Lan-
» gue a quelque affinité avec la Latine
» mêlée d'Esclavon. Ils mangent &
» s'habillent assez dans le goût des
» Romains, parlent volontiers Italien,
» font venir leurs Médecins de Padoue,
» & y envoient le petit nombre de
» ceux qui étudient.

» Lorsque ces peuples embrasserent
» le Christianisme, ils se rangerent du
» côté de l'Eglise Grecque; mais de-
» puis que le Pays appartient à la
» Maison d'Autriche, les Jésuites se
» sont appliqués à les amener à no-
» tre culte, sous le nom équivo-
» que de Grecs réunis. Leur Cler-

» gé borne sa science à savoir lire &
» chanter. Le reste est si peu instruit,
» que sur vingt personnes, il s'en trouve
» à peine une qui sache lire & écrire.
» Les Paysans de la Transylvanie sont
» devenu serfs, en punition d'une ré-
» volte qu'ils suscitèrent au commen-
» cement du seizieme siecle.

» L'Eglise Catholique est composée
» de Hongrois, de Sicules & d'un pe-
» tit nombre de Saxons, qui jouissent
» des mêmes droits que les Catholi-
» ques de Hongrie. Ils ont à leur tête
» l'Evêque de Weissembourg, Suffra-
» gant de l'Archevêque de Colotza.
» Les Réformés ne comptent, par-
» mi eux, que des Hongrois &
» des Sicules, sous l'inspection d'un
» Surintendant. Les Saxons sont pres-
» que tous Luthériens; & leur Eglise,
» qui est la plus nombreuse, est par-
» tagée en quatorze Districts, qui ont
» séance ou voix dans les Synodes.
» Un Evêque ou Surintendant, qui
» réside toujours à Birthelm, préside
» sur le Clergé, & juge en dernier
» ressort toutes les affaires Ecclésiasti-
» ques. L'Empereur Charles VI a af-
» fecté aux Jésuites de Clausembourg,

» les impositions auxquelles est taxé
» le Clergé Protestant. Les Sociniens,
» qui jadis formoient le parti domi-
» nant, éprouvent chaque jour une
» sensible diminution. Ils ont aussi un
» Surintendant ; & leurs Eglises sont
» autorisées par les Loix du Royaume.
» Le rit Grec Oriental, auquel les
» Grecs & les Valaques font pro-
» fession d'appartenir, n'est que pro-
» tégé par un privilege spécial du
» Monarque, & se partage en Grecs
» réunis & en Dissidens. Les Anabap-
» tistes habitent les lieux stipulés par
» les traités. On compte dans toute la
» Province cent mille Catholiques,
» cent quarante mille Réformés, cent
» cinquante mille Luthériens, cin-
» quante mille Sociniens, & plus de
» cinq cens mille Valaques.

» L'administration de la Justice, en
» matiere civile, se fait, au nom
» de l'Empereur, par les Jurisdictions
» inférieures & supérieures de cha-
» cun de ces différens Peuples. Dans les
» Villes libres & royales des Saxons,
» le Juge Civil, & ensuite le Conseil
» connoît des causes entre les Bour-
» geois ; de-là on peut appeller à la

» Diete des Villes, à laquelle un Comte
» de la Nation est préposé par le Prin-
» ce; &, en derniere Instance, à la Ta-
» ble Royale. Dans les Comtés qu'ha-
» bitent les Hongrois, les Gentilshom-
» mes ressortissent des Juges nobles, &
» ensuite de toute la Noblesse du Com-
» té : les appels se portent de même à
» la Table Royale. Quant aux Sicules,
» qui ont leurs Coutumes particulie-
» res, ils sont soumis à des Juges
» Royaux, qui reconnoissent des Ju-
» risdictions supérieures; & dans les
» cas extraordinaires, on peut en ap-
» peller à la Cour même. En matiere
» Ecclésiastique, les affaires des Catho-
» liques passent du Tribunal de l'Evê-
» que à celui du Métropolitain, au
» Nonce du Pape, & au Saint-Siége.

» La Moldavie, qui confine à cette
» Province, a son Souverain parti-
» culier, qu'on nomme Vaivode ou
» Hospodar, c'est-à-dire, Chef des
» troupes, ou Gouverneur de Pro-
» vince. Ce Prince, Chrétien Grec
» de Religion, est Vassal du Grand-
» Seigneur, & lui paie un tribut. Il
» marche à son secours dans ses ar-
» mées, & lui envoie tous les ans

» cinq cens chevaux & trois cens
» faucons pour hommage. Ce Pays
» étoit gouverné anciennement par
» des Ducs, tributaires des Rois de
» Hongrie ; Selim II s'en rendit maî-
» tre, & y établit des especes de Vi-
» cerois, qui y régnerent en Souve-
» rains. Le Sultan nomme les Princes
» qu'il a le pouvoir de révoquer quand
» il lui plaît, & même avant que l'an-
» née soit révolue, sans autre cause
» que son caprice, ou l'intérêt de ses
» Ministres. Il est vrai qu'il ne peut les
» choisir que parmi les Chrétiens, ni
» toucher à la Religion, ni donner le
» moindre emploi à un Musulman. Ces
» Princes sont pris entre les Grecs, Su-
» jets de la Porte, qui, d'une condi-
» tion presque servile, dans laquelle
» ils gémissent à Constantinople, pas-
» sent, dans ce Pays, au pouvoir sou-
» verain, & aux Charges les plus lu-
» cratives. Aussi se font-ils entr'eux
» une guerre cruelle, & gagnent sous
» main, par des sommes exorbitantes,
» les Ministres & les Maîtresses. Ils
» font, à cet effet, des emprunts à
» vingt, à trente pour cent, qu'ils
» remplacent par des extorsions &
» des

» des violences. Encore ne sont-elles
» pas suffisantes; car à peine un Prince
» a-t-il pris possession de cette place,
» qu'on cabale pour le faire révo-
» quer ; & il arrive souvent, qu'il est
» relégué dans quelque île, ou mis en
» prison pour dettes. On a cependant
» l'attention communément, de ne le
» déposer qu'à l'époque où il doit
» être confirmé ; & si cette confirma-
» tion a lieu, elle lui coûte pour l'or-
» dinaire un tiers moins que sa pre-
» miere installation.

» La Moldavie est arrosée par plu-
» sieurs rivieres, dont la principale se
» nomme le Pruth. Ce nom rappelle la
» fameuse campagne de Pierre le Grand,
» qui fut sur le point de se rendre pri-
» sonnier aux Turcs campés sur les
» bords de cette riviere. On sait avec
» quelle adresse son Epouse Cathe-
» rine, en corrompant le Grand-
» Visir, sut le tirer de ce mauvais
» pas. Quelques-uns ont voulu ex-
» cuser ce Ministre ; mais le Czar,
» lorsqu'il fit couronner cette Prin-
» cesse, dit expressément qu'elle
» lui avoit été d'un très-grand secours
» à la bataille du Pruth, où son ar-

» mée se trouvoit réduite à vingt-deux
» mille hommes,

« La Religion dominante de la Mol-
» davie est la Grecque Schismatique,
» gouvernée par un Métropolitain, &
» trois Evêques soumis au Patriarche
» de Constantinople. On y voit aussi
» plusieurs Catholiques, mêlés avec
» des Arméniens, des Luthériens, &
» quelques Juifs. Il se fait tous les
» jours des émigrations qui dépeu-
» plent cette contrée, par la raison
» du tribut qu'exige le Grand-Seigneur,
» & des impôts exorbitans que le Prin-
» ce est obligé de lever sur ses Su-
» jets pour le payer.

« Le langage usité dans le Pays, est
» un mélange de différens dialectes,
» de l'Esclavon, du Turc, mais sur-
» tout du Latin & de l'Italien. Il s'y
» rencontre même quantité de mots
» Italiens, qui ne sont pas dérivés du
» Latin; ce qui semble prouver que
» la grande affinité de la Langue Mol-
» dave avec la Latine, ne vient pas
» des anciennes Colonies Romaines,
» mais du commerce que les Italiens
» ont fait ici pendant quelques siècles,

» & des établissemens qu'ils y avoient
» formés. Un Gentilhomme Moldave
» m'a dit qu'à Suciava, autrefois Ca-
» pitale de cette contrée, à deux
» lieues de Jaſſy, il y avoit de vieilles
» Egliſes pleines d'inſcriptions Gé-
» noiſes, & que, dans le Château,
» qui tombe en ruine, on voit en-
» core les armes de la République.

» Le même m'apprit auſſi qu'à
» Jaſſy, on conſerve un manuſcrit
» qui contient l'hiſtoire de la Molda-
» vie, compoſée depuis quelques an-
» nées par les ordres de Grégoire
» Ghika, Souverain du pays. Il l'avoit
» fait faire ſur des monumens pris de
» tous côtés, & raſſemblés avec le plus
» grand ſoin.

» La tradition populaire eſt, qu'un
» Chevalier Hongrois, nommé Dragus
» Voda, s'étant avancé dans cette
» Province, la trouva déſerte, & n'y
» rencontra qu'un ſeul homme avec
» une ruche d'abeilles, dont il tiroit
» ſa nourriture. Il s'y établit, & y
» conduiſit une Colonie de Hongrois.
» Son chien, nommé Moldau, étant
» tombé dans la riviere, s'y noya,

C ij

» donna son nom à ce fleuve, & ce-
» lui de Moldavie à toute la contrée.

» Jaſſy en est la Capitale & le sé-
» jour de l'Hospodar ou Prince de la
» Nation. Quoique d'une grandeur
» médiocre, sa situation & les ouvrages
» dont elle est munie, en font une
» place importante. Sotzaba, autre
» Ville située dans la partie occiden-
» tale, est le siége du Métropolitain
» Grec, qui prend le titre d'Exar-
» que; mais il demeure ordinairement
» à Jaſſy. Choczim appartient au
» Grand-Seigneur, qui y entretient
» une forte garnison. Les Turcs la re-
» gardent comme le rempart de leur
» Empire contre les attaques de la
» Russie & de la Pologne. Elle est dé-
» fendue par six bastions & cent qua-
» tre-vingt pieces d'Artillerie. Il y a
» quinze mines autour de la place,
» qu'on peut faire jouer avec beau-
» coup de facilité.

» On a, dans toute la Moldavie, la
» barbare coutume de s'emparer, pour
» le service public, de tout ce qui se
» rencontre, bœufs, charriots, che-
» vaux, &c, sans rien payer. On les

SUITE DE LA HONGRIE. 53

» ôte aux Paysans dans les villages,
» aux Voyageurs sur les grands-che-
» mins, aux Etrangers même qui se
» trouvent sur la route; & on ne les
» rend, que lorsqu'on n'en a plus be-
» soin, supposé qu'ils ne soient pas
» crevés de fatigue. Ce pays est actuel-
» lement peuplé d'environ cent soixan-
» te mille hommes, sans compter les
» femmes & les enfans.

» Rien ne ressemble plus aux Habi-
» tans de la Moldavie, que les Vala-
» ques, qui ont fait jadis avec eux le
» même Peuple, ont éprouvé les mê-
» mes révolutions, suivent le même
» culte, obéissent aux mêmes Loix,
» observent les mêmes usages, ont la
» même façon de vivre, la même
» forme de Gouvernement, & parlent
» presque le même langage.

» La Valaquie faisoit anciennement
» partie de la Dace, ainsi que la Molda-
» vie, & étoit soumise à un Prince ou
» Duc héréditaire, Vassal & Tributaire
» des Rois de Hongrie. L'Histoire nous
» a conservé le nom d'un de ces Ducs,
» appellé Dracula, qui exerça contre
» les Turcs les cruautés les plus inouïes.
» Amurat lui avoit envoyé des Am-

C iij

» baſſadeurs qui le faluerent à leur
» maniere, fans ôter le turban. Le
» Duc ordonna qu'on le leur attachât
» avec des clous ſur la tête pour le faire
» mieux tenir. On le vit quelquefois
» ſe faire ſervir à manger au milieu
» d'un cercle de Turcs qu'il venoit de
» faire empaler; & quand il en tenoit
» quelqu'un prifonnier, il lui faifoit
» écorcher & frotter la plante des pieds,
» avec du ſel & de vinaigre.

» Ce Prince cruel fut tué dans un
» combat contre les Turcs, qui, dans
» la ſuite, ſe rendirent maîtres de cette
» Province. Les Valaques ſe remirent
» en liberté; mais ils retomberent
» bientôt ſous la puiſſance du Grand-
» Seigneur, & y ſont toujours reſtés
» depuis, ſous l'autorité d'un Vaivode
» ou Hoſpodar, qui les gouverne en
» Souverain. Celui-ci paie à la Porte
» un tribut annuel de plus de cinq
» cens mille livres, & peut être dé-
» poſé, ſi un autre offre une ſomme
» plus confidérable. Il tire cent mille
» écus de la dîme ſeule de la cire &
» du miel, dont ces Peuples font leur
» principal trafic. La Province nourrit
» quantité de chevaux de grand prix,

» des bœufs & des bêtes à laine, que
» l'on envoie en divers lieux de l'Eu-
» rope. On y trouve aussi des mines
» de toutes sortes de métaux, & beau-
» coup de grains d'or dans le sable des
» rivieres.

» Les plaines de la Valaquie seroient
» très-fertiles, si elles étoient culti-
» vées ; mais les Habitans sont si pa-
» resseux, qu'ils en laissent la plus
» grande partie en friche. D'autres
» sont abandonnées faute de Labou-
» reurs, & appartiennent au premier
» qui veut s'y établir ; car il n'y a
» point de possession déterminée. Le
» Pays est habité indifféremment par
» des Valaques, des Saxons, des Hon-
» grois. Leurs maisons, couvertes de
» roseaux qui se trouvent ici par-tout,
» ne sont bâties que de paille liée avec
» de la terre grasse. Le bois y est si rare,
» qu'on fait le feu avec du chanvre,
» & le plus souvent avec de la bouse
» de vache, séchée au soleil. Les Moi-
» nes Grecs y ont beaucoup de Mo-
» nasteres.

» Le Hospodar réside à Bucharest,
» Ville forte, dans un Palais assez
» vaste, mais irrégulier, & de mé-

» diocre apparence. En 1718 un Parti
» Allemand, envoyé de Transylva-
» nie, entra dans cette place, & fit
» le Prince prisonnier avec toute sa
» Cour. Celui-ci ne trouva pas d'au-
» tre moyen, pour recouvrer sa liber-
» té, que d'abandonner le Pays à l'Em-
» pereur; mais, par le traité de 1739,
» il a été rendu au Grand-Seigneur.
» Tergowiste est la Capitale de toute
» la Valaquie, & la résidence du Mé-
» tropolitain. Elle l'étoit aussi du Vai-
» vode, dont on voit encore le Palais.
» Severin est une troisieme Ville, qui
» doit son origine & son nom à l'Em-
» pereur Severe.

» On montre, dans ce même pays,
» les ruines d'un pont que Trajan
» avoit fait construire sur le Da-
» nube. Le fleuve, dans cet endroit,
» n'est pas large de plus de mille
» pas; & les deux premieres piles du
» pont n'étant distantes l'une de l'au-
» tre, que d'environ dix-huit toises,
» on conclut qu'il devoit avoir vingt-
» quatre piles, que l'Empereur Adrien
» fit démolir jusqu'au niveau de la ri-
» viere.

» La Bulgarie, connue ancienne-

» ment sous le nom de Basse-Mésie,
» étoit habitée par les Triballiens. Des
» Peuples qui occupoient les rives du
» Wolga dans le Royaume de Bulgar,
» portion de la Tartarie Asiatique,
» vinrent s'y établir à la fin du quin-
» zieme siecle, & donnerent leur nom
» à cette contrée. Ils y fonderent un
» Royaume qui fut, dans la suite, sou-
» mis à la Hongrie, & qu'Amurat II
» réunit à ses autres Etats.

» Les Bulgares, si célebres dans
» l'Histoire par leurs courses, par leurs
» ravages, par leurs succès & leurs
» revers, quoiqu'établis en différens en-
» droits, n'avoient tous qu'une même
» origine. La grande Bulgarie, leur pa-
» trie commune, étoit le long des Palus
» Méotides. Un de leurs Princes laissa
» quatre fils : l'Aîné resta dans le Pays;
» le second tourna vers l'Orient, & se
» fixa sur les bords du Tanaïs. Le troi-
» sieme remonta le Danube, & choisit
» la Pannonie ; le quatrieme pénétra
» jusques dans le territoire de Raven-
» ne, & se mit sous la protection des
» Romains. Ce fut de ces différens
» points de notre globe, que partit
» cette Nation mémorable, pour dé-

» venir la terreur de l'Europe & de
» l'Asie.

» Ces Peuples eurent à peine em-
» brassé le Christianisme, qu'ils adop-
» terent les erreurs des Manichéens,
» & les répandirent dans le reste de
» l'Europe. Ils infecterent sur-tout les
» Provinces méridionales de la France,
» & donnerent naissance à l'hérésie des
» Albigeois. Comme ils étoient fort
» décriés pour leurs mœurs, on se
» servit de leur nom, qu'ils écri-
» voient Boulgres, pour désigner
» des hommes corrompus, qui outra-
» geoient la nature, & deshonoroient
» l'humanité. On en a formé un mot
» infame dans la Langue Françoise,
» qui n'est que trop souvent dans la
» bouche du grossier Vulgaire.

» L'hérésie des Albigeois tire son
» nom du Pays d'Alby, où les Bulga-
» res avoient apporté leurs erreurs.
» Elle s'y établit à la faveur de l'appui
» ou de la tolérance qu'accordoient,
» dans leurs Etats, les Comtes de Tou-
» louse à ces nouveaux Sectaires. For-
» més par différens Maîtres, ils ne te-
» noient pas absolument aux mêmes
» dogmes, & ne portoient pas tous le

» même nom. Les uns avoient pour
» Chef Pierre de Bruys, & s'appel-
» loient Pétro-Brusiens. Les autres se
» nommoient Vaudois, du nom de
» Pierre Valdo, dont ils se disoient
» les Disciples. Ils étoient communé-
» ment accusés de croire l'existence de
» deux Principes, l'un bienfaisant, au-
» teur du nouveau Testament, & créa-
» teur des choses invisibles & spiri-
» tuelles; l'autre méchant, créateur des
» corps, & auteur de l'ancien Testament.
» Ils admettoient aussi deux Christs ;
» le bon avoit habité invisiblement
» dans Saint-Paul ; le mauvais avoit
» eu pour Concubine Marie-Magde-
» leine. L'Eglise de Rome leur parois-
» soit la Grande Prostituée de l'Apo-
» calypse; & à ces principes aussi con-
» traires à la raison qu'à la Religion,
» ils joignoient le plus grand mépris
» pour le culte extérieur, pour les Sa-
» cremens, pour la croyance de la Ré-
» surrection du Sauveur.

» Il convenoit de soutenir ces opi-
» nions par une vie édifiante ; c'est
» toujours un point de la politique
» des nouveaux Sectaires. Leurs dehors
» étoient en effet fort imposans ; mais

» l'Histoire leur reproche de s'être li-
» vrés à ces abominations secrettes,
» punies autrefois par le feu du Ciel.
» Ce qu'il y a de bien étrange, c'est
» qu'ils regardoient le mariage comme
» une prostitution. Lorsqu'on réfléchit
» à l'incohérence de tant de systêmes,
» on est souvent tenté de croire, qu'on
» a supposé bien des crimes à leurs
» Auteurs, pour justifier la cruauté
» avec laquelle on les a traités.

» Les Albigeois avoient leur hié-
» rarchie composée d'Evêques, de
» Prêtres & de Diacres. Leur Pape
» étoit, dit-on, en Bulgarie. On a
» cru que leur existence en France,
» avoit commencé sous le Roi Ro-
» bert, qui les avoit fait séverement
» châtier dans un Concile tenu à Or-
» léans. Tranquilles pendant un siecle,
» ils reparurent sous la conduite de
» Pierre de Bruys, Provençal d'un
» caractere fort inquiet. Un Concile
» de Toulouse le livra au bras séculier
» qui le fit brûler; mais ses Disciples
» n'en furent que plus ardens à défen-
» dre sa doctrine. Divers autres Con-
» ciles les condamnerent; & l'on prit
» enfin contr'eux le parti qui étoit en

» usage alors, de publier une Croisade.
» Des Moines de Cîteaux formerent
» ce projet, & exercerent les premiers
» en France, le ministere odieux d'In-
» quisiteurs. La Croisade fut prêchée;
» & l'on s'enrôla avec fureur. La
» guerre commença au treizieme sie-
» cle, pour ne finir que vingt ans
» après. Simon de Montfort en fut le
» héros, & le malheureux Raimond
» VI, Comte de Toulouse, la victime.

» Arnaud, Abbé de Cîteaux, & deux
» Religieux de son Ordre, Castelnau
» & Raoul, reçurent pouvoir du Pape
» de juger ces Hérétiques, & de con-
» traindre les Seigneurs temporels à
» les poursuivre par la confiscation de
» leurs biens, par le bannissement, &
» même par les derniers supplices. On
» s'adressa d'abord au Comte de Tou-
» louse, que Castelnau excommunia;
» mais ce Religieux étant mort sous
» le fer d'un assassin, le soupçon
» tomba sur le Comte, & devint le
» signal de la guerre. Les Peuples fu-
» rent déliés du serment de fidélité, &
» excités par toutes sortes d'indulgen-
» ces, à s'armer contre leur Souve-
» rain. Raimond se soumit en vain au

» Concile ; on l'obligea de se croiser
» contre ses propres Sujets. Beziers fut
» la premiere conquête ; & comme on
» demandoit à l'Abbé de Cîteaux, par
» quel moyen on distingueroit les
» Catholiques des Hérétiques ? · Tuez
» les tous, dit le Saint-Abbé ; Dieu
» connoît ceux qui sont à lui » : en
» effet, soixante mille Habitans furent
» passés au fil de l'épée.

» Simon de Montfort & le Comte
» Raimond se joignirent à Castelnau-
» dari, & mesurerent leurs forces avec
» un égal succès. Simon, Apôtre &
» Général, faisoit dresser des échaf-
» fauds, soumettoit des Villes, & ga-
» gna, dans le même tems, l'impor-
» tante bataille de Murat. Il entre-
» prit même de défendre cette place
» avec deux mille hommes, tandis
» que cent mille en formoient l'atta-
» que : cette conduite étoit impru-
» dente ; mais personne n'avoit mieux
» calculé que lui, ce que peut produire
» l'enthousiasme. Ennuyé de se défen-
» dre dans l'intérieur de cette bico-
» que, il projetta de devenir l'aggres-
» seur. Il partagea sa petite troupe en
» trois corps, à l'honneur de la Sainte-

» Trinité, & leur promit qu'ils iroient
« droit au Ciel sans passer par le Pur-
» gatoire, s'ils avoient le bonheur de
» mourir dans cette glorieuse entrepri-
» se. Il fond, avec douze cens hommes,
» sur l'armée ennemie, & la met en
» déroute. On s'étonne aujourd'hui de
» ces succès, qui semblent tenir au sie-
» cle des fables.

» Outre cet échec, deux événemens
» préjudicierent aux affaires de Rai-
» mond : la Cour de France crut avoir
» des raisons de se déclarer contre
» lui ; & le Pape, au Concile de La-
» tran, le dépouilla de ses Etats. Tou-
» louse, trois fois assiégée, devint
» alors le théâtre d'une guerre cruelle,
» où Montfort perdit la vie d'un coup
» de pierre, qui fut, dit-on, lancée
» par une femme. Son Fils, désespé-
» rant de conserver ses conquêtes, les
» offrit à Philippe Auguste qui les re-
» fusa. Mais après la mort de ce Mo-
» narque, Louis VIII ayant à cœur le
» succès de cette Croisade, s'en oc-
» cupa avec ardeur. Ses premiers ex-
» ploits tomberent sur Avignon, qui
» lui refusoit le passage pour se rendre
» en Languedoc. On vouloit bien le

» lui accorder, ainsi qu'à quelques
» personnes de sa suite ; mais on
» le demandoit pour l'armée entiere.

» Les Historiens assurent que l'inten-
» tion des Avignonois étoit de se saisir
» du Monarque, en ne lui ouvrant le
» chemin à travers leur Ville, qu'avec
» une suite peu nombreuse, & que le
» dessein du Roi étoit de se rendre maî-
» tre de la place, en la faisant traverser
» par toute son armée. Quoi qu'il en
» soit, on s'obstina de part & d'autre.
» Louis menaça les Habitans de les assié-
» ger ; & ils répondirent qu'ils étoient
» prêts à se défendre. On prépara les
» machines ; on disposa les attaques ; &
» ce qui paroîtroit incroyable aujour-
» d'hui, c'est qu'au bout de trois mois,
» le siége ne paroissoit pas plus avan-
» cé que le premier jour.

» Le peu de soin qu'on prit d'enterrer
» les cadavres, produisit une infection
» générale ; les maladies suivirent ; & le
» Roi se résolut à l'assaut. Le pont du
» Rhône croula sous ses troupes, &
» lui emporta trois mille hommes. Les
» Assiégés, dans une sortie vigou-
» reuse, lui en tuerent deux mille au-
» tres ; mais la fermeté du Prince

» triompha de toús les obstacles ; &
» les Habitans demanderent à capitu-
» ler. Les passages furent enfin ouverts ;
» mais Louis ne s'en servit point ; car
» une mort prématurée borna là les
» conquêtes de ce Prince. La minorité
» de Louis IX ne lui permit pas de les
» continuer. On entra en négociation ;
» & le résultat fut que, dans le cas
» que le Comte de Toulouse mourroit
» sans enfans, son Pays seroit réuni
» à la France. Ce Prince se réconcilia
» avec Rome ; l'Inquisition fut établie
» dans le Languedoc ; & les misérables
» restes de la Secte des Albigeois fu-
» rent enfin anéantis.

» Mais où m'a conduit cette digres-
» sion sur les mœurs & les opinions
» des anciens Bulgares ? des Etats du
» Grand-Seigneur à ceux du Roi de
» France, des rives du Danube aux
» bords du Rhône & de la Garonne ?
» Je rentre dans mon sujet. La Bulga-
» rie, qui confine à la Moldavie, à la
» Valaquie, à la Romanie, à la Macé-
» doine, compte plus de cent vingt
» lieues de longueur, sur une largeur
» très-inégale. On y trouve des Hon-
» grois, des Allemands, des Turcs,

» des Proteſtans, des Catholiques, des
» Mahométans & des Juifs. La Reli-
» gion Grecque eſt la dominante. Le
» Pays eſt plein de montagnes; & il
» y en a de ſi hautes, qu'elles ſont
» couvertes de neige neuf mois de l'an-
» née; mais les vallées & les plaines
» paroiſſent extraordinairement fer-
» tiles, & produiſent du bled & du
» vin en abondance. On y nourrit un
» grand nombre de beſtiaux. Il faut
» compter parmi ſes curioſités na-
» turelles, ſes bains chauds, & une
» multitude de grands aigles, dont
» les plumes ſervent à faire des fle-
» ches.

» Cette contrée fait partie du grand
» Gouvernement de Romanie; & les
» Turcs l'ont diviſée en quatre San-
» giacats, ou Diſtricts particuliers,
» qui portent le nom de leurs Capi-
» tales, Widin, Sophie, Nicopoli &
» Siliſtrie. La premiere eſt une forte-
» reſſe ſur le Danube, qui domine
» ſur une Ville bâtie de bois, où ſe
» trouvent pluſieurs moſquées. La ſe-
» conde, qu'on croit être l'ancienne
» Sardique, eſt grande & marchande;
» c'eſt la Capitale de toute la Bulga-

SUITE DE LA HONGRIE. 67

» rie, la résidence du Gouverneur de
» la Province, & le siége du Métro-
» politain Grec. Ses rues sont inéga-
» les, sales, & pavées seulement le
» long des maisons. On attribue sa
» fondation à l'Empereur Justinien ;
» & elle s'est fort aggrandie des ruines
» de Sardique, où se tint, en 347,
» un Concile célebre, composé de
» plus de trois cens Evêques. Il fut
» accordé par les Empereurs à la priere
» de Saint Athanase ; & l'on croit que
» le grand Osius de Cordoue y pré-
» sida.

» L'objet de cette Assemblée fut d'e-
» xaminer les plaintes de Saint-Atha-
» nase contre les Eusébiens, ses en-
» nemis. D'autres personnes venoient
» se plaindre également de leurs
» violences & de la mort qu'ils avoient
» fait souffrir à leurs Parens. Les uns
» montroient les chaînes dont on
» les avoit chargés, les autres les
» coups d'épée qu'ils avoient reçus
» pour les obliger à communiquer
» avec les Ariens. Persuadés que ce
» Concile seroit un Tribunal pure-
» ment Ecclésiastique, où les Comtes
» & les Soldats n'auroient aucune in-

» fluence, les Eusébiens refuserent d'y
» paroître, sous prétexte qu'ils ne
» pouvoient se trouver dans une As-
» semblée, où l'on admettoit des gens
» coupables des crimes même dont
» ils accusoient leurs Adversaires.
» Ceux-ci prouverent leur innocence;
» & la conduite des Eusébiens, leurs
» crimes & leurs calomnies furent mis
» dans le plus grand jour. Frappés de
» tant d'impostures, les Peres du
» Concile confirmerent Athanase dans
» leur communion, & le reçu-
» rent comme injustement persécuté.
» Ils anathématiserent les Eusébiens,
» les déclarerent séparés de l'Eglise,
» appellerent l'Arianisme l'hérésie
» d'Eusebe, & mirent au rang des
» Martyrs, ceux qui étoient morts
» par la persécution de ces Héréti-
» ques.

» On dit qu'Osius demanda un Rè-
» glement, pour empêcher les Evê-
» ques d'aller à la Cour, & d'im-
» portuner continuellement l'Empe-
» reur par des requêtes, qui traitoient
» plutôt de leurs intérêts particuliers,
» que de l'avantage de leurs dio-
» cèses. Le Concile statua que ceux qui

» changeroient d'Eglise par ambition
» ou par avarice, seroient privés de
» la communion Laïque, même à la
» mort. Quoique cette Assemblée n'ait
» pas été mise au nombre des Con-
» seils Œcuméniques, il est néanmoins
» constant qu'elle a été convoquée
» pour représenter l'Eglise universelle.
» D'ailleurs elle étoit regardée com-
» me une suite du Concile de Nicée ;
» & l'on n'y a pas fait une nouvelle
» formule de foi.

» La Ville de Sophie, qui tient au-
» jourd'hui la place de l'ancienne Sar-
» dique, est un grand passage pour
» ceux qui vont de Hongrie, de Ra-
» guse & de Venise à Constantino-
» ple. C'est ce qui la rend si commer-
» çante ; car d'ailleurs l'air en est
» mal-sain, par sa situation entre
» les montagnes & les marais. Ses
» maisons, éloignées les unes des au-
» tres, sont accompagnées de grands
» jardins ; la riviere de Boïane en bai-
» gne les murs, & la traverse en par-
» tie. Les Juifs & les Arméniens y
» font le principal négoce. Les pre-
» miers y possedent plusieurs synago-
» gues. Les Catholiques, la plupart Ra-

» gusiens, y ont un Prêtre pour leur
» dire la Messe.

» On compte aux environs & dans
» la plaine de cette Ville, trois cens
» soixante Villages, tous habités par
» des Grecs Schismatiques. Les murs
» de leurs maisons ne sont composés
» que de terre soutenue de quelques
» traverses. Les meilleures ont une
» espece de petit portique couvert,
» d'où l'on entre dans une chambre
» fort étroite, & de celle-ci dans une
» autre. La premiere a dans un coin
» une grande cheminée, dont le tuyau
» est quarré, & peut avoir deux pieds
» de large. Comme la pluie y entre
» facilement, on fait le feu avec de
» longs morceaux de bois, appuyés
» verticalement dans l'angle du mur,
» & qui, à mesure qu'ils brûlent par
» le bas, s'abaissent par leur poids.
» Pour l'ordinaire ces maisons n'ont
» point de fenêtres, mais deux portes,
» dont l'une donne sur le portique,
» & l'autre à côté; & c'est par-là, ou
» par la cheminée, que les chambres
» reçoivent un peu de jour. Ces por-
» tes, ces chambres, ces portiques,
» sont si bas, qu'on peut à peine s'y

» tenir debout. Le toit, le plancher, les
» murailles deviennent tout noirs par
» la fumée. Une toile grossiere, que les
» Habitans attachent, à plusieurs rangs,
» le long des poutres, sont les seuls or-
» nemens dont ils embellissent ces som-
» bres demeures. Leurs meubles consis-
» tent en quelques nattes étendues par
» terre, avec de petits matelas fort min-
» ces, une couverture, & un peu d'usten-
» siles de cuisine. Les femmes portent
» pour parure des monnoies Turques,
» qui valent environ un sou de Fran-
» ce. Elles les attachent à leur cou, à
» leur coëffe, à leurs cheveux, qui
» leur descendent par derriere jusqu'à
» mi-jambes; & elles n'ont pour l'or-
» dinaire point de chaussure.

» Le langage de ces Peuples est un
» dialecte de la Langue Esclavone.
» Leur Religion est le Christianisme; &
» leurs Prêtres obéissent à des Prélats
» qui reconnoissent le Patriarche de
» Constantinople. Ces Curés pren-
» nent, pour ainsi dire, la Paroisse à
» ferme de leur Evêque, & mettent
» les Paysans à contribution pour les
» baptêmes, les mariages, les enter-
» remens; & leur ignorance est in-
» croyable. Ils ne connoissent de leur

„ Religion, que les jours de jeûne &
„ de fête, font le signe de la Croix,
„ réverent quelques images, parmi
„ lesquelles il s'en trouve d'horribles,
„ & n'instruisent ni le Peuple, ni les
„ Enfans ; parce que chaque Pere de
„ famille est lui-même chargé de cette
„ instruction.

„ Nicopoli, Capitale du Sangiacat
„ de ce nom, est une grande Ville,
„ près du Danube, défendue par un
„ Château. On en attribue la fondation
„ à l'Empereur Trajan, qui la fit bâtir
„ après sa victoire contre les Daces.
„ Elle est célebre par la premiere ba-
„ taille malheureuse que les Chrétiens
„ y livrerent aux Turcs en 1396. On
„ accuse les François, qui y étoient
„ en qualité de troupes auxiliaires,
„ d'avoir été cause de cette défaite,
„ par leur précipitation au commen-
„ cement du combat. Vingt mille
„ Chrétiens y furent taillés en pie-
„ ces ; & Bajazet y perdit plus de
„ six mille hommes. Ce qui rend en-
„ core cette époque très-mémora-
„ ble, c'est qu'alors, prévoyant la
„ chûte de l'Empire d'Orient, les
„ Savans de la Religion Grecque

se

» se retirerent en Italie, & apporterent
» en Occident la Langue & les scien-
» ces de leur Pays.

» Le mont Hœmus, si souvent célé-
» bré par les Poëtes, est situé dans
» cette contrée, & se nomme Argen-
» taro. On rapporte que Philippe
» de Macédoine, ayant ouï dire que
» du haut de cette montagne on voyoit
» les Alpes, monta sur son sommet;
» mais il ne put les appercevoir à cause
» des nuages.

» Dans le Sangiacat de Silistrie, ja-
» dis habité par les Scythes, on dé-
» couvre encore quelques restes de la
» Ville de Tomi, aujourd'hui Tomis-
» war, près de la Mer-Noire, où le
» malheureux Ovide fut exilé & mou-
» rut. Silistrie, que les Turcs appellent
» Dorestero, m'a paru grande & bien
» fortifiée. Varna, près du Pont-Euxin,
» est l'endroit fatal, où Amurat défit, en
» 1444, Uladislas, Roi de Pologne &
» de Hongrie, qui perdit la vie sur le
» champ de bataille avec trente mille
» Chrétiens. Ils venoient de faire leur
» paix avec le Sultan, & lui avoient en-
» voyé une hostie consacrée pour gage
» de leur bonne foi. Malgré des assu-

» rances si solemnelles, Uladillas se
» laissa engager par le souverain Pon-
» tife, Eugene IV, à rompre ce traité.
» Dans la bataille qui suivit cette rup-
» ture, la victoire penchoit, au com-
» mencement, du côté des Chrétiens,
» Amurat s'en apperçut; & élevant vers
» le Ciel l'hostie sainte qu'il gardoit res-
» pectueusement, il conjura J. C. de
» ne point laisser impunie la perfidie de
» ceux qui s'honoroient de son nom.
» Tout-à-coup le sort changea; & non-
» seulement le Roi de Pologne, mais
» le Nonce du Pape même laverent leur
» mauvaise foi dans leur propre sang.

» Entre Silistrie & les embouchures
» du Danube, on trouve un Peuple an-
» ciennement venu de la Tartarie Asia-
» tique, & dont on vante encore l'hos-
» pitalité. Lorsqu'un Voyageur, de
» quelque pays, de quelque Religion
» qu'il soit, arrive dans un village, les
» Peres ou les Meres de famille parois-
» sent devant leur porte, invitent avec
» instance l'Etranger à entrer chez eux,
» & le nourrissent lui & son cheval
» pendant trois jours avec une géné-
» rosité, dont on voit ailleurs très-
» peu d'exemples. Ils arrangent une

SUITE DE LA HONGRIE.

» cabane uniquement destinée à cet
» usage, la garnissent de petits lits
» dressés autour du feu ; & le Voya-
» geur peut s'en servir à sa commo-
» dité ».

Voilà, Madame, ce qu'offre de plus remarquable la relation manuscrite du Prince Ragotski. Aucun de ces pays n'a excité ma curiosité ; & j'ai borné mon voyage de Hongrie aux principales Villes qui bordent le Danube, depuis Presbourg jusqu'à Belgrade.

Je suis, &c.

A Presbourg, ce 22 Octobre 1756.

LETTRE CCLXXXIX.

SUITE DE LA HONGRIE.

A quinze ou dix-huit lieues de Presbourg, sur la riviere de Tyrnau, est située la Ville de ce nom, la seule de route pays, où il y ait une Université. Un Comte d'Esterasi, Palatin du Royaume, la fonda en faveur des Jésuites, qui en occupent les chaires, & en ont le gouvernement. On y voit une fort belle Eglise, où ce Seigneur est enterré, & un Séminaire pour tout le Clergé de la Hongrie.

La Ville de Neytra, qui donne son nom à ce Comté, & reçoit le sien de la riviere qui l'arrose, est le Siége d'un Evêque qui jouit de plus de quarante mille florins de revenu : son Palais & l'Eglise Cathédrale sont de superbes édifices. Le Château est situé sur une hauteur ; & au-dessous est un bourg fort peuplé, dont les maisons sont basses, & les caves mal-saines. Le Bourg & le Château, qui ont successivement passé sous la domination du Prince de Transylvanie & du Grand-Seigneur, appartiennent aujourd'hui à la Maison d'Autriche. Les autres Villes du Comté de Neytra sont Léopostald, petite, mais bien fortifiée; & Freystad, qui étoit assez belle avant que les Turcs y eussent mis le feu.

Le Comté de Comore n'est autre chose que l'Isle de Schut, longue d'environ douze lieues, sur six de largeur, & formée par le Danube. Sa Capitale, située à la pointe de l'Isle, est une place forte, environnée d'eau de trois côtés, grande, bien peuplée, & dont la plupart des Habitans suivent le rit Grec. Ferdinand I en fit construire la forteresse, qui n'a jamais été prise. Les Turcs l'ont attaquée plus d'une fois, & n'ont pu s'en rendre maîtres. L'Isle est, en général, très-fertile en fruits & en pâturages; mais les brouillards nuisent souvent à la récolte des grains. En 1730 elle éprouva une inondation, qui fit périr tous les bestiaux. La dignité de Chef de ce Comté est héréditaire dans la Maison de Nadasti.

Strigonie, Capitale du Comté de Gran, dont elle porte aussi le nom, ainsi que la riviere où elle est située, dans une contrée agréable, se partage en haute & basse, avec un Château placé sur une hauteur. Elle communique, par un pont de bateaux sur le Danube, à la Ville de Barckan, qu'on peut regarder comme un de ses fauxbourgs. Les Archevêques de Strigonie, qui font actuellement leur séjour ordinaire à Presbourg, se qualifient Primats du Royaume, & Légats du Saint-Siége. Le Roi Saint-Etienne, qui étant né dans cette Ville, y fonda l'Archevêché, est inhumé dans la Cathédrale qu'il avoit fait bâtir. Le Chapitre a été transféré à Tyrnau. Le Prélat qui occupe aujourd'hui le Siége de Strigonie, se nomme Emeric d'Esterasi, Prince de Galantha; c'est lui qui a eu l'honneur de couronner Marie-Thérèse d'Autriche, Impératrice, & Reine de Hongrie. Il y a, dans les environs de Gran, des bains chauds, qu'on dit être très-salutaires. Sobieski, Roi de Pologne, & Charles V, Duc de Lorraine, après la délivrance de Vienne, s'emparèrent de cette place, qui ne soutint que cinq jours de siege. Il y avoit cent quarante-trois ans, que les Turcs la possédoient.

Cette perte coûta la vie au premier Visir, qui s'étant retiré à Belgrade, y fut étranglé par ordre du Grand-Seigneur.

En descendant le Danube, on arrive à Bude ou Offen, sur la rive occidentale de ce fleuve. Cette grande & belle Cité, partagée en six quartiers, si l'on y comprend les fauxbourgs, fut la Capitale du Royaume, & la résidence de ses Rois, tant que la Hongrie eut des Souverains particuliers ; mais l'ancienne Bude ne subsiste plus que par quelques masures. La nouvelle, placée un peu au-dessous, dans un pays agréable, est environnée de vignobles qui produisent d'excellens vins. Elle est forte & ornée de beaux édifices, dont chaque jour on voit augmenter le nombre. On y passe le Danube sur un pont de bateaux, qui a dix mille pieds de longueur : il sert de communication avec la Ville de Pesth, bâtie de l'autre côté du fleuve, & où Charles VI a établi une maison pour les Invalides. Cet édifice, construit de pierres, a trois étages, & environ deux cens pas de longueur. Le champ du Rakosch, qui en est voisin, & où coule la riviere du même nom, est connu par les Diettes qui s'y font tenues, & les élections des Rois qui s'y faifoient anciennement. Vous favez ce que je vous ai dit de ce mot, en parlant des Confédérations de la Pologne.

Pefth, Capitale d'un Comté, eft une des meilleures Villes de la Hongrie, foit par la Nobleffe nombreufe qui y réfide, foit par fes belles maifons, fes jardins, fes fauxbourgs & fes Tribunaux de Juftice. On y voit beaucoup de ces Egyptiens ou Bohémiens qui logent fous des tentes, & vivent de filouterie. Les Peres des Ecoles pies ont feuls le privilege d'enfeigner dans cette Ville, à l'exclufion même des Jéfuites.

Bude fut prife par Soliman II; & les Turcs la garderent jufques vers la fin de l'autre fiecle, que les Impériaux s'en emparerent. Elle eft reftée à la Maifon d'Autriche, qui a fait tranfférer à Vienne l'ancienne bibliotheque des Rois de Hongrie. Il s'en eft peu fallu que par trahifon, cette place ne retombât entre les mains de fes premiers Maîtres. On crut alors que les Chrétiens en augmenteroient les fortifications, & en feroient un boulevard impénétrable contre les Infideles. Le Pape, dit-on, y avoit même déjà contribué pour cent mille écus. On auroit besoin de cette défense aujourd'hui plus que jamais, depuis qu'on a perdu l'importante place frontiere de Belgrade, & qu'on n'a plus que Temeswar pour toute défense. Les Troupes combinées de France & de Baviere, dans la guerre de 1741, ayant menacé d'assiéger Vienne, l'Impératrice-Reine fit transporter à Bude, par le Danube, avec la superbe bibliotheque Archiducale, les Archives de son auguste Maison.

Il s'est tenu, dans cette même Ville, en 1279, un Concile, dont les constitutions ne donnent pas une idée bien avantageuse de la régularité des Eglises de Hongrie. On y exhorte les Prélats & les Clercs de s'abstenir de toute action de guerre, de toute violence; on leur permet seulement de s'armer pour leurs Eglises & pour la Patrie. On veut que les Fideles assistent au Service divin dans leurs Paroisses, & non chez les Religieux; & on leur défend de recevoir les Sacremens d'autres Prêtres que de leurs Curés, sous peine de suspenses contre ceux qui les administrent. C'est de tout tems, comme vous voyez, que les

Prêtres séculiers ont été jaloux de conserver des droits, que les Moines cherchent à leur enlever. Les mêmes constitutions ordonnent aux Magistrats de prêter main-forte aux Juges Ecclésiastiques, & de forcer les Rébelles, par la saisie de leurs biens, d'exécuter les Jugemens de leurs Pasteurs, de se faire absoudre des excommunications, & de satisfaire aux causes pour lesquelles ils les ont encourues.

On voit, dans les environs de Bude, des sources d'eau chaude, dont les bains sont très-salutaires. Elles y conservent une si grande chaleur, qu'on y cuiroit des œufs en moins de tems, que dans celle qu'on feroit bouillir sur le feu ; & comme si la nature avoit voulu tempérer ces fontaines, elle y a joint une source d'eau froide qui en est si voisine, qu'un même homme peut, en même tems, remplir deux cruches, l'une d'eau froide & l'autre d'eau chaude. Mais ce qui surprend le plus, c'est de voir des poissons nager au fond de cette eau bouillante, d'où l'on peut tirer à-la-fois des poissons vivans, & des œufs cuits.

Albe Royale, à l'Occident de Bude,

est extrêmement forte par sa situation au milieu des marais. Elle porte le nom de Royale, parce qu'elle a été anciennement, le séjour, le lieu du Couronnement & la sépulture de ses Rois. La Ville est ronde, ceinte d'une bonne muraille, avec des fossés pleins d'eau très-profonds, & des fauxbourgs fort étendus. Ce sont trois larges chaussées, bordées de maisons, de jardins & de prairies, qui tous sont plus peuplés que la Ville même. A quelques milles de-là, est le fameux lac de Balaton, qui coupé en deux le Comté de Simig; c'est le plus grand de toute la Hongrie; il s'y trouve des loutres & des castors.

De Bude à Belgrade, en suivant toujours le cours du Danube, on rencontre plusieurs Villes dont aucune n'est digne de remarque. Ce fleuve, le plus grand de l'Europe, prend sa source en Suave dans la forêt Noire, sort de l'Allemagne vers l'Orient, traverse la Hongrie & la Turquie; & après s'être grossi de cent vingt rivieres, dont presque la moitié sont navigables, se jette, par plusieurs embouchures, dans le Pont-Euxin, avec une impétuosité qui fait encore diftinguer fes eaux à plufieurs milles de diftance. Son cours entier, avec les pays & les Villes qu'il arrofe, a été repréfenté en vingt-huit petites cartes, & décrit dans un livre Allemand fous ce titre pompeux; « le » Danube victorieux & renommé par » les faits héroïques de la très-valeu- » reufe Aigle Impériale ».

 Déjà nous avons vu le Danube inconftant;
 Qui tantôt Catholique & tantôt Proteftant,
  Sert Rome & Luther de fon onde;
  Et qui, comptant après pour rien
   Le Romain, le Luthérien,
  Finit fa courfe vagabonde,
  Par n'être pas même Chrétien.

Pardonnez-moi cette citation; elle vient fi naturellement, que vous me reprocheriez de l'avoir oubliée.

Le Danube prenoit anciennement le nom d'Ifter, à l'endroit où il commence à couler hors de l'Allemagne; mais aujourd'hui, il conferve fon nom depuis fa fource jufqu'à fon embouchure. Il reçoit, à l'entrée de la Hongrie, la riviere de Morawe, & forme, au-deffous de Presbourg, plufieurs îles appellées le Grand & le petit Schut. Il en fait une autre au-deffous de Vicegrad ; puis rassemblant ses eaux entre les deux Villes de Bude & de Pesth, il se sépare de nouveau, pour former l'Isle de Sainte-Marguerite.

Colocza, placée sur la rive gauche de ce fleuve, a le titre d'Archevêché, & étoit autrefois une Cité florissante ; ce n'est plus aujourd'hui qu'une chétive habitation, mais qui se releve insensiblement. Bath donne son nom à un Comté, & n'est cependant qu'une Ville très-médiocre.

Tolna n'est célebre que par ses vins, & par la victoire que remporta dans ses environs le fameux Attila sur l'armée Romaine. Belgrade ne l'est pas moins par celle que gagna le Prince Eugene en 1717. Il battit les Turcs devant cette place, qui se rendit par capitulation. La prise en fut d'autant plus facile, que les Chrétiens avoient sur le Danube une flotte qui lui coupoit les vivres. La consternation que cet événement causa dans Constantinople, ne sauroit se peindre. Le Sultan craignant que l'indignation du Peuple, fomentée par quelques Chefs de parti, n'occasionnât une révolte, commença par faire mourir plusieurs de ceux qui étoient l'objet de ses appréhensions. Il ordonna ensuite à ses Trésoriers, d'avancer quelques mois de paie aux Janissaires, quoique leur conduite, pendant cette campagne, leur eût attiré le mépris public. Ceux d'entr'eux qui étoient revenus fugitifs, n'eurent ni assez d'esprit, ni assez de crédit pour se défendre des insultes de la Canaille. Les enfans se mocquoient d'eux; & la Populace leur crachoit au visage. Ils avoient refusé, durant le combat, de prêter leur secours pour sauver la caisse militaire, qui fut défendue par les Packas & leur suite, pendant que les Janissaires & les Spahis s'occupoient noblement à piller leur propre camp.

Les Autrichiens resterent maîtres de Belgrade jusqu'en l'année 1739. Une nouvelle guerre, occasionnée par la présomption des Ministres de l'Empereur, & que l'incapacité de ses Généraux rendit malheureuse, leur fit perdre cette possession. Les Turcs ayant battu l'armée Allemande, allerent droit à cette Ville, & en firent le siége, pendant lequel on leur céda, par un traité de paix, cet important & redoutable boulevard de la Chrétienté.

SUITE DE LA HONGRIE. 87

Cette Paix, conclue entre l'Empereur, la Porte & la Russie, par la médiation de la France, est un des principaux événemens de notre siecle. Parmi les grands objets que présente ce Traité, on voit le despotisme des Sultans & de leurs Visirs, assujetti à des regles plus gênantes, à des circonspections plus timides, que les procédés des Monarchies les plus libres ; on voit les Turcs, à qui on suppose la plus grossiere ignorance, aussi éclairés sur leurs intérêts, aussi instruits des vues & du système des autres Puissances, aussi adroits dans leurs démarches, aussi rafinés dans leur politique, que les Nations les mieux cultivées ; on voit la Cour de Vienne embarrassée dans une guerre, où elle réclame vainement les mânes d'Eugene contre l'incapacité de ses Ministres & l'impéritie de ses Généraux. On voit la Russie, suivre avec courage les projets de Pierre le Grand, pour parvenir à une plus grande réalité de puissance, par une plus grande étendue de commerce ; on voit la haute considération dont la France jouit depuis plusieurs siecles à la Porte Otomane, les flatteuses prérogatives d'honneur qu'on y accorde à nos Rois, la confiance singuliere des Turcs pour notre Nation, leur empreſſement à rechercher la médiation de Louis XV, leurs eſpérances lorſqu'ils l'eurent obtenue, tous leurs vœux ſatisfaits, lorſqu'ils furent aſſurés de ſa garantie. On voit, avec la-même complaiſance, notre auguſte Monarque, choiſi pour arbitre par les Parties belligérantes, concilier leurs intérêts avec la générosité la plus noble, remplir la fonction de Médiateur avec l'équité la plus impartiale, recueillir enfin toute la gloire attachée à l'honneur d'avoir donné la paix à trois grands Empires. Cette époque, l'une des plus glorieuſes du regne de Louis XV, ne devoit pas être oubliée par un François.

M. de Villeneuve étoit notre Ambaſſadeur à Conſtantinople, lorſque la guerre éclata. Il eut la meilleure part aux négociations; & elles donnerent l'idée la plus avantageuſe de ſon eſprit & de ſon cœur. La Cour Ottomane demanda au Roi, qu'il fût employé au grand ouvrage de la médiation; & il s'acquitta de ce devoir avec une capacité, qui ſatisfit également toutes les

Puissances. Il avoit toutes les qualités convenables à un Négociateur ; une ame modérée & sans artifice ; un cœur généreux & droit ; une physionomie ouverte & spirituelle ; de la réserve sans dissimulation, l'abord honnête, les manieres polies, le commerce agréable.

Les Chrétiens, avant que d'évacuer Belgrade, en détruisirent les fortifications, & ne laisserent subsister que de vieilles murailles. On brûla plus de soixante mille quintaux de poudre pour ruiner le fort ; & l'on y employa six mois de travail. Les Turcs changerent toutes les Eglises en Mosquées ; & la plupart des Chrétiens quitterent la Ville. L'Empereur l'avoit érigée en Evêché quelques années auparavant ; mais l'Evêque, n'ayant plus de demeure, ni de revenus fixes, ne fut point remplacé. On ne compte peut-être pas aujourd'hui vingt familles Catholiques dans cette Capitale de la Servie. Les Rasciens, qui en occupent un quartier, y ont un Métropolitain de leur rit. On appelle ainsi certains Peuples des environs de la Rasca, qui porte ses eaux dans le Danube. La Chapelle des Catholiques est desservie par des Franciscains.

La Ville de Belgrade, au confluent de la Save & du Danube, est bâtie à l'antique; & ses murailles, qui forment une double enceinte, sont flanquées d'un grand nombre de tours. On la divise communément en quatre parties; le Château, ou la demeure du Pacha, uniquement habitée par les Turcs; la Ville proprement dite, la Ville d'eau, & la Ville des Rasciens. Ces quartiers sont accompagnés de vastes fauxbourgs, fréquentés par des Marchands Turcs, Grecs, Juifs, Hongrois, Ragusiens & Esclavons; car son heureuse situation la rend très-commerçante. Les rues où se fait le négoce, sont couvertes de planches contre la pluie & le soleil. Il y a deux grandes places, environnées de maisons, & deux halles construites en forme de Temples, avec des boutiques pour les Marchandises. Tout ce qui se transporte, par terre ou par eau, de Vienne à Constantinople, est obligé de passer à Belgrade; & l'on y a établi un péage qui produit un revenu considérable.

La Servie, dont cette Ville est la Capitale, avoit autrefois le titre de Royaume. Amurat II unit cette Province à son domaine; & elle a été depuis le théatre de toutes les guerres entre les Turcs & les Allemands, qui la posséderent tour-à-tour. Aujourd'hui elle n'obéit qu'au Grand-Seigneur, & est divisée en quatre Gouvernemens ou Sangiacats, dont on nomme ainsi les Villes principales : Semendria, ancienne demeure de ses Rois ; Scopia, où réside un Archevêque Rascien ; Crotovo, qui donne son nom au Gouvernement : Nissa, place forte & importante ; & Passarowitz, connue par le fameux traité de 1717, qui donnoit à l'Empereur Belgrade & tout le Royaume de Servie, mais qu'une guerre malheureuse & une paix humiliante lui enleverent en 1739. Ce Prince n'avoit alors ni le bras, ni le conseil d'Eugene, qui lui eût sauvé l'une & l'autre.

Le Comté ou Bannat de Temeswar a son administration propre, & est considéré comme un pays entierement séparé de la Hongrie. Les Turcs qui s'en étoient emparés l'an 1552, le conserverent jusqu'en 1716, que le Prince Eugene, dans une seule campagne, le réduisit sous la domination Autrichienne; & cette conquête a valu, par an, deux millions de florins à l'Empereur. La Ville qui lui donne son nom, est une de ces places que la nature & l'art semblent avoir pris plaisir à fortifier. Située sur la riviere de Themes, qui se partage en divers canaux, elle occupe le milieu d'un marais, dont la plus grande partie est toujours inondée. Il n'y a point d'accès à cette Ville par la voie ordinaire des tranchées du côté de l'Orient ni de l'Occident; au Midi, elle n'est guere moins inaccessible. La seule partie du Nord offre un terrein ferme dans la belle saison. Cette place, qui passoit pour imprenable, a cependant été prise à la faveur d'un tems sec, & du feu continuel de plusieurs mille bombes. Cet événement ajouta de nouveaux lauriers à ceux qu'Eugene venoit de cueillir à Péterwaradin. Temeswar est restée à la Maison d'Autriche, tant par le traité de Passarowitz, que par celui de Belgrade. On y distingue la Ville, le Château & la Palanque. On

SUITE DE LA HONGRIE. 93

nomme ainſi un fauxbourg environné de paliſſades appellées, en Langue du pays, Palencka. Il étoit fortifié à la Turque, revêtu de pierres de taille, & contenoit ſeul plus de monde, que le reſte de la place. Cette Ville, qui n'eſt preſque plus habitée aujourd'hui que par des Allemands, eſt cependant le ſiége d'un Evêque Grec.

La victoire qui avoit précédé la priſe de Temeſwar, rendra à jamais mémorables, en Eſclavonie, la gloire d'Eugene & le nom de Péter-waradin. Cette Province, anciennement décorée du titre de Royaume, eſt ſituée entre deux rivieres, la Drave & la Save, qui ſe perdent dans le Danube. Elle tire ſon nom des anciens Sarmates nommés Slaves, qui, ſous Juſtinien, paſſerent ce fleuve, ſe rendirent maîtres d'une partie de l'antique Illirie, y formerent une nouvelle domination, & y apporterent leur Langue, qui eſt devenue une des plus étendues de l'Europe. En effet, on parle l'Eſclavon en Hongrie, en Pologne, en Ruſſie, dans la Carniole, la Carinthie, la Stirie, la Bohême, la Luſace, la Siléſie & la Moravie, dont les Habitans deſcendent des anciens Slaves; car tous ces pays appartenoient autrefois à l'Esclavonie.

Ce nom est aujourd'hui restreint à une petite Province, qui, après avoir eu ses Monarques particuliers, fut soumise aux Rois de Hongrie; & elle est actuellement à l'Impératrice Reine, depuis que ses Prédécesseurs l'ont reprise sur les Turcs. C'est une contrée fertile en grains & en minéraux. On appelle Rasciens les Peuples qui habitent la partie orientale; c'est une Nation particuliere, qui professe la Religion Grecque: il s'en trouve beaucoup en Hongrie; & comme ils jouissent d'une grande réputation de fidélité, on les choisit de préférence pour garder les forteresses; mais leur véritable patrie est la Servie & l'Esclavonie. On leur permet d'élire un Archevêque de leur Religion.

Ce pays se divise en Comtés, dont Esseck est une des Villes principales. Elle est sur-tout remarquable par un pont de bois qui traverse la Drave, & a plus d'une lieue de long sur quatre-vingt pieds de large. Soliman II, qui le fit construire, y employa vingt mille Travailleurs. La Ville est grande, forte & marchande, bien différente de l'ancienne Sirmium, présentement Sirmick, qui, après avoir été très-célebre, soit par ses Conciles, lorsqu'elle étoit la Capitale de la Pannonie, soit par le décès de l'Empereur Claude qui y mourut de la peste, soit par la naissance des Empereurs Probus, Marc-Aurele & Valere Maximien, n'est plus aujourd'hui qu'un méchant bourg.

Le premier Concile de Sirmium se tint en 349 contre les erreurs de Photin, qui étoit alors Evêque de cette Ville. Cet Hérésiarque nioit la divinité de Jesus-Christ, qui n'avoit, selon lui, reçu l'existence que dans le sein de sa Mere : il ajoutoit qu'à la vérité le Verbe avoit habité en lui, & s'y étoit uni d'une façon particuliere ; mais que Jesus-Christ n'étoit qu'un pur homme, qui n'avoit ni créé le monde, ni existé avant Marie. Les Evêques d'Occident, craignant de voir renouveller les troubles de l'Arianisme, s'assemblerent à Sirmium pour déposer Photin de l'Episcopat ; mais comme il s'étoit acquis, par son éloquence, un grand nombre de Sectateurs, tout ce que put faire le Concile, fut d'écrire aux Orientaux contre cet Héréfiarque. Le bruit de fes erreurs, qu'il prêchoit plus hardiment que jamais, obligea l'Empereur Conftance d'affembler de nouveau les Evêques dans la même Ville. Ils y affifterent au nombre de vingt-deux ; mais ils ne formerent qu'un Conciliabule, parce que la plupart étoient Eufébiens. Cependant ils furent bien aife de faire paroître leur zele prétendu, en dépofant l'Evêque de Sirmium : Photin fut chaffé de fon Églife ; & l'Empereur l'envoya en exil. Ce qui donne fur-tout à cette Affemblée & à d'autres qui la fuivirent, le nom de Conciliabule, ce font les différens formulaires dreffés par les Eufébiens, dans lefquels ils accordoient à Conftance le titre de Roi éternel, qu'ils refufoient à Jefus-Chrift, dont ils nioient la divinité. Le Pape Libere fut rétabli après avoir figné un de ces formulaires, & condamné Saint-Athanafe, dont la caufe étoit alors inféparable de celle de la Foi. Le grand Ofius eut le malheur de donner dans le même piége.

Les actions, les vertus & les écrits de Marc-Aurele, né à Sirmick, vous font

font connus; il suffit de l'avoir nommé. Probus fut élevé, dès sa jeunesse, aux premieres dignités militaires. Son Pere avoit été Jardinier; mais s'étant mis dans les troupes, il obtint le grade de Tribun, & favorisa l'avancement de son fils; qui, à vingt-deux ans, parvint à la même place. Plus il avançoit en âge, plus son mérite le faisoit connoître; & enfin, de dignité en dignité, Aurelius Probus fut porté jusques sur le Trône, où il se signala par des actions de valeur, d'intégrité & de clémence. Il vainquit les Gaulois, dompta les Sarmates, & marcha contre les Perses, qui lui envoyerent des Ambassadeurs pour lui demander la paix. Ces derniers le trouverent au milieu de ses Soldats, mangeant avec eux des pois, du gros pain, & du porc salé. Probus, sans se détourner, dit aux Envoyés, que si leur Maître ne donnoit pas une entiere satisfaction aux Romains, il rendroit les campagnes de Perse aussi rases que sa tête; puis ôtant son bonnet, il leur fit voir une tête parfaitement chauve. Le Prince les invita ensuite à manger avec lui, s'ils avoient faim; dans le cas contraire, ils eurent ordre de se retirer. Probus occupoit ses troupes à divers ouvrages utiles, lorsqu'il fut massacré à l'âge de cinquante ans, par ses Soldats las des travaux qu'il leur faisoit entreprendre à Sirmick.

Le troisieme Empereur que cette Ville se glorifie d'avoir vu naître, issu de parens pauvres, s'avança par ses qualités guerrieres, dans les armées. Dioclétien, avec qui il avoit été Soldat, l'associa à l'Empire en 286, & lui donna en partage l'Italie, les Gaules, l'Espagne & l'Afrique. Féroce, cruel & avare, Maximien avoit conservé la rusticité de sa naissance. Le Peuple & les Troupes se souleverent; & ce Prince fut obligé de se réfugier dans les Gaules auprès de Constantin, qui épousa sa Fille Faustine. Il voulut engager celle-ci à trahir son Mari, en laissant ouverte, pendant la nuit, la porte de sa chambre pour l'assassiner. Faustine lui promet tout, dans le dessein d'en avertir Constantin, qui fait coucher un Eunuque à sa place. Le Meurtrier arrive lorsqu'il le croit endormi, tue l'Eunuque, & crie que Constantin est mort; mais ce dernier paroît à l'inſtant avec ſes Gardes, reproche à ce monſtre ſon ingratitude, le condamne à perdre la vie, & ne lui accorde que le choix de ſon genre de mort. Ce malheureux s'étrangla lui-même à l'âge de ſoixante ans. On dit que tous ſes vices étoient peints ſur ſa figure.

Le bourg d'Illok, dans le Comté de Sirmium, eſt célebre par le tombeau de Saint Jean-Capiſtran, Diſciple zélé de Saint François. Il tiroit ſon nom d'une Ville de l'Abruzze, lieu de ſa naiſſance, & ſe ſignala par ſon ſavoir, au Concile de Florence, en Bohême par ſon zele contre les Hérétiques, en Hongrie par ſes ſermons. Il ſe mit à la tête d'une Croiſade contre les Huſſites; & lorſqu'Huniade entra victorieux dans Belgrade, Capiſtran, Prédicateur de l'armée, perrora avec tant de force, qu'il parut incertain à qui l'on devoit davantage, ou à la valeur du Héros, ou à l'éloquence du Miſſionnaire. Il ne craignit même pas, dans ſes Lettres au Pape & à l'Empereur, de s'attribuer la gloire de cette journée, & mourut trois mois après, purifié, ſans doute, par la pénitence, de cette petite jactance Capucinale. On lui reprocha encore d'avoir joint le bûcher à la véhémence de ses prédications contre les Hérétiques & contre les Juifs. On a de lui un Traité de l'autorité du Pape & des Conciles, & d'autres sur l'excommunication, le mariage, l'usure, &c.

On trouve, dans le Comté de Sirmium, d'autres endroits remarquables par des événemens qui leur donnent une sorte de célébrité. Telles sont, comme je l'ai déjà dit, les plaines fameuses de Peter-Varadin, que les victoires du Prince Eugène rendront à jamais mémorables. Tel est encore le Bourg & le Château de Carlowitz, où se fit entre les Turcs & l'Empereur, un traité de paix, qui cédoit la Hongrie, la Transylvanie & l'Esclavonie à la Maison d'Autriche, Temeswar au Grand Seigneur, Caminieck aux Polonois, Azof à la Russie, & la Morée à la République de Venise.

Semlin est un autre bourg qu'on pouvoit à peine nommer, avant que Belgrade passât au pouvoir de la Porte Ottomane; mais plusieurs familles Chrétiennes s'y retirerent à la prise de cette place, & lui donnerent le titre de Cité. Comme tout ce qui arrive du Levant par le Danube, s'arrête à Semlin, on y a établi un Conseil de Santé, pour garantir de la peste les Etats de Hongrie & d'Autriche. On y fait ouvrir, parfumer, & exposer en plein air toutes les caisses & balles de marchandises; les Lettres même qui viennent de Turquie. Le Conseil les expédie ensuite, & y appose son sceau. Les Voyageurs sont également obligés d'y faire leur quarantaine.

Je suis, &c.

A Presbourg ce 15 Novembre 1754.

LETTRE CCLXXXIX.

SUITE DE LA HONGRIE.

L'ESCLAVONIE confine à la Bosnie; la Bosnie à la Dalmatie, la Dalmatie à l'Albanie, tous pays que je ne connois que par les relations de quelques Voyageurs.

« La Bosnie, m'a-t-on dit, tiré son nom
» de la riviere de Bosna, & faisoit an-
» ciennement partie du Royaume de
» Hongrie. Elle eut ensuite ses Souve-
» rains particuliers jusqu'au milieu du
» quinzieme siecle, que les Turcs s'en
» emparerent. Etienne, le dernier de ses
» Rois, fut pris par Mahomet II, qui
» le fit écorcher vif, & changea ses
» Etats en un Gouvernement, auquel
» préside un Pacha résident à Bagna-
» luc, Capitale de la Province. Char-
» les VI, ou plutôt le Prince Eugene
» en reprit une partie, qui fut resti-
» tuée au Grand-Seigneur par le traité
» de Belgrade.

» Ce pays, plein de montagnes,

» n'est fertile que le long des rivieres.
» On y trouve quelques mines d'ar-
» gent, beaucoup de gibier, & des
» faucons réputés de la meilleure es-
» pece. On y compte plus de soixante
» mille Catholiques, gouvernés par un
» Evêque Latin, & sous la conduite
» des Freres Mineurs distribués dans
» dix-huit Couvens. Le Prélat, qui ré-
» side à Séraïo, est nommé par l'Impé-
» ratrice-Reine ; & la Chambre du Do-
» maine lui paie tous les ans cent du-
» cats. Les Habitans sont originaires
» Esclavons, & en parlent la Langue. Ils
» professent la Religion Grecque ; mais
» le Mahométisme y a beaucoup de Sec-
» tateurs. Bagnaluc est une grande Ville
» défendue par une forteresse. Jaïcza,
» autrefois la résidence des anciens
» Despotes ou Rois de Bosnie, est
» aussi défendue par une citadelle. Sé-
» raïo, sur la Bosna, est la Ville la plus
» peuplée & la plus commerçante du
» pays.

» La Dalmatie, qui s'étend le long
» de la côte orientale du lac de Venise,
» tire son nom de l'ancienne Ville
» de Delminium, sa Capitale, que les
» Romains prirent & ruinerent. Ce

E iv

» pays secoua cinq fois le joug jus-
» qu'au regne d'Auguste, qui le fit ré-
» gir par un Gouverneur. Il se ré-
» volta de nouveau ; & cette guerre
» fut une des plus cruelles que les Ro-
» mains eussent à soutenir sous l'Em-
» pire de ce Prince. Fatigués de l'é-
» normité des impôts dont on les ac-
» cabloit, les Peuples leverent une
» puissante armée, qui ne prétendoit
» rien moins, que ravager l'Italie, &
» pénétrer jusqu'à Rome. Tibere &
» Germanicus furent envoyés contre
» ces Rebelles, qui ne se soumirent
» qu'au bout de trois ans. Leur Chef,
» nommé Batho, fut amené à Tibere; &
» ce Prince l'interrogeant sur les mo-
» tifs qui avoient déterminé ses Com-
» patriotes à prendre les armes, reçut
» cette réponse, que jamais Conqué-
» rant ne devroit oublier : « Vous me
» demandez pourquoi nous avons fait
» la guerre ? Les Romains ne sont-ils
» pas les aggresseurs ? Ne sont-ce pas
» eux, qui, loin de défendre & de
» ménager leurs troupeaux, comme
» des Bergers sages, leur envoient,
» au lieu de chiens fideles, des loups
» cruels pour les dévorer » ?

» Ce pays eut ensuite beaucoup à
» souffrir de l'inondation des Bar-
» bares. Les Goths le conquirent sur
» les Empereurs de Constantinople. Ils
» furent eux-mêmes soumis par les
» Croates, qui y formerent un Royau-
» me. Les Hongrois en firent à leur tour
» une province de leur Empire; & il
» est aujourd'hui partagé entre les Vé-
» nitiens, la République de Raguse &
» le Grand-Seigneur.

» La Dalmatie Vénitienne se divise en
» terre ferme & en isles; Zara en est la
» Capitale. Elle occupe une péninsule
» qui s'avance dans la mer, & est deve-
» nue une isle par les fossés, qu'on a
» creusés dans l'Isthme. On y arrive
» par un grand canal, où un pont-levis
» la joint au continent. Parmi des restes
» d'antiquité, on voit encore un aque-
» duc que l'Empereur Trajan y fit
» construire. Dès le quatrieme siecle
» Zara avoit le titre d'Evêché, & fut
» ensuite érigée en Métropole. On lui
» donne six mille Habitans, & envi-
» ron une demi-lieue de circonférence.
» Les Eglises y sont ornées; & l'on y
» voit d'excellens tableaux.

» Il est des Villes où il ne faut que

» passer, telles que la plupart de celles
» qui bornent la côte orientale de la
» Mer Adriatique jusqu'à Raguse. Les
» Etats de cette République cou-
» pent ceux de Venise, parmi lesquels,
» sous la protection des Vénitiens &
» des Turcs, dont elle est tributaire,
» elle a su conserver sa liberté depuis
» plusieurs siècles. Quoique petite,
» relativement à son territoire, & au
» rôle qu'elle joue parmi les Souve-
» rainetés, elle n'en est pas moins ad-
» mirable par la sagesse de son gouver-
» nement, sa culture, son économie, &
» sa vigilance pour la sûreté publique.
» Sa Capitale, dont elle prend le
» nom, est bâtie au pied d'une mon-
» tagne près de la mer, & peut con-
» tenir vingt-cinq mille Habitans. C'est
» une Ville riche & marchande, ornée
» de beaux édifices, de belles Eglises,
» & rafraîchie d'un grand nombre de
» fontaines, avec un excellent port, dé-
» fendu, ainsi que la Ville même, par
» un fort, des tours & des bastions.
» C'est le siège du Sénat, & celui d'un
» Archevêque qui a sous lui six Evê-
» ques, ses Suffragans. Elle seroit im-
» prenable, si le rocher de Chiroma,

» situé dans la mer, étoit fortifié. Il
» appartient aux Vénitiens, qui, quel-
» que prix qu'on leur en offre, refu-
» sent constamment de le vendre. Par-là
» ils tiennent les Ragusiens comme bri-
» dés, les empêchent de s'étendre ou
» d'y bâtir une forteresse.

» Raguse, sujette à de fréquens
» tremblemens de terre, fut presqu'en-
» tiérement abîmée par le dernier qui
» fit périr, en 1667, plus de six mille
» de ses Habitans; mais elle a été si
» parfaitement réparée, qu'il est dif-
» ficile de se persuader que ce soit
» cette même Ville, presque ensève-
» lie sous ses propres débris. Rien
» ne prouve mieux la richesse de ces
» Républicains, qu'un si prompt & si
» parfait rétablissement. L'air y est sain;
» mais le sol est stérile; aussi ces gens ti-
» rent-ils la plus grande partie de leurs
» provisions des Provinces adjacentes.

» Les isles voisines sont agréables,
» fertiles, bien peuplées, ornées de
» belles Villes, de superbes Palais, &
» de jardins magnifiques. Du haut des
» murs, on découvre, de tous côtés,
» des maisons de plaisance; & l'on y
» respire l'odeur agréable qu'exhalent

» une infinité de plantes & de fleurs. » On y voit sur-tout beaucoup de li- » mons, de citrons, de grenades & » d'autres fruits excellens, lesquels » joints aux vignes qui couvrent les » collines, offrent par-tout une riante » perspective. Mais rien n'égale la vallée » d'Omble, où la mer forme un gol- » phe qui baigne une multitude de jo- » lies maisons. Outre la fertilité du » lieu, elles jouissent d'un air tempéré » qui y attire la Noblesse pendant les » grandes chaleurs. Mais ce qu'il y a de » plus admirable, c'est que, dans le » fond même de cette vallée, il sort » du pied d'un rocher une source si » abondante, qu'elle forme une rivie- » re, qui, à une demi-lieue de-là, va se » perdre dans la mer. Elle est en même » tems si profonde, que les galeres peu- » vent arriver jusqu'auprès de sa » source.

» Le Peuple de Raguse a choisi » Saint Blaise, ancien Evêque de Sé- » baste en Arménie, pour premier Pa- » tron de la Ville & de la République. » Le jour de sa fête, on fait une pro- » cession, on danse, on court la ba- » gue avec les habits qui conviennent » à ces différens exercices. Le prix se

» porte par la Ville, au son des haut-
» bois & des tambours, devant la
» maison du Vainqueur. Le Carnaval
» se passe d'une maniere encore plus
» réjouissante. Les Masques y sont en
» grand nombre; & chacun se pique
» de briller par le vêtement. Les fem-
» mes qui, pendant ce tems-là, se tien-
» nent aux fenêtres, sont extrême-
» ment fardées, & ont les bras & le
» cou chargés d'or, de diamans & de
» pierreries. La plupart sont jolies, de
» belle taille, & d'une extrême blan-
» cheur. Pour en relever l'éclat, elles
» noircissent leurs cheveux. Les hom-
» mes les laissent croître du milieu de la
» tête en-bas, & font raser tout le reste.
» Les Ragusiens sont riches, affables
» envers les Etrangers, propres au com-
» merce & à la navigation; mais ava-
» res, efféminés & jaloux; ce qui
» n'empêche pas que les femmes ne
» soient aussi libres, aussi familieres
» qu'en France. Les filles ne se marient
» guère qu'à vingt-cinq ans.

» Comme ces Républicains vivent de
» leur travail & de leur industrie, il en est
» peu qui embrassent la profession des
» armes, & moins encore qui cultivent

» les Lettres. Ils n'aiment ni la chasse, ni
» à monter à cheval, ni aucun exercice
» qui les fatigue. En été, les Nobles se
» reposent ordinairement sur un lit
» depuis midi jusqu'à trois heures, &
» laissent ainsi passer la grande cha-
» leur. Les parens & les Amis man-
» gent rarement ensemble ; mais ce
» qu'il y a de plus extraordinaire,
» c'est qu'on ne permette, dans la Vil-
» le, ni cabaret, ni auberge ; de sorte
» qu'un Etranger trouve bien de la
» viande cuite dans quelque boutique;
» mais il faut qu'il achete ailleurs le
» pain & le vin ; il ne peut pas même
» manger dans les lieux, où se ven-
» dent ces denrées.

» Le Gouvernement de Raguse,
» comme celui de Venise, est Aristo-
» cratique. Le Grand-Conseil, com-
» posé de Nobles qu'on y reçoit à
» vingt-quatre ans, en élit un autre
» formé de soixante Membres, & nom-
» més les *Pregati*, ou les *Priés*, char-
» gés du fardeau de l'administration.
» Ce sont eux qui créent les Magis-
» trats, nomment le Doge, appellé
» Recteur, disposent de toutes les
» Charges, ont le département de la

» guerre & de la paix, reçoivent &
» envoient des Ambassadeurs. Leur
» emploi ne dure qu'un an. Le Rec-
» teur, qui est le Chef de la Républi-
» que, change tous les mois, soit par
» la voie du sort, soit par celle du
» scrutin. Durant son administration,
» il demeure au Palais, & porte la robe
» Ducale, c'est-à-dire, un long habit de
» soie à larges manches. Il a, pour son
» Conseil, douze Sénateurs qui jugent
» les affaires de moindre importance.
» Ses appointemens ne sont que de
» cinq ducats par mois; mais s'il est un
» des Pregati, on les augmente jusqu'à
» trente.

» Ce qu'on appelle le petit Con-
» seil, composé de trente Gentils-
» hommes, a soin de la Police, du
» commerce & des finances. Le Grand-
» Collége reçoit les appels des autres
» Jurisdictions. Cinq Proviseurs con-
» firment, à la pluralité des voix, tous
» les décrets émanés du Gouverne-
» ment. Dans les affaires civiles, &
» principalement dans celles qui regar-
» dent les dettes, les Sénateurs com-
» mencent la premiere Instance; on en
» appelle au College des Trente, &
» de celui-ci au Grand-Conseil. Il y a

» un Juge particulier pour les affaires
» criminelles. Cinq Conseillers de san-
» té ont pour objet de préserver la
» Ville des maladies contagieuses. Ses
» portes ne sont ouvertes que quel-
» ques heures par jour, tant cette Ré-
» publique est attentive à la conserva-
» tion de sa liberté. Aucun Citoyen
» n'y porte l'épée ; aucun Noble ne
» peut découcher sans en donner avis
» au Sénat. Les Etrangers qui, la nuit,
» se trouvent dans la Ville, sont en-
» fermés sous la clef.

» Les revenus de la République ne
» passent pas cent mille ducats. Le tri-
» but annuel qu'elle paie aux Véni-
» tiens, se monte à dix mille sequins;
» celui du Grand-Seigneur, pour con-
» server sa protection, à vingt mille,
» y compris les frais de l'Ambassade
» qu'elle lui envoie tous les trois ans.
» Elle reconnoît aussi le Roi de Naples
» pour son Protecteur, & lui fait pré-
» sent, chaque année, de douze fau-
» cons.

» Les Ragusiens suivent en tout
» a créance & les cérémonies de l'E-
» glise Romaine, avec cette seule dif-
» férence, qu'après avoir lu l'Evan-
» gile en Latin, ils le répètent en Es-

» clavon pour le Peuple, qui parle
» auſſi la Langue Italienne. On permet
» des exercices publics de piété aux
» Arméniens & aux Mahométans.

» Stagno eſt, après Raguſe, la prin-
» cipale Ville de l'Etat, en terre ferme.
» C'eſt tout-à-la-fois un port de mer,
» un Evêché, & une place forte.

» L'iſle la plus conſidérable ſe nomme
» Méléda; on y compte deux mille Ha-
» bitans partagés en ſix villages. Quoi-
» que très-fertile en vin & en fruits,
» elle ne produit pas aſſez de bled pour
» nourrir ce petit nombre d'Inſu-
» laires. Dans l'anſe d'un golphe, ſur
» un rocher, eſt une célebre Abbaye
» de Bénédictins, Chef-lieu d'une Con-
» grégation particuliere de cet Ordre.

» On a été perſuadé, pendant pluſieurs
» ſiecles, que l'iſle de Malthe avoit
» donné l'hoſpitalité à Saint Paul après
» ſon naufrage ; mais les Méllédiens
» lui diſputent cette gloire. Le terme
» d'*Adria*, appliqué à la mer où navi-
» geoit le ſaint Apôtre, eſt la premiere
» preuve qu'ils apportent en leur fa-
» veur. Méléda eſt inconteſtablement,
» diſent-ils, dans la Mer Adriatique,
» dont l'iſle de Malthe eſt éloignée de

» plus de cent lieues. Dans les termes
» de la Géographie présente, & selon
» les bornes que les Modernes fixent
» à cette mer, cet argument est sim-
» ple, concluant & sans réplique;
» mais, répondent les Malthois, il faut
» prendre la Mer Adriatique dans l'é-
» tendue qu'on lui donnoit du tems
» de Saint Paul, ou de Saint Luc qui
» a écrit l'histoire de ce naufrage. Stra-
» bon, Auteur accrédité & contempo-
» rain, en recule les bords jusqu'à la
» mer de Sicile, dans laquelle se trouve
» l'isle de Malthe. Mais, répliquent les
» Mélédiens, l'Ecriture nous apprend
» que le saint Apôtre fut mordu d'une
» vipere venimeuse; il ne peut donc
» pas avoir été jetté dans cette Isle,
» où les viperes n'ont point de venin.
» Les Malthois ne sont point embar-
» rassés de cette objection; ils savent
» s'en tirer par un miracle. « Avant
» l'arrivée de Saint Paul dans notre
» isle, les viperes, disent-ils, étoient
» venimeuses comme ailleurs; mais
» par une faveur singuliere du Saint
» Apôtre, elles ont perdu leur venin
» à perpétuité ». On leur objecte que
» Saint Luc traite de Barbares les In-

» fulaires qui recueillirent l'Apôtre
» après fon naufrage, nom qui ne
» pouvoit convenir aux Malthois, tous
» Grecs alors ou tous Romains. Ré-
» ponfe : le plus grand nombre d'en-
» tr'eux étant de Carthage, dont ils
» parloient la Langue que Saint Paul
» n'entendoit pas, il les prit effecti-
» vement pour des Barbares ; ce qu'il
» n'eût pas fait des Habitans de Mé-
» léda, où l'on ne parloit guère que
» le grec ».

» Les Turcs occupent toute la par-
» tie orientale de la Dalmatie ; & le
» Pacha demeure à Moſtar. Narenta,
» autre Ville fituée, comme la pré-
» cédente, fur la riviere de ce nom,
» étoit anciennement Capitale de toute
» la Province, dont la partie fepten-
» trionale, défignée dans certaines
» cartes par le nom de Corbavie,
» eſt aujourd'hui fous la domination
» de l'Impérataice - Reine. Carlſtadt,
» qui en eſt la Ville principale, eſt une
» place importante par fes fortifica-
» tions, le féjour du Gouverneur, &
» le fiége d'un Evêque.

» L'Albanie, que les Turcs appel-
» lent Arnawd, tire fon nom des an-

» ciens Albanois, qui se sont rendus
» célebres par leur valeur. Elle appar-
» tient au Grand-Seigneur depuis qu'A-
» murat II en a fait la conquête. Ce
» pays est fort peuplé, plein de mon-
» tagnes, & arrosé par plusieurs ri-
» vieres qui se jettent dans la Mer
» Adriatique. Il est plus fertile & plus
» cultivé au Nord qu'au Midi ; & l'on
» y fait de très-bon vin. Le plus
» grand nombre des Habitans profes-
» sent la Religion Grecque ; on en
» trouve aussi qui suivent le rit Ro-
» main. Les uns & les autres sont
» gouvernés par des Archevêques &
» des Evêques de leur Religion. Les
» Catholiques ont des Colleges à Fer-
» mo & à Loretta, pour y former de
» jeunes Ecclésiastiques.

» Les autres Villes n'ont rien qui les
» distingue : Scutari, aujourd'hui la Ca-
» pitale & la résidence du Pacha, étoit
» jadis la demeure des Rois d'Illyrie.
» Alessio, autrefois Lyssus, est le lieu où
» mourut le célebre George Castrio,
» Prince d'Albanie, connu sous le nom
» de Scanderberg, c'est-à-dire, Ale-
» xandre-Seigneur. Ce Héros, qui peut
» être mis au premier rang des Guer-

» riers les plus heureux, se trouva à
» vingt-deux batailles, & tua, dit-on,
» de sa main, plus de deux mille Turcs
» sans recevoir aucune blessure. Sa for-
» ce étoit si extraordinaire, que Maho-
» met II, étonné des coups prodigieux
» qu'il portoit avec son sabre, le lui fit
» demander, persuadé que cette arme
» avoit quelque chose de surnaturel;
» mais l'ayant renvoyée comme un
» instrument inutile dans les mains de
» ses Généraux, Scanderberg lui fit dire
» qu'il ne lui avoit pas envoyé son
» bras. Sa mort fut une perte pour la
» Chrétienté, dont il avoit été le dé-
» fenseur. Les Albanois, trop foibles
» après la mort de leur Chef, subirent
» de nouveau le joug de la domination
» Ottomane. C'est ce même Héros
» que Lamotte a choisi, pour en faire
» le sujet d'un Opéra.

» Le mont Athos, sur les frontieres
» de l'Albanie, mérite quelqu'atten-
» tion de la part d'un Voyageur. Sa
» hauteur perpendiculaire est d'environ
» quatre lieues; & l'on assure qu'au sol-
» stice d'été, un peu avant le coucher
» du soleil, son ombre s'étend jusques à
» l'isle de Lemnos, qui en est à plus de

» vingt milles. Les montagnes conti-
» guës forment une chaîne qui se joint
» à la Macédoine, & comprend vingt-
» deux Monasteres habités par plus de
» six mille Moines. Tous les jours,
» après l'Office, on les applique à
» des ouvrages manuels, qui les en-
» tretiennent dans l'esprit de leur pre-
» miere institution. Les uns cultivent
» la vigne & l'olivier ; les autres sont
» Charpentiers, Tailleurs de pierre,
» Maçons, Tisserans, &c.

» On sçait que les anciens Couvens
» n'étoient d'abord situés que sur des
» rochers arides, au milieu des dé-
» serts, ou dans des vallées maréca-
» geuses ; mais les Moines, par leur
» travail & leur industrie, desséche-
» rent ces marais, & changerent en
» prairies, des lieux qu'on avoit cru
» jusques-là inhabitables ; car il ne
» faut pas croire ce qu'une Secte
» d'Innovateurs économiques répete
» avec emphase sur l'inutilité des Or-
» dres Religieux ; non-seulement
» ils ont amélioré leurs biens ; mais
» ils ont encore servi de conseil &
» d'exemple aux Paysans qui ont for-
» mé des hameaux, des villages & des

« bourgs. Les Anglois eux-mêmes ont
» avoué que les Moines seuls avoient
» défriché plus du tiers de l'An-
» gleterre, & que leur destruction
» avoit été, parmi eux, une des
» principales époques de la décadence
» de l'agriculture. Gémissons donc,
» avec le Réformateur de la Trape,
» sur la cessation du travail des mains,
» dans l'état Monastique, & sur les
» désordres où l'oisiveté & le séjour
» des Villes ont plongé quelques-uns
» de ses Membres.

» On vante les Religieux du mont
» Athos, leur charité pour les Pau-
» vres, leurs soins pour les Malades,
» les secours qu'ils leur procurent
» dans leurs infirmités & leurs be-
» soins. Leur utilité est encore prou-
» vée par l'hospitalité qu'ils exer-
» cent envers les Etrangers; la bonne
» chere est pour les Hôtes, & la fru-
» galité pour les Moines. Ils menent
» une vie très-austere, ne mangent
» point de viande, & ne se nourrif-
» sent que de pain, de fruits, de lé-
» gumes & de fromage; quelquefois,
» mais rarement, de poisson. Ils ne
» souffrent, dans leurs montagnes, ni

» femmes, ni même aucune femelle
» d'animaux domestiques. Leurs jeû-
» nes sont longs & fréquens; & cette
» diete, jointe à un air sain, leur pro-
» cure une bonne santé & une longue
» vie. Plusieurs d'entr'eux passent
» cent ans. Dans chaque Monastere il
» y a deux ou trois Religieux qui ne
» sont occupés que de la Bibliotheque;
» car c'est proprement ici que les
» Grecs apprennent la théologie; mais
» ils ne connoissent guere que des ma-
» nuscrits; & les Moines s'appliquent
» rarement à l'étude. Ils n'en sont pas
» moins considérés pour leur sainteté
» & pour leur doctrine.

» Au reste, ces Couvens ressemblent
» plus à des forteresses, qu'à des mai-
» sons Religieuses; car, pour les mettre
» à l'abri des incursions des Pirates &
» des Corsaires, on les a fermés de
» murailles flanquées de tours, & mu-
» nies d'artillerie. Ils ont, pour la plu-
» part, jusqu'à six étages; les cham-
» bres y sont spacieuses & en grand
» nombre; mais le bâtiment est assez
» mal disposé. Les Eglises en sont ma-
» gnifiques, & d'une beauté qui sur-
» passe ce qu'on doit attendre du tra-
» vail

» vail des Grecs. Le pavé est commu-
» nément de marbre avec quelques
» mosaïques; & le toit, couvert de
» plomb, brille au soleil comme de
» l'argent. Les murailles sont ornées
» de peintures; & il y a de ces Eglises
» où l'on voit jusqu'à cinq coupoles
» soutenues par de belles colonnes.
» Quatre de ces Monasteres, fondés
» par des Princes Bulgares, ne sont
» habités que par des Moines de cette
» Nation. D'autres ont été bâtis par
» des Mingreliens & des Russes; &
» dans les derniers, on ne reçoit que
» des Moscovites & des Cosaques.

» Au milieu de ces habitations Mo-
» nastiques, est un bourg, où se tient
» un marché tous les samedis. C'est le
» siege & le séjour ordinaire de l'Evê-
» que, qui n'a aucune Jurisdiction sur
» les Religieux, & ne leur confere les
» ordres, que lorsqu'ils l'appellent.
» Cette exemption ridicule, qui les
» soustrait à l'autorité Episcopale, n'est
» pas restreinte aux seuls Moines Grecs.
» C'est une prétention générale, in-
» connue dans les premiers siecles de
» l'Eglise, où la subordination aux
» Evêques paroissoit un devoir essen-

» tiel, dont il n'étoit pas permis de
» s'écarter, sans se rendre coupable
» d'une révolte orgueilleuse contre la
» puissance légitime. Saint Bernard
» voyoit avec étonnement des Abbés
» de son Ordre franchir cette regle
» d'humilité. « Moines, s'écrioit-il,
» quelle est votre présomption! car,
» pour être Abbés, en êtes-vous moins
» Religieux»? Cette réclamation n'em-
» pêcha pas le mal de s'introduire;
» presque tous les anciens Monasteres
» demanderent le privilege de l'exemp-
» tion, & l'obtinrent; des hommes qui
» s'étoient voués à la pratique des
» conseils Evangéliques, ne craigni-
» rent point de se soustraire à une
» autorité qui est de précepte.

» Outre les Couvents pour les Cé-
» nobites, on compte dans ces mon-
» tagnes, une quarantaine de cellules
» séparées, situées dans une solitude
» affreuse, & habitées par autant d'A-
» nachorétes. Ceux-ci vivent du tra-
» vail de leurs mains, & se rassem-
» blent, pour faire leurs dévotions,
» dans une des principales Abbayes.
» Tous ces Monasteres ont, dans leur
» territoire, de petites Chapelles ac-

» compagnées d'une habitation pour
» un ou deux Caloyers qui cultivent
» les fonds, & apportent le profit à
» l'Abbé.

» Les Couvents du mont Athos, d'où
» l'on tire la plupart des Evêques de l'E-
» glise Grecque, sont sous la protection
» du Bostangi Pacha, & lui paient an-
» nuellement 12000 écus, indépen-
» damment du tribut ordinaire d'en-
» viron cent mille francs, qu'ils doi-
» vent au Grand-Seigneur. La raison
» de cette taxe est la persuasion où
» sont les Turcs, que les anciens Empe-
» reurs Grecs ont mis en sûreté tous
» leurs trésors sur cette montagne,
» & que ces richesses s'y trouvent en-
» core. Pour peu que l'on diffère de
» payer cet impôt, ils menacent de visi-
» ter les Monasteres ; alors tous les
» Couvens se cottisent ; & l'argent,
» dont une partie se prend sur les au-
» mônes, est envoyé à Thessaloni-
» que.

» Deux autres pays qui avoisinent la
» Hongrie, & en dépendoient ancien-
» nement, sont la Croatie & la Car-
» niole. La premiere est partagée entre
» les Autrichiens & les Turcs. Les Ha-

» bitans ont la réputation d'aimer la
» guerre; & la Province produit de
» bon vin. Carlstad est la Capitale de
» la Croatie Autrichienne, & la rési-
» dence du Gouverneur. La partie mé-
» ridionale est occupée par les Usco-
» ques & les Morlaques. Ces derniers
» ont la mine terrible, & marchent tou-
» jours armés. Ce sont eux qui, dans les
» dernieres guerres avec la France, ont
» rendu, sous le nom de Pandours,
» qui signifie Voleurs de grands che-
» mins, de si grands services à la Reine
» de Hongrie. C'est une raison de les
» faire mieux connoître.

» La sincérité, la confiance de ce
» Peuple dégénerent souvent en une
» simplicité excessive. Les Commer-
» çans Italiens, & les Habitans des
» bords de la mer en abusent fréquem-
» ment; & Foi de Chien a auprès de
» lui autant de valeur, que foi d'Ita-
» lien. Malgré cela, le Morlaque, né
» sociable & généreux, ouvre sa ca-
» bane à l'Etranger, & lui fait part
» de tout ce qu'il a. Quand il voyage,
» & qu'il s'arrête chez des gens de sa
» connoissance, la fille aînée de la
» maison, ou la nouvelle Mariée,

» s'il y en a une, va au-devant de
» lui, & le reçoit avec un baiser.
» Mais un Voyageur d'une autre Na-
» tion ne peut jouir de la même fa-
» veur. Les jeunes femmes alors se ca-
» chent, ou se tiennent sur la réserve.
» Dans les repas que l'on se donne
» réciproquement, les Pauvres trou-
» vent toujours leur subsistance ; aussi
» ne s'abaissent-ils jamais à deman-
» der l'aumône. Le moindre sujet de
» joie est, pour les Morlaques, un
» prétexte de dépenser en un jour,
» ce qui devroit suffire pour la semai-
» ne. Ils sont d'ailleurs très-économes
» dans tout ce qui peut les garantir
» des injures de l'air, où de l'intem-
» périe des saisons. Ils ont coutume,
» lorsqu'ils rencontrent de la boue,
» d'ôter leurs souliers, de peur de les
» gâter, & quand il pleut, d'aller tête
» nue, pour ne pas mouiller leur bonnet.

» Ces Gens se piquent d'une exac-
» titude scrupuleuse à tenir leurs pro-
» messes. Un Débiteur passe rarement
» le tems prescrit ; & dans le cas d'une
» nécessité insurmontable, il va chez
» son créancier avec un présent, pour
» en obtenir quelque délai. L'amitié

» est indissoluble chez les Morlaques;
» ils en font un point de Religion; &
» ce nœud se resserre au pied des au-
» tels. Le rituel Esclavon a une béné-
» diction particuliere, pour unir so-
» lemnellement deux Amis en présence
» de tout le Peuple. Les hommes liés
» entr'eux par une pareille cérémo-
» nie, s'appellent Demi-freres, & les
» femmes Demi-sœurs. Les devoirs de
» ce lien sacré sont de secourir son
» Ami en toute occasion & dans tous
» ses besoins. Les exemples de ceux
» qui ont exposé leur vie pour leur
» Ami, ne sont pas rares dans la
» Nation. En revanche, les inimitiés
» sont si durables, qu'elles passent de
» pere en fils, & se perpétuent jusqu'aux
» générations les plus éloignées. Un de
» leurs proverbes dit que celui qui négli-
» ge de se venger, ne peut se sanctifier;
» & le même mot sert à exprimer parmi
» eux la sanctification & la vengeance.
» Un Meurtrier est obligé d'errer de lieu
» en lieu, pour se soustraire à la fu-
» reur de ceux qui le poursuivent.
» S'il a pu échapper à leurs recher-
» ches, il tâche, après avoir prudem-

» ment laissé passer quelques années,
» d'obtenir la paix, moyennant une
» somme fixée par des Médiateurs.

» Ces Peuples sont extraordinaire-
» ment superstitieux, & croient aux
» Lutins, aux Sorciers, aux Magi-
» ciens & aux Vampires. Les vieilles
» femmes se piquent de savoir faire
» plusieurs charmes, dont le plus or-
» dinaire est de détourner le lait des
» vaches de leurs voisins, pour s'en
» procurer une plus grande abondan-
» ce ; mais il se trouve d'autres Sor-
» cieres qui ont le pouvoir de rom-
» pre ces enchantemens ; & malheur
» à qui s'aviseroit de montrer là-des-
» sus le moindre doute.

» L'innocence & la liberté naturelle
» de la vie pastorale subsistent encore
» parmi les Morlaques. Une jolie fille
» qui rencontre un homme, l'embrasse
» affectueusement, sans que personne
» y trouve à redire. Rien n'est plus
» commun que ces embrassemens mu-
» tuels d'hommes & de femmes, jus-
» qu'à la porte même des Eglises. Les
» filles sont très-soigneuses de leur pa-
» rure avant le mariage ; mais elles
» s'abandonnent ensuite à une malpro-

» preté qui juſtifie bien le mépris que
» leurs maris ont pour elles. Ce n'eſt
» pas que toutes parées qu'elles font,
» elles ne foient encore fort dégoûtan-
» tes; le beurre dont elles ont coutume
» d'oindre leurs cheveux, produit une
» odeur très-défagréable. L'habillement
» des femmes varie fuivant les lieux
» & les conditions. Les perfonnes ma-
» riées font diſtinguées par les orne-
» méns de la tête, fur laquelle elles
» ne peuvent avoir qu'un mouchoir
» uni; mais on leur laiſſe le choix de
» la couleur. Les filles ont un bonnet
» d'écarlate, d'où pend ordinairement
» un voile large, qui retombe par-
» deſſus les épaules.

» Quand une jeune perfonne eſt de-
» mandée en mariage, les vieillards des
» deux familles s'aſſemblent, traitent
» des conditions; & il eſt rare qu'on la
» refuſe. La demande une fois agréée,
» les jeunes gens fe voient; & s'ils ne
» fe déplaifent point, le mariage eſt con-
» clu fur le champ. Les Maris traitent
» leurs femmes avec tant de mépris,
» que jamais ils ne parlent d'elles,
» fans employer auparavant la for-
» mule d'excufe, *Sauf votre refpect*. Ils

» ne les souffrent point dans leur lit ;
» elles doivent coucher par terre, &
» obéir quand on les appelle. Elles ne
» changent point de régime, & n'in-
» terrompent ni leurs fatigues, ni leurs
» courses lorsqu'elles sont enceintes.
» Souvent même elles accouchent en
» pleine campagne, ramassent elles-
» mêmes leur enfant, le lavent au pre-
» mier ruisseau qu'elles rencontrent, le
» portent chez elles, & retournent,
» le jour suivant, à leurs travaux ac-
» coutumés. On emmaillotte ces en-
» fans dans de méchans draps; & ils
» restent ainsi mal soignés pendant
» quatre mois. On les laisse courir en-
» suite dans la cabane & dans les
» champs, où ils vont à la suite de
» leur mere qui les allaite jusqu'à une
» nouvelle grossesse. Ils passent leur
» premiere jeunesse dans les bois à
» garder les troupeaux, & s'exercent
» pendant ce tems-là, à faire des ou-
» vrages de main, tels que des sifflets,
» des tasses ornées de divers bas-re-
» liefs, pour lesquels ils n'emploient
» que le couteau. Ces figures, quoique
» bisarres, ne seroient point dédai-
» gnées dans nos Villes.

» Le lait caillé est la nourriture or-
» dinaire des Morlaques. Ils en font
» une sorte de fromage-frais, dont le
» petit-lait leur sert de boisson. Ce
» fromage frit dans du beurre, est le
» meilleur mets qu'ils sachent appré-
» ter pour un Hôte qui leur survient
» à l'improviste. Ils ne font pas usage de
» pain cuit à notre façon; mais de no-
» tre même farine, ils composent
» différens gâteaux, & vivent de tou-
» tes sortes de légumes. Sans s'ap-
» pliquer aux arts, ils ont quelque
» connoissance de la teinture; & leurs
» couleurs ne sont point à mépriser.
» Ils teignent en noir avec de l'écorce
» de frêne, qu'ils tiennent en fusion
» pendant huit jours avec de la limaille
» de fer. On vante encore le beau
» bleu qu'ils savent tirer de la laitue
» sauvage, infusée dans la lessive pure.
» Ces Peuples, pour éviter la puis-
» sance des Turcs; leurs ennemis impla-
» cables, sont venus, de l'Albanie, se
» réfugier dans cette Province. Ils s'oc-
» cupent de la nourriture & du soin
» du bétail, & professent la Religion
» Grecque.

» Les Uscoques ont été les plus

» grands Pirates de la Mer Adriatique.
» C'est un Peuple rude & sauvage,
» de haute stature, courageux, mais
» fort enclin au brigandage. Sa Lan-
» gue est celle des Valaques ; sa Reli-
» gion, celle des Grecs. Quelques-uns
» suivent le culte Romain. Ils ne bap-
» tisent leurs enfans qu'à un certain
» âge, & ne font leur premiere Com-
» munion qu'à 28 ou 30 ans. Leur nom
» vient de Scoco, qui signifie fugitif.
» L'Empereur leur donna un asyle
» dans la Croatie ; mais comme ils y
» causoient du désordre, on les relé-
» gua dans les montagnes de Car-
» niole.

» Cette Province, ainsi appellée du
» nom des Carnes, Peuple des Alpes,
» fut long-tems soumise aux Ducs de
» Baviere, & eut ensuite des Souverains
» particuliers, dont la race s'éteignit
» au treizieme siécle. Elle se donna alors
» aux Ducs d'Autriche, dont la suc-
» cession passa à Rodolphe d'Absbourg.
» La riviere de Save, qui y prend sa
» source, & la traverse du Couchant au
» Levant, ne peut cependant la rendre
» fertile à cause des rochers & des mon-
» tagnes dont le pays est hérissé. Le

» gibier y est commun; mais la plus
» grande richesse consiste en mines de
» fer, d'acier & de mercure. Les Ha-
» bitans, qui sont Catholiques &
» parlent Esclavon, menent une vie
» dure, pauvre & laborieuse. Laubach,
» située sur la riviere de ce nom, en est
» la Capitale, & étoit la demeure des
» anciens Ducs. Ce n'est qu'une grande
» rue, mais proprement bâtie, & qui,
» avec le Château & le fauxbourg,
» peut contenir douze mille ames. La
» maison où s'assemblent les Etats de
» la Province, est un édifice magnifi-
» que. Le Chapitre de la Cathédrale
» qui est très-belle, n'est composé que
» de six Chanoines. L'Empereur Char-
» les VI a fait construire à Laubach
» un pont de bois, long de cinq à six
» cent pieds, à l'extrêmité duquel est
» la statue de Saint Jean Népomucène.

» La Carniole n'a de remarquable,
» que le lac de Czirnick, sur lequel
» est bâtie une petite Ville, dont il a
» pris le nom. Sa longueur est de deux
» milles d'Allemagne, sur un de lar-
» geur, & sa plus grande profondeur,
» lorsqu'il est plein, d'environ trente-

« cinq pieds. Il est environné de hau-
« tes montagnes dont il reçoit toutes
« les eaux, & a cela de singulier,
« qu'on y pêche & qu'on y mois-
« sonne toutes les années. L'eau com-
« mence à se perdre, vers le mois de
« Juillet, par des conduits souterreins,
« où elle passe comme par un cri-
« ble ; & c'est alors qu'on y prend
« une grande quantité de poissons.
« La cloche de l'Eglise la plus voi-
« sine donne le signal de la pêche ;
« & tous les Habitans, hommes &
« femmes, sans aucune idée de mo-
« destie ni de décence, entrent nuds
« dans le lac, & prennent sans ex-
« ception tout ce qu'ils trouvent. Le
« Seigneur du lieu a droit à la moi-
« tié ; le reste appartient aux Pê-
« cheurs. Comme le terrein est inégal,
« qu'il y a des hauteurs & des cavi-
« tés de différentes profondeurs, tou-
« tes ces fosses ne se vident pas en
« même tems ; ce qui est plus com-
« mode pour la vente du poisson. On
« y prend des brochets depuis trente
« jusqu'à quarante livres, des tanches
« de six à sept livres, & des lottes qui
« en pesent trois ou quatre.

» Aussi-tôt que la grande pêche est
» finie, la même cloche en avertit les
» villages plus éloignés, dont les Habi-
» tans, également nuds, viennent cher-
» cher le poisson qui a pu rester dans
» les creux ou dans les roseaux ; car il
» est permis à tout le monde de glaner
» ainsi après les premiers Pêcheurs,
» qui abandonnent cet avantage au
» Public.

» Lorsque le fond du lac commence
» à sécher, on en arrache les joncs
» qui servent à différens usages. L'eau
» a tellement fertilisé le terrein, qu'il
» est bientôt couvert d'une herbe excel-
» lente. C'est alors que le gibier, les lie-
» vres, les bêtes fauves, les ours mê-
» me y viennent des bois & des mon-
» tagnes voisines, & fournissent la
» chasse la plus agréable. L'herbe de-
» vient si haute, qu'on la fauche au
» bout de vingt jours ; & l'on re-
» cueille de très-bon foin. Enfin on y
» seme du millet qui mûrit rapide-
» ment; & quand la récolte est finie,
» l'eau qui sort des montagnes, entre
» dans le lac avec impétuosité, & le
» remplit de nouveau. Il reste ordi-
» nairement sec jusqu'au mois de No-

» vembre ; ce n'est cependant pas une règle certaine ; car on a vu des années où il s'est & vuidé rempli jusqu'à trois fois.

» Ceux qui ont recherché la cause de ce phénomène, ont imaginé que sous le lac de Czirnich, il est un autre lac souterrein, avec lequel il communique par plusieurs trous. Ce dernier grossi par les pluies d'Automne & d'hiver, pousse ses eaux vers le sommet, & avec elles toutes sortes de poissons. Le lac supérieur étant une fois plein, reste dans cette position, tant que l'autre ne se vuide pas ; mais aussi-tôt que les eaux souterraines diminuent, il faut nécessairement que le lac de Czirnich se décharge. Tout reprend alors son état naturel, jusqu'à ce qu'un autre débordement vienne le remplir de nouveau ».

Mais toutes ces disgressions m'ont éloigné de la Hongrie, dont j'ai encore à vous entretenir. Quoique ce Royaume soit héréditaire & monarchique, le Roi n'y statue rien, sur-tout pour l'imposition & la levée des subsides, sans l'avis & le consentement des Etats, composés du Clergé, de la Noblesse, des Députés des Villes & des Comtés.

La premiere classe comprend les Prélats ; mais le Palatin du Royaume ne le cede qu'à l'Archevêque de Gran, qui en est le Primat, le premier Secrétaire & le Chancelier. Lui seul a droit de sacrer les Rois. Il peut conférer la noblesse, est Légat né du Saint-Siége, Prince du Saint-Empire, Comte perpétuel du Comté de Gran, & ne prête de serment, que par ses Officiers. On fait monter ses revenus annuels à cent quatre-vingt mille florins, dont une partie provient des mines, à titre de ci-devant Essayeur Général de toutes les monnoies.

L'Archevêque de Colocza est le second en dignité, & a, comme les autres Evêques, la double Jurisdiction spirituelle & temporelle sur son Diocese. Ils occupent le premier rang dans les Diettes. Les Abbés, dont le plus considérable est celui de Saint-Martin, qui ne releve que du Pape, & les grands Prevôts des Chapitres ont aussi leur voix dans les Assemblées ; & quelques-uns jouissent des mêmes prérogatives que les Evêques. Une autre remarque à faire, c'est que les Jésuites, les Prémontrés & les Minimes sont également réputés Etats du Royaume, & ont séance dans les Diettes avec les Magnats.

La seconde classe est celle des grands Officiers de la Couronne, comme le Palatin & son Vice-gérent, le Maître d'Hôtel & son Lieutenant, le Juge de la Cour & son Vice-Chancelier, le grand Trésorier, le grand Maréchal, &c, dont les Charges, ainsi que les grandes dignités Ecclésiastiques, ne peuvent être remplies que par des Nationnaux. Ce sont eux qui composent le Sénat du Royaume, ou le Tribunal suprême de la Justice.

Le Gouvernement de la Hongrie s'administre, tant au nom du Roi que des Etats, par la Diette de la Nation, la Chancellerie, la Chambre & la Lieutenance Royale, les Chefs des Comtés, & le Sénat des Villes. La Diette ou les Comices se convoquent tous les trois ans par Lettres Royales à Presbourg, lorsque l'intérêt de l'Etat ou du Prince paroît l'exiger. La Chancellerie, composée d'un premier Magistrat, de six Référendaires, de trois Secrétaires & de plusieurs Subalternes, siége à Vienne. Les Officiers se partagent les affaires publiques & particulieres, celles des Villes, de la Justice, de la Religion & du Clergé. Tout ce qui dépend de la volonté du Souverain en matiere civile, Ecclésiastique ou de Jurisprudence, est de leur ressort. Ils ne sont point censés influer sur l'administration générale, mais expédier seulement les ordres du Monarque. Ving-trois Conseillers que le Roi choisit parmi les Evêques, les Magistrats & les Nobles, forment, sous la présidence du Lieutenant de Sa Majesté, ce qu'on appelle à Presbourg la Lieutenance Royale. Charles VI la créa en 1723 pour administrer, en son nom, certaines affaires qu'il s'étoit réservées.

La Chambre Royale, composée d'un même nombre d'Officiers, veille sur les domaines & les revenus de la Couronne, sur le fisc, la Douane & l'impôt du sel. Ces revenus consistent en contributions, en péages, & dans le produit des salines & des mines qui s'exploitent pour le compte du Roi : on les fait monter à plus de huit millions.

Les mines d'or de Kremnits & de Kœnisberg ne rendent pas, à beaucoup près, ce qu'elles produisoient anciennement. Kremnits, la principale Ville de ce Département sur les frontieres de la Pologne, est située dans un fond entre de hautes montagnes ; à peine y compte-t-on trente maisons, avec deux Eglises, un Couvent de Franciscains & un Château ; mais ses fauxbourgs plus étendus, forment neuf rues, où se trouvent une Eglise, un Hôpital, une Chambre Royale & un Hôtel des Monnoies. On y envoie l'or & l'argent qui s'exploitent dans les autres minieres ; & il s'y fabrique, chaque année, près de cent mille ducats. Outre les mines Royales, il y en a d'autres qui appartiennent à des Particuliers. Les unes & les autres ont beaucoup souffert dans les derniers troubles qui ont désolé ce Royaume. En 1751. la Ville de Kremnits eut l'honneur de recevoir l'Epoux de sa Souveraine, l'Empereur François I, qui se fit descendre, en habit de Mineur, dans un des puits les plus profonds de la montagne.

Les Comtés de Hongrie sont de petites Provinces partagées en plusieurs Districts, & auxquelles président un Comte ou Palatin, un Vicomte, un Receveur, un Notaire, quatre grands Juges, & autant de Juges inférieurs, qui sont pris dans le Corps de la Noblesse, & doivent être possessionnés. Une caisse particuliere paie leurs appointemens qui sont de quinze cent florins pour le Comte, & de cinquante pour le simple Juge. Il y a douze Comtés où cette dignité est héréditaire. Dans d'autres, elle est attachée à quelque grand Office de la Couronne, ou à l'Episcopat; & dans plusieurs, c'est le fruit des services rendus, ou de la faveur. Les autres Officiers sont à la nomination des Nobles, qui en élisent un sur trois que le Comte leur présente. La confirmation de la Cour n'est pas nécessaire pour ces sortes d'Offices, qui, au bout de six ans, sont continués ou renouvellés, suivant que la Noblesse est plus ou moins satisfaite. Dans les Diettines ou Assemblées de chaque Comté, on traite des affaires civiles & économiques.

Outre ſes Villes principales, la Hongrie a encore des bourgs privilégiés, & une infinité de villages qui jouiſſent du droit de tenir marché. Le Royaume n'eſt cependant pas auſſi peuplé qu'il pourroit l'être ; car étant mieux cultivé, il ſuffiroit à l'entretien du triple de ſes Habitans. Les uns deſcendent de ces anciens Hongrois qui ſe ſont emparés de la Pannonie ; & quoique plus policés que leurs Ancêtres, ils conſervent encore des traces de leur origine. Les autres ſont de race Eſclavone, tels que les Bohémiens, les Croates, les Raſciens, les Vandales & les Ruſſes. Les Habitans Allemands ſont originaires de l'Autriche, de la Stirie, de la Baviere, de la Franconie, de la Suabe & de la Saxe. Il en eſt venu d'autres que la guerre, le commerce, & la fertilité du pays y ont attirés, & dont le nombre s'eſt principalement accru depuis que ce Royaume appartient à la Maiſon d'Autriche. Les Hongrois, les Eſclavons, les Allemands ont ſeuls la qualité de Regnicoles ; & ces derniers même ne peuvent acquérir de biens nobles, qu'en obtenant l'indigénat fixé à une ſomme de dix mille francs. Cette différence d'origine & de condition doit nécessairement en apporter dans leurs caracteres ; cependant un genre de vie assez uniforme les rapproche naturellement.

La Noblesse est nombreuse & autant civilisée qu'aucune autre de l'Europe. Depuis le regne de l'Empereur Charles VI, presque tous les Grands s'allient à des familles Allemandes ; & les femmes de qualité abandonnent l'habillement Hongrois, qui semble si avantageux, pour prendre des robes à l'Autrichienne. Les Nobles jouissent de plusieurs privileges, tel que l'exemption de toute redevance pour leurs terres ; mais comme cette franchise engageoit un grand nombre de roturiers à se faire annoblir au préjudice de la Couronne, on y a mis quelques restrictions.

Le Laboureur ne possede rien en propre ; il n'est que le Fermier du Gentilhomme qui peut le congédier à son gré ; & sans être serf, sa condition est presque aussi misérable que celle du Paysan Russe ou Polonois. Dans les lieux où le bois est moins commun, il habite des souterrains tellement construits, que la cheminée seule paroît au-dessus du sol.

On parle ici quatre sortes de Langues, le Hongrois, l'Allemand, l'Esclavon & le Valaque qui a de l'affinité avec l'Italien, & s'est formé du Latin & de l'Esclavon. La Langue Latine est non-seulement en usage parmi les Savans & les Gens de condition, mais chez le Peuple même; & dans les Cours de Judicature tout se traite en cet idiome.

Il faut une permission de la Cour pour faire ses études hors du pays. Les écoles Protestantes sont bornées à la Grammaire; tout autre enseignement dans les sciences leur est interdit. Elles ont cependant obtenu, depuis quelques années, la liberté d'avoir un College à Œdenbourg, un autre à Eperies, & de faire leur cours de Philosophie à Presbourg.

Les opinions de Luther & de Calvin se sont introduites en Hongrie, du vivant même de ces deux Hérésiarques; & eurent de grands assauts à soutenir lorsque les Jésuites, appuyés de toute la faveur impériale, furent appellés dans le Royaume. Les Protestans perdirent une partie de leurs Eglises sous l'Empereur Ferdinand, & un plus grand nombre encore sous le regne de Léopold, qu'on appelloit le Jésuite à robe courte.

Ces Peres sont les seuls qui cultivent les sciences, & enseignent dans les Universités. Quelques Bénédictins, quelques Minimes s'appliquent aussi à l'étude, suivant que leur institut les y porte plus ou moins. Les Peres des Ecoles Pies se bornent à l'enseignement des Belles-Lettres. A l'égard des Protestans, ils acquierent les premiers élémens dans leurs écoles, & passent ensuite (s'ils en obtiennent la liberté, car ils sont fort gênés là-dessus) dans quelque Université d'Allemagne, de Hollande ou de Suisse. Les leçons de Droit & de Jurisprudence, qui ne se donnoient anciennement que dans le particulier, se prennent aujourd'hui publiquement à Erlau & dans les écoles de Tirnau.

La Reine de Hongrie fait régir la Croatie par un Ban, c'est-à-dire, Seigneur, l'Esclavonie par un Vaivode, la Transylvanie par un Gouverneur. La Noblesse est magnifique, aime passionnément les chevaux, la chasse & la bonne chère. Les plus grandes

grandes forces du Royaume consistent en Cavalerie légere, qui prend le nom d'Hussars, comme l'Infanterie celui d'Heiduques ou de Tolpaches.

Ces Peuples sont d'assez belle taille, braves & guerriers, également jaloux de leur liberté & de leurs privileges; mais ils ont donné, dans l'avant-derniere guerre, les plus grandes preuves de fidélité & d'attachement à leur Souveraine. Au reste il y a beaucoup d'Allemands & de Saxons mêlés avec les Naturels du Pays. Les uns & les autres sont sujets à une maladie singuliere, vulgairement appellée le mal Hongrois. Elle commence par des nœuds qui se forment au défaut du bras, sous la main, & se dissipent quand on les frotte avec de l'ail, du vinaigre & du sel. L'excès du vin & des alimens, le froid de la nuit qui succede à la chaleur du jour, sont regardés comme la principale cause de ce mal.

La terre fournit abondamment toutes les commodités de la vie : de-là ce proverbe Latin, « que l'on ne vit point hors de la Hongrie, ou qu'on ne vit de même nulle part : *Non est vita; si est vita, non est ita* ». Cependant, si vous en exceptez le vin, je n'y vois rien qui ne se trouve dans la plupart des autres Royaumes. Il faut pourtant convenir que ce pays est riche, fertile & abondant en grains, en fruits, en légumes, en gibier, en poissons, en différentes sortes de métaux, en fontaines chaudes, & en sources d'eaux minérales. Le bétail n'y est pas moins nombreux ; on compte qu'il entre tous les ans quatre-vingt mille bœufs de Hongrie dans la seule Ville de Vienne, & qu'il en sort plus de cent quarante mille du Royaume. Les chevaux y sont si communs, qu'ils courent dans les bois comme des bêtes sauvages : quiconque peut en prendre & sait les apprivoiser, est dispensé d'en acheter.

Le commerce, presque tout entier entre les mains des Rasciens & des Grecs, s'exerce avec assez d'application par les Habitans des Villes & des bourgs. On transporte à l'Etranger les vins, l'huile, le safran, les métaux, le cuir, la laine, le suif, la cire, & le grain principalement ; car la Hongrie peut être regardée comme le grenier de l'Autriche. On lui envoie en échange des épiceries, de l'étain, de la foie, & quelques autres denrées. Les efpeces qui ont cours dans ce Royaume, font le Pens, dont la valeur eft de cinq deniers, le Patas, qui en vaut fix, le Kreutzer, qui équivaut à trois liards, le Poltracke à un fou, le Garas à deux Poltrackes, le Hetefch à fept kreutzers, le Sefftak à dix-fept, le Florin à cinquante, & le Ducat à quatre florins & demi.

La Hongrie peut mettre aifément fur pied une armée de cent mille hommes, dont cinquante mille font à la folde de l'Etat; le refte eft fourni par les Provinces. La Juftice, en matiere civile, fe rend au nom du Souverain d'après les Loix du pays, fuivant la différente condition des Jufticiables. Les procès fe portent du Tribunal des Villes, à celui des Comtés, fi ce font des Villes libres; ou à la Jurifdiction des Seigneurs, fi elles fe trouvent dans leur dépendance. On plaide en premiere inftance devant les Juges du lieu, & en feconde, devant le Sénat; d'où l'on peut appeller au Préfident de la Table Royale. Les Jurifdictions inférieures fiégent, dans chaque Comté, chez le

Seigneur pour les Gens du commun; à l'égard des Gentilshommes, ils ne peuvent avoir que des Juges nobles. Les Causes Ecclésiastiques passent successivement de l'Evêque à l'Archevêque, de l'Archevêque au Nonce du Pape, & du Nonce à la Cour de Rome.

La Hongrie a cent quarante lieues de longueur du Levant au Couchant, & quatre-vingt-dix du Septentrion au Midi. Le Danube qui l'arrose dans toute son étendue, y forme plusieurs isles fécondes en pâturages, & la coupant en deux parties, contribue à sa fertilité. Le bled y croît en si grande abondance, que les greniers ne sont pas assez vastes pour le contenir: on est obligé de le laisser en tas sur les champs en le couvrant de roseaux. Les rivieres donnent autant de poissons, que les bois & les campagnes fournissent de gibier. La Teisse surtout produit une si grande quantité de carpes, qu'on en donne quelquefois jusqu'à dix pour un sou. Lorsqu'après quelques débordemens les eaux se retirent, il en reste une si prodigieuse multitude sur les bords, qu'on y amene, pour les manger, des troupeaux de cochons, de peur que l'air n'en soit infecté. On recueille les mêmes fruits qu'en France; & ils y ont à-peu-près la même qualité. Outre les différentes mines dont je vous ai parlé, on trouve encore du marbre, de l'azur, de l'albâtre, du cristal, du jaspe, du mercure, de l'antimoine, de l'aimant, du vermillon, & des carrieres de sel.

Celle d'Eperies, qui a cent quatre-vingt brasses de profondeur, passe pour la plus abondante. Les Mineurs y descendent d'abord avec des cordes, & se servent ensuite d'échelles pour aller jusqu'au fond. La mine est presque environnée de terre sans aucun rocher; & les veines de sel sont si grosses, qu'elles en fournissent des morceaux qui pesent jusqu'à mille quintaux. On les coupe en quarrés de deux pieds d'épaisseur, qu'on fait moudre entre deux pierres à moulin; mais leur humidité empêche qu'on ne puisse aisément les mettre en poudre. L'eau est si salée, qu'en la faisant bouillir, il s'en forme un sel gris, qu'on donne à manger aux bestiaux. Celui qu'on prend en masse est fort blanc, quand on l'a pulvérifé. Tout ce fel n'a pas la même force, ni la même couleur. Le plus pur reffemble à du criftal ; celui qui eft mêlé avec la terre, en retient toujours quelques nuances. Il y a des morceaux qui préfentent un très-beau bleu ; d'autres, un jaune tranfparent ; & d'autres font fi durs & fi clairs, qu'on y grave diverfes figures comme fur du verre.

Parmi d'autres curiofités naturelles de ce Royaume, on peut encore placer la caverne de Selitze, dans le Comté de Torna. L'ouverture en eft affez vafte, pour que les vents du Sud, qui foufflent fans interruption, s'y engouffrent avec violence, & la faffent retentir de leurs fifflemens. Quand le froid eft rude en-dehors, l'air du dedans eft tempéré. Il devient au contraire toujours plus froid, à mefure que le foleil acquiert plus de chaleur. Lorfqu'au printems la neige commence à fondre, le dedans de la caverne, dont l'entrée eft expofée au Midi, tranfpire une eau limpide, qui, en tombant, forme des glaçons. Le froid augmente en raifon de la chaleur du dehors ; & dans la canicule, l'intérieur n'eft qu'une glace, dont on se sert pour rafraîchir l'eau ou le vin. Le dégel commence vers l'automne ; à l'approche de l'hiver la glace disparoît ; & la caverne est tempérée. Les mouches y fourmillent alors ; il s'y retire quantité de chauves-souris, de chouettes, de lievres & de renards jusqu'au retour du printems.

Comme la Hongrie confine aux Etats héréditaires d'Autriche, l'usage n'est pas d'y nommer un Vice-Roi ; on se contente de la Chancellerie Hongroise établie à Vienne, & du Conseil Royal, où sont réglées toutes les affaires du Royaume. Cependant en 1732, Charles VI nomma le Duc de Lorraine, alors son Gendre futur, Vice-Roi & Gouverneur général de la Hongrie. Cette disposition subsista jusqu'à la mort de l'Empereur ; & après le Couronnement de Marie Thérese, cette Princesse engagea les Hongrois à reconnoître ce même Duc de Lorraine, devenu son Epoux, pour Associé au Gouvernement.

La Nation se glorifie aujourd'hui de le compter parmi ses Maîtres, & présente comme un modele à tous les Souverains, cette sage adminiſtration, qui ne ſe propoſe d'autre objet que la gloire de ſon nouveau Peuple. Ce Prince connoît les Loix du pays & les reſpecte. Ferme défenſeur de ſon autorité, il n'en abuſe jamais, & ſait allier à la magnificence qui annonce la ſplendeur des Nations, l'écomie qui les rend heureuſes & redoutées. Les vertus royales, militaires, politiques & chrétiennes ſe trouvent réunies dans ce Monarque. Expoſé à tous les regards, au plus haut point des grandeurs humaines, il voit ſa conduite reſpectée par la critique la plus ſévere, & ne trouve pas un ſeul ennemi de ſon mérite perſonnel, parmi les ennemis même de ſa Couronne & de ſa gloire. La voix de la reconnoiſſance tranſmettra à tous les âges cette affabilité bienfaiſante, qui le rend acceſſible à tous ſes Sujets. Les portes de ſon Palais leur ſont continuellement ouvertes; le dernier des Citoyens paroît librement aux pieds du Trône; on voit ce Prince environné de ſon Peuple comme d'une famille nombreuſe; il entend ſes repréſentations, écoute ſes plaintes, ſoutient le foible, encourage le timide, conſole l'affligé, ſoulage le malheureux.

Plus ouvert sans doute avec les Grands, auxquels il veut bien ne paroître qu'un Seigneur aimable, & sensible aux charmes de la Société, sa bonté descend avec eux aux détails les plus obscurs de leurs affaires domestiques; & tandis que tous ceux qui l'approchent ne sont occupés qu'à lui plaire, il ne s'occupe lui-même que de leur propre bonheur. S'il donne à tous, aux Etrangers mêmes, un accès facile auprès de sa personne; s'il se communique aux divers Sujets de l'Empire, sans que la médiocrité ou la bassesse de l'état soit un titre d'exclusion ; c'est pour apprendre des uns les miseres cachées des familles qu'il desire de soulager ; c'est pour consulter les autres, & tirer de leurs lumieres, de leurs talens, les moyens de porter de toutes parts le goût du travail, le génie du commerce, l'industrie des arts, &c. Toujours égal à lui-même, il ne connoît ni les caprices de la grandeur, ni les fiertés de la domination, ni les traits de la vengeance, ni les épargnes de l'intérêt, ni les éclats de la colere, ni les délices de la mollesse, ni les charmes de la volupté. Il ne craint point les embarras des affaires, dès qu'il s'agit d'appaiser les plaintes des Petits, & de rétablir la concorde entre les Grands, sachant se préserver également & des foiblesses de l'homme, & des hauteurs du Souverain. Il se réserve à lui seul le soin constant & universel de former aux sentimens de l'humanité & de la religion le cœur des jeunes Princes ses Enfans. Ne vous étonnez donc pas, quand un jour vous apprendrez qu'ils assistent régulièrement à leurs Conseils, qu'ils y président par eux-mêmes, qu'ils en règlent les avis avec cette fermeté, cette sagesse qui deviendra l'admiration des plus habiles Ministres de leurs Cours; quand vous les verrez, sans autre secours que leur sagacité naturelle, ou leurs propres lumieres, saisir d'un coup-d'œil le nœud des affaires, distinguer l'injustice ou l'équité, se connoître en hommes, en juger par eux-mêmes, & mépriser également le manege des brigues, & les clameurs de l'envie.

Je suis, &c.

A Presbourg, ce 25 *Novembre* 1756.

LETTRE CCLXXX.

L'AUTRICHE.

On arrive en si peu de tems, les chemins sont si sûrs, de Presbourg à Vienne, que je ne vous entretiendrai ni de préparatifs, ni d'aventures de voyages.

Vienne est, comme vous savez, la Capitale de l'Autriche, quelques-uns disent de l'Allemagne; quoique l'Allemagne n'ait proprement point de Capitale ; mais, depuis plus de deux siecles, cette Ville est le séjour ordinaire des Chefs de l'Empire. Bâtie dans l'endroit où une petite riviére qui lui donne son nom, se jette dans le Danube, à six lieues des frontieres de Hongrie, elle jouit d'une situation agréable, sur un terrein uni, & bordé de montagnes couvertes de bois & de vignobles; mais on y respire un air mal-sain, qui donne lieu à ce proverbe, ou *Venteuse* ou *Venimeuse*. Le vent en effet s'y fait sentir d'une maniere si vive, qu'en marchant, on a de la peine à lui résister. Quant à la malignité de l'air, les uns l'attribuent à l'humidité qu'y causent les cinq branches du Danube ; les autres à la quantité de boues & d'ordures qui remplissent les rues, & qu'on néglige d'enlever. Il diffère même sensiblement d'un quartier à l'autre. Il y a deux Couvens de Religieuses qui professent la même regle, font les mêmes exercices, ont le même genre de vie, les mêmes alimens : les unes ne vont guère au-delà de cinquante ans ; & l'on en voit peu qui fassent leur seconde profession. Les autres au contraire vivent long-tems; & il y en a toujours sept ou huit, qui ont passé à leurs seconds vœux. La seule cause d'une différence si sensible est la situation des deux Monasteres.

On fait honneur de la fondation de cette Ville au Consul Flavius qui commandoit dans l'Illyrie. Les Hongrois la détruisirent au dixieme siecle ; & Henri, Duc d'Autriche, la rétablit au milieu du douzieme. Elle fut souvent prise, rendue, & reprise ; vaillamment attaquée, & puissamment défendue ; mais il arriva pendant le dernier siége, mémorable dont je vous ai parlé, un accident qui faillit la perdre totalement. Le feu prit à l'église des Ecoſſois, en conſuma le bâtiment, & gagna l'Arſenal, dont heureuſement on eut le tems d'enlever toute la poudre. On accuſa un jeune garçon habillé en fille, que le Peuple mit en pieces; ce qui empêcha d'approfondir ce myſtere, & de connoître la vraie cauſe de cet embraſement.

Vienne, environnée de murailles, de foſſés, de contreſcarpes, n'a pas l'agrément de ces riches Capitales, dont les avenues charment par la beauté des jardins, des maiſons de plaiſance, & de ces autres ornemens extérieurs, qui ſont les heureux fruits de la ſécurité & de la paix. Elle a cependant des fauxbourgs remplis d'édifices ſuperbes; mais la Ville, en elle-même, n'eſt pas grande; car à peine y compte-t-on douze cens maiſons, y compris vingt-neuf Egliſes & huit Chapelles. De vaſtes Couvens qui ont, pour la plupart, des jardins & des promenades, en occupent la ſixieme partie; mais les fauxbourgs ſont, en général, ſi étendus, ſi peuplés, qu'on évalue à près de trois cens mille ames le nombre total des Habitans. Ces fauxbourgs ſont ſéparés de la Ville de tous côtés, par une esplanade circulaire, large de cinq à six cens pas, où il est défendu de bâtir. Le plus considérable est celui de Léopold-Stadt, situé au Nord, dans une Isle du Danube : les autres, rangés autour de l'esplanade, n'ont entr'eux, sur-tout dans les derrieres, presqu'aucune séparation.

On fait en une heure le tour de la Ville sur les glacis. Ses rues sont courbes, étroites & sales en hiver. On y souffre encore plus, en été, de la poussiere, qui incommode en général toute cette contrée. Le soir, elles sont éclairées par des lanternes. Les maisons ont cinq, six, & quelquefois jusqu'à sept étages, avec presqu'autant de profondeur en caves, que de hauteur hors de terre. Le milieu est à la disposition de l'Empereur, qui, lorsqu'il manque de place dans son Palais, y loge ses Officiers & ses Domestiques.

Les quartiers de Schotten, de Carinthie, de Wübmer & de Stuben partagent en quatre parties l'intérieur de cette Capitale. On y compte quatre-vingt rues, & dix-huit places, dont la principale est celle de la Cour, sur laquelle on voit, entre deux fontaines de pierre, un superbe monument de bronze, que Léopold fit élever en 1667, en mémoire de l'Immaculée Conception. On y fait, en certains jours de l'année, des dévotions publiques ; & l'on bâtit une espece de tente, où l'Empereur & sa famille, qui assistent à ces exercices de piété, se placent hors de la foule. Le Marché-Haut est enrichi d'un grouppe de marbre, qui représente le mariage de Saint Joseph ; car on ne connoît ici d'autres ornemens publics, que des sujets pris dans la Religion.

On voit au Marché-Neuf, un autre monument de la piété Impériale dans une pyramide dressée en l'honneur de la Sainte-Trinité. L'ouvrage est de marbre blanc, surmonté d'un grouppe de nuées, sur lequel sont les trois Personnes en figures de bronze doré. La statue de Léopold à genoux, en posture de Suppliant, les yeux tournés vers les Personnes divines, est au pied de la pyramide. Sur les trois faces de ce monument triangulaire, on lit des inscriptions Latines, qui témoignent, au nom de l'Empereur, sa reconnoissance & ses actions de graces pour la délivrance de la peste. On prétend qu'elles ont été composées par Léopold même; & rien n'empêche de le croire.

La Cathédrale, dédiée à Saint Etienne, est un édifice gothique, très-obscur, bâti en pierres de taille, & décoré en-dehors d'une sculpture assez curieuse, dans le goût des colifichets Arabesques. La tour principale, encore plus travaillée que l'Eglise, & dont la fleche jusqu'à la pointe, est toute de pierres déchiquetées, a plus de quatre cens cinquante pieds de haut. On dit que dans le dernier siége, Soliman convint de l'épargner, & de ne la point battre avec son artillerie. La cloche, que l'Empereur Joseph fit fondre de plusieurs canons pris sur les Turcs, a dix pieds de haut sur trente-deux de circonférence; & pese, sans son battant, plus de trois cens cinquante quintaux.

L'intérieur du Temple est remarquable par la beauté du Maître-Autel, & le superbe mausolée de l'Empereur Fréderic III. On y voit aussi la place du somptueux monument que la Veuve d'Emanuel Thomas, Duc de Savoie, née Princesse de Lichtenstein, fait ériger à son illustre Parent le Prince Eugene, le Héros de l'Allemagne, & la gloire du regne de Charles VI. C'est dans cette même Eglise, qu'on inhumoit anciennement les Archiducs, qui depuis ont choisi celle des Capucins. On y admire sur-tout les tombeaux des trois derniers Empereurs Léopold, Joseph & Charles VI.

Le Palais Archiépiscopal, dont on vante la façade, est voisin de la Cathédrale ; & le Prélat qui l'habite n'est que le second Archevêque depuis l'érection de son siége en Métropole. L'Evêché fut fondé en 1480, d'autres disent long-tems auparavant ; & en 1720, on l'érigea en Archevêché, avec un seul Suffragant, l'Evêque de Neustadt. Ses revenus ne sont guère que de trente mille florins. Le Chapitre, qu'on dit fort riche, & peu nombreux, n'est composé que d'une vingtaine de Chanoines nobles ou Docteurs ; car la noblesse n'est point une qualité requise, comme dans la plupart des autres Eglises d'Allemagne, pour y être reçu. Le Prevôt qui officie avec la mitre, est Chancelier né de l'Université. Le Diocese ne comprend que la Ville, les fauxbourgs, & neuf ou dix villages.

On compte à Vienne, où le Peuple est extrêmement dévot, plus de quarante autres Eglises, médiocrement belles pour la plupart, & dont plusieurs sont accompagnées de Maisons Religieuses. L'Abbaye de Schotten, de l'Ordre de Saint Benoît, est le plus ancien & le plus riche Monastere de cette Capitale. On distingue aussi l'Eglise des Chanoines Réguliers de Sainte-Dorothée, celle des Jésuites, qui repose sur vingt-quatre colonnes imitant le marbre, & celle des Augustins, où sont déposés les cœurs de la Famille Archiducale. Elle est en même tems la Paroisse de la Cour, qui s'y rend par une gallerie. L'Eglise de Saint-Pierre, édifice superbe, est bâtie sur le modele de la Basilique de Rome.

Les Jésuites occupent la plupart des Chaires de l'Université, dont le Recteur jouit d'un rang éminent : dans les processions, il précede immédiatement l'Empereur. Ils ont aussi la direction du College Thérésien, nouvellement fondé par l'Impératrice Reine, & destiné à l'éducation de la jeune Noblesse.

Les autres Chaires de l'Université de Vienne sont entre les mains des Séculiers ; & cette Académie est une des plus fréquentées de l'Allemagne. On y construit actuellement un vaste édifice, tant pour y faire des leçons publiques, que pour y loger des Professeurs. Plusieurs Ordres Religieux y ont des Colleges ou des Maisons d'étude pour les jeunes gens de leur Ordre. Les Ecoliers y ont été si nombreux, que lorsque cette Ville, en 1683, fut assiégée par les Turcs, ils montoient la garde comme les Soldats ; & en 1741, ils travaillerent à réparer les fortifications.

La Bibliotheque Archiducale mérite l'attention des Curieux, autant par le choix, que par la multitude de ses livres. Elle contient plus de cent mille volumes, & un nombre prodigieux de manuscrits Grecs, Hébraïques, Turcs & Latins. Cette collection, qui va de pair avec celle du Vatican, mais qui le cede à celle du Roi de France, doit son commencement à Maximilien II, & son principal agrandissement à Charles VI. Ce dernier l'a sur-tout enrichie de celle du Prince Eugene, dont on a connu le goût pour les livres rares & les belles éditions.

La Bibliotheque de l'Empereur occupoit anciennement une des salles du Palais; mais l'espace se trouvant trop petit, on l'a transportée dans la nouvelle Académie, où elle remplit huit grandes pieces, près desquelles en est une neuvieme pour les curiosités & les médailles. Il y a quelques années qu'on en tira les livres doubles, qui furent envoyés partie à Prague, partie à Inspruck. Les autres bibliotheques considérables sont celles de l'Université, du College Thérésien, des Bénédictins Ecossois, des Augustins, des Jésuites & de l'Archevêque: quelques-unes sont aussi pourvues de cabinets de curiosités & d'histoire naturelle.

Le Savant, auquel l'Empereur a confié la garde de ses livres, est M. Duval, célebre Physicien, dont on raconte l'histoire suivante. Né en Champagne, il étoit, à l'âge de quinze ans, domestique d'un Hermite Lorrain, qui l'occupoit à garder les troupeaux de l'hermitage. Dans cet état obscur, le jeune Duval employa ses petites épargnes à acheter une lunette pour observer les astres. L'Empereur, fort jeune alors, se promenant à la campagne avec ses Gouverneurs, trouva le petit Pâtre tenant un livre d'une main, & de l'autre sa lunette. Ce spectacle le frappa; & Duval sortit bientôt de l'avilissement pour lequel il n'étoit pas né. Il fut envoyé à l'Université de Pont-à-Mousson, où il étudia pendant plusieurs années. Durant le séjour qu'il fit dans cette Ville, il devint amoureux d'une femme à laquelle il n'avoit jamais parlé. Il fit tous ses efforts pour éteindre cette flamme naissante; & cherchant dans les Livres Saints les secours qu'il auroit vainement attendu de ses forces, il trouva dans un Pere de l'Eglise, que la ciguë étoit un remede efficace contre l'amour. Malheureusement le jeune homme en prit une dose un peu trop forte; il guérit à la vérité de sa passion; mais il manqua de perdre la vie. De retour à Luneville, le Duc Léopold le nomma son Bibliothécaire. Appellé à Florence au changement d'Etat, il fut de-là mandé à Vienne, pour contribuer à l'éducation de l'Archiduc.

Le Château Impérial, situé dans le voisinage du rampart, à côté des Augustins, est un édifice de médiocre apparence, qui ne répond nullement à la grandeur du Maître qui l'habite. Les escaliers en sont pauvres & sans ornemens, les appartemens bas & étroits, les plafonds couverts de toiles peintes, les planchers de bois de sapin, les fenêtres & les portes de pures ouvertures sans ornemens, & les murailles aussi épaisses que celles d'une forteresse. Pour tout jardin, vous voyez un petit enclos sous les croisées de la chambre de l'Impératrice, où l'on a ménagé un peu de verdure. Il faut pourtant convenir que les nouveaux appartemens attachés à ce vieux Palais, présentent un aspect plus supportable, & peuvent être comparés à de belles casernes. Ce qu'il y a de certain, c'est que nos Cloîtres un peu magnifiques feroient honte à toute la façade de la Cour de Vienne.

C'est là pourtant que se trouve le trésor Archiducal, où l'on peut voir ce que le monde renferme de plus précieux & de plus rare en toutes sortes de curiosités. On y voit aussi cette magnifique salle d'Opéra, où les Ouvrages brillans du célebre Metastasio font les délices de cette Cour. Poëte &

Abbé, mais moins pauvre que Pelegrin, il jouit ici de cette considération, que donnent les talens de l'esprit, lorsqu'embellis par les vertus du cœur, ils sont encore accompagnés de l'aisance. Eleve du fameux Gravina, ceux qui ont l'avantage de vivre avec lui, assurent qu'il unit à l'érudition de son Maître, un génie délicat & une douceur de caractere, que celui-ci n'a jamais eus. Son style est pur, élégant, & quelquefois touchant & sublime ; le fond de ses Pieces est noble, intéressant & théatral. Il a soumis l'Opéra à des regles ; il l'a dépouillé des machines & du merveilleux qui étonne les yeux sans parler au cœur ; & tous ses tableaux sont puisés dans la nature. Ce sont des actions célebres, des caracteres grands & soutenus, des intrigues bien liées, sagement conduites, heureusement dénouées. En un mot, rien n'est plus propre à donner une idée des Opéra de cet illustre Poëte, que nos bonnes Tragédies ; on voit qu'il a voulu se conformer à ces beaux modeles. Il découvre dans son sujet, ce qu'il renferme de plus intéressant, & s'exprime toujours par des traits hardis; mais un incident auquel on ne s'attendoit pas, un écart, quoiqu'heureux, le trahit, & fait reconnoître sa patrie. L'élégance & l'harmonie de ses vers semblent laisser peu de chose à faire à la musique, & le font lire avec plaisir, tandis que les paroles de nos Opéra ne sont pas supportables à la lecture. Une derniere preuve en faveur de ses Drames lyriques, c'est qu'on les joue en Italie, & qu'on les déclame comme nos Tragédies. On en retranche l'Ariette, uniquement consacrée au chant; & la Piece, quoique privée de cet ornement & de celui de la musique, n'en est ni moins suivie, ni moins applaudie. Ce Poëte est naturel, simple, aisé dans le dialogue, entend supérieurement les finesses & les ressources de l'art, prête à sa Langue de nouvelles graces, & répand dans ses Ouvrages même les plus foibles, l'intérêt & la chaleur du sentiment. Mais on lui refuse l'invention; & en le mettant à la tête des Beaux-Esprits, on l'exclut du rang des Hommes de génie.

Parmi les édifices qui décorent la Ville

Ville de Vienne, on diſtingue le Directoire Impérial, l'Hôtel de la Banque, celui de la Monnoie, les diverſes Chancelleries, le Bureau des Poſtes, la Maiſon de Ville, les Arſénaux, &c. On y voit auſſi pluſieurs hôtels, que vous prendriez pour autant de Palais; vous admireriez ſur-tout celui du Prince de Lichtenſtein, enrichi d'une galerie de peinture, dont on vante les ornemens & les tableaux. Le Muſeum, l'Académie des Peintres & l'Obſervatoire ſont d'autres bâtimens qui appartiennent à l'Univerſité, & où ſe trouvent diverſes curioſités artificielles, naturelles & mathématiques.

Les fauxbourgs qui environnent la Cité, & en font le principal ornement par la beauté des Palais, des maiſons de plaiſance, des jardins publics, n'ont été bâtis que depuis le dernier ſiége. Celui de Léopold, où ſe trouve l'ancien Palais de la Favorite, & la promenade de ce nom, ſurpaſſe la Ville même; mais en hiver, il eſt ſujet aux inondations. On l'appelloit la Ville des Juifs; l'Empereur qui les chaſſa en 1620, lui donna ſon nom, & fit une Egliſe Chrétienne de leur ſynagogue.

Tome XXIII. H

On y a construit des casernes pour la Cavalerie, une Maison de correction, & plusieurs bains publics le long du Danube.

Sur la rive gauche de ce fleuve, est le grand fauxbourg de Rossau, où les Comtes de Kaunitz, de Colalto & de Zinzendorf ont des maisons de plaisance. Il aboutit à celui de Lichtental, dont les rues sont bordées de mûriers. On y fait, dans une manufacture de porcelaine, des ouvrages, qui, quoiqu'inférieurs à ceux de Saxe pour l'extérieur, les surpassent pour la matiere. L'argile qui la compose, est recueillie avec le plus grand soin, dans plusieurs endroits des pays héréditaires d'Autriche. Le superbe Château du Prince de Lichtenstein est situé dans ce même fauxbourg ; mais tous ces édifices sont environnés de maisons qui n'offrent rien d'agréable au coup d'œil. Les rues, pleines de boue en hiver, parce qu'elles ne sont point pavées, & en été couvertes de poussiere, en rendent les avenues impraticables.

Les autres bâtimens remarquables dans les fauxbourgs, sont le magnifique Couvent des Servites, dans le Rosfau ; l'Eglife Paroiffiale, dans Carlftadt ; l'Hôpital Efpagnol, dans Waringer-Gaffen ; l'hôtel des Invalides, celui de la Charité, l'Abbaye de Montferrat, le Couvent des Trinitaires, les cafernes pour l'Infanterie, la maifon de plaifance des Comtes de Schœnborn dans Alftergaffe ; l'Eglife & le Couvent des Peres des Ecoles pieufes, dans Jofeph-Stadt ; le Palais de Trautfon, dans Saint-Ulric ; l'Eglife de Saint-Charles-Boromée, le College Théresien, & la nouvelle Favorite dans le Wieden ; le Château & les jardins du Prince Eugene, dans le Rennweg ; l'Académie militaire dans la Leim-Grube ; l'Ecole du génie, dans le Gunpendorf ; la maifon des Auguftins, & deux Hôpitaux dans la Landftraffe. Les Bénédictins de Notre-Dame de Schotten font Seigneurs du fauxbourg de Saint-Ulric, où l'on compte plus de quarante mille Habitans. Les privileges accordés à l'Abbé, en écartant l'infpection & l'ufage de la Juftice ordinaire, y font commettre des défordres infinis, & multiplient les lieux de débauche. Richard, Roi d'Angleterre, fut reconnu & fait prifonnier dans une auberge du fauxbourg d'Erdberg, qui sert aujourd'hui de maison de chasse. Le parc Impérial, dit le Prater, est une Isle du Danube hérissée de bois, qui abondent en bêtes sauves. Non loin de la Ville est un grand amphitéatre, où se font des combats de lions, d'ours, de loups, de buffles & de chiens, pour l'amusement du Peuple les jours de fête.

Vienne est habitée par des Allemands, des Hongrois, des Italiens, des François, des Espagnols, des Flamands, des Lorrains, des Savoyards, des Suisses, des Rasciens, des Grecs, des Arméniens, des Turcs & des Juifs qui font le commerce, ou travaillent à différens métiers. Cette diversité de Nations, d'usages, de Religions, de caracteres & de langage empêche la confiance réciproque, & exclut toute espéce d'union. Le nombre de ceux qui, sans avoir droit de bourgeoisie, peuvent exercer leurs professions, se monte à plus de soixante mille. Les Luthériens & les Réformés ont l'exercice de leur culte dans les hôtels des Ambassadeurs Protestans; les Grecs, dans une maison particuliere, ou chez le Ministre de Russie. Les Arméniens les Juifs & les Turcs ne sont que tolérés, & professent, sans bruit, leur religion dans les fauxbourgs. La tranquillité publique est maintenue, le jour par des Archers, la nuit par le Guet à pied & à cheval, sous l'inspection d'un Tribunal de Sûreté. Les différentes Cours qui tiennent ici leur siége ordinaire, le grand nombre d'Etrangers que leurs affaires ou le commerce y attirent, & la multitude d'Ouvriers qui travaillent dans toutes sortes de manufactures, rendent cette Capitale très-vivante. On y fabrique des bas & des étoffes de soie, des galons d'or & d'argent, des tapisseries, des glaces, de la porcelaine, des instrumens de musique, de la laque, & diverses marchandises de clincaillerie.

Les maisons Impériales, situées dans les environs, sont le Belvedere qui appartenoit au Prince Eugene; Schœnbrunn, à une lieue de Vienne, qui surpasse toutes les autres en beauté; Laxenbourg, que l'eau environne de toutes parts; Breitenfurt, qu'un riche Bourgeois légua à l'Empereur Charles VI, & Clausterneubourg, où ce même Prince alloit souvent faire ses dévotions. Cette derniere doit son origine à la riche Collégiale des Chanoines Réguliers de Saint-Augustin, fondée en 1114, & rebâtie en 1730 avec beaucoup de goût. Elle conserve, avec le corps de Saint Léopold, son fondateur, la Couronne Archiducale & plusieurs antiquités. L'Impératrice Douairiere, Veuve de l'Empereur Joseph, y faisoit sa résidence.

L'Autriche, dont Vienne est la Capitale, est un des meilleurs pays de l'Allemagne. Le Danube, l'Ens, le Traun & la Morave qui l'arrosent, en fertilisent le terroir, & y facilitent le commerce. Le poisson abonde dans les rivieres, le gibier dans les forêts, les bestiaux dans les campagnes, les fruits dans les jardins, les Habitans dans les Villes, les villages & les bourgs. Je n'entends personne se plaindre de la cherté des denrées. Les hommes ne sont sujets ni au luxe de la table, ni à la dépense des habits. La Cour, où il faut paroître en noir, leur ôte les occasions de se faire valoir par le vêtement; & à l'exception de quelques jours de fête, où l'on se montre avec éclat, ils peuvent rétablir, par leur épargne, les désordres que cause la vanité de leurs femmes. Il y a entr'elles une émulation, à qui satisfera le mieux son goût à cet égard ; & ce ne sont pas seulement celles des Grands, qui donnent dans cet excès ; les Bourgeoises même ne leur cedent guère sur cet article.

Le Peuple est d'une dévotion si excessive, qu'il n'y a pas d'heure dans le jour, que la Cathédrale ne soit remplie de monde qui prie Dieu, même à haute voix, sous la direction d'un Prêtre gagé pour présider à ces oraisons. Le transport qu'on a fait, de Hongrie à Vienne, d'une image de Notre-Dame, peinte assez grossierement sur une planche, & qu'on dit avoir versé des larmes avant les dernieres révolutions, est la principale cause de cette incroyable affluence des deux sexes. La Sainte est exposée sur le grand Autel ; & les miracles qui s'operent par son intercession, sont si fréquens, que les murs de l'Eglise chargés jusqu'aux voûtes d'*Ex-Voto*, soit en argent, soit en peinture, n'offrent plus de place pour y suspendre de nouveaux dons. Depuis le matin jusqu'à deux heures, une foule de Prêtres y vient dire la Messe.

De ce lieu de dévotion, les Desœuvrés se rendent dans les Cafés, où s'essemblent les Nouvellistes pour lire la Gazette, & raisonner des affaires du tems. Vous n'imaginez pas avec quelle liberté on y censure la conduite des Généraux, des Ministres, & même celle de l'Empereur. Le célebre traité, conclu entre les Cours de Vienne & de Versailles, le plus important qui se soit fait depuis la paix de Westphalie, le fameux pacte de Famille, fruit de la confiance mutuelle des deux Souverains, & de la connoissance qu'ils ont l'un & l'autre du véritable intérêt de l'Europe, fait le sujet de tous les entretiens, & partage les sentimens. Les uns pensent qu'il détruit l'équilibre de l'Empire, & cause tous les troubles de l'Allemagne. D'autres soutiennent que cet équilibre ne peut recevoir aucun ébranlement d'une alliance, qui n'a pour objet que la défense réciproque de deux Rois intéressés à conserver la paix; que si la Maison d'Autriche attaque, contre les Loix, une Puissance de l'Empire, le pacte de Famille ne peut avoir, à ce fait particulier, aucune application; & qu'enfin, si quelque Prince, sous prétexte d'un danger chimérique, trouble la tranquillité de la Cour de Vienne, c'est lui qui cherche à allumer le feu qu'il feint de vouloir prévenir; car il met la France dans la nécessité d'envoyer à l'Impératrice des secours, que celle-ci n'eût jamais eu le droit d'exiger, si elle eût attaqué la premiere.

Quiconque réfléchira, sans préjugé, sur cette union, la regardera comme l'ouvrage le plus utile à la tranquillité des Etats, au maintien d'une paix solide, & à la conservation des droits de toutes les Puissances. Il est si faux qu'elle renferme le dessein de préjudicier à ceux des Princes de l'Empire, & d'élever la Religion Catholique sur les débris de la Protestante, comme on voudroit le persuader, que les deux Cours de Vienne & de Versailles ont pris, au contraire, pour base de leur traité, celui de Vestphalie, qui est le plus ferme rampart de la liberté Germanique: Louis XV a déclaré formellement, qu'il feroit tous ses efforts, pour maintenir les droits des trois Religions établies en Allemagne.

Nous étions précisément au tems, où les disputes de la France & de l'Angleterre, sur les limites de leurs Colonies, allumoient une guerre univerſelle en Europe ; & cette guerre commença en Allemagne par la deſtruction totale de l'Electorat de Saxe. Les Gazettes retentiſſoient des dégâts qui y furent faits par l'Armée Pruſſienne ; & l'on ne liſoit pas, ſans être attendri juſqu'aux larmes, le traitement qu'éprouva, dans ſes propres Etats, la Reine de Pologne. Arrivé à Dreſde, le Roi de Pruſſe qui y tenoit une garniſon, avoit établi un directoire pour la perception des revenus du pays, fait des levées d'armes & de troupes, tiré de l'argent, des vivres, & des munitions, exigé de la Reine la clef des archives de la Maiſon de Saxe, enlevé les papiers qui lui convenoient. Ces violences alarmerent la plupart des Princes du Corps Germanique ; ils rappellerent à la France les engagemens qu'elle avoit pris par le traité de Weſtphalie, de maintenir les Loix de l'Empire, & les prérogatives de tous ſes Membres. Louis ne pouvoit, ſans injuſtice, lui refuſer ſes ſecours ; & c'eſt, ſuivant nos Politiques, le véritable motif qui l'a obligé de faire passer une armée en Allemagne.

Deux grands événemens occupoient alors tous les Cafés de Vienne, la conquête de Mahon, & le procès de l'Amiral Byng. Je me fis apporter une Gazette Françoise, qui annonçoit avec cette emphase la prise de Minorque : « Richelieu ordonne un assaut général: » il parle, les fossés sont comblés, les » échelles garnies de Soldats ; la vic- » toire les conduit; teints de sang, » couverts de blessures, ils se précipi- » tent ; la flamme les environne ; la » foudre des canons les terrasse ; mille » gouffres de feu s'entr'ouvrent ; mille » débris enflammés roulent sur leurs » têtes ; ils combattent pour Louis ; » Richelieu les commande ; qui peut » les arrêter ? Les murs s'écroulent ; » les ennemis surpris, épouvantés, se » divisent, s'ébranlent, se troublent. » Le François confondu avec l'Anglois, » entre, pénetre ; la vengeance réchauffe » le carnage, le nourrit, l'anime ; le » meurtre se multiplie ; le sang ruisselle » de toutes parts ;.... tombez, fiers » Bretons ; reconnoissez vos Maîtres. »

Les Anglois, indignés de la perte de Mahon, en rejettent la faute sur l'Amiral Byng, qu'ils accusent d'avoir manqué de bonne volonté & de courage, en combattant contre M. de la Galiſſonnière. On lui reproche en particulier, de n'avoir canonné que de loin, & de ne s'être pas approché d'aſſez près du vaiſſeau Amiral de France. D'autres le juſtifient, & aſſurent qu'avec des forces très-inférieures à celles des Ennemis, il n'a pas balancé, quoiqu'en mauvais état, d'attaquer l'Eſcadre Françoiſe. L'événement a été tel qu'il devoit être; Byng, après s'être montré avec autant de fermeté que de ſang-froid, voyant ſes vaiſſeaux maltraités, n'a pas voulu riſquer de perdre entierement ſon eſcadre; & Minorque a été priſe. Livré au Jugement d'un Conſeil de guerre, cet Amiral prépare, pour ſa juſtification, un Mémoire dont on cite ce morceau dans la Gazette.

« Je ne cherche point à faire retom-
» ber ſur d'autres le blâme qu'on veut
» me faire porter; mais eſt-il juſte que
» je ſuccombe ſous la haine d'une Na-
» tion, dont le jugement a été ſurpris?

» On l'a accoutumée à me regarder
» comme l'auteur de ses disgraces; je
» suis à ses yeux le Criminel le plus
» odieux & le plus méprisable; com-
» ment ne ferois-je pas les derniers ef-
» forts pour la détromper? Mon por-
» trait a été suspendu à une potence;
» on m'a diffamé par les plus affreux
» libelles; on m'a privé de mes em-
» plois; on s'est saisi de ma personne;
» on m'a fait éprouver des traitemens
» inouis jusqu'alors; & enfin mes Per-
» sécuteurs ont poussé la méchanceté,
» jusqu'à vouloir m'ôter la vie. J'ai été
» supérieur à tous ces revers; & ma
» tranquillité n'en a point été altérée;
» elle est appuyée sur le témoignage de
» ma conscience ».

Les Spectacles de Vienne fournissent
aussi un ample sujet de conversation aux
personnes désœuvrées, qui fréquentent
les Cafés. « Ne vous attendez pas, disoit
» un François, à trouver sur le Théa-
» tre de cette Nation la peinture de ses
» mœurs. Les Allemands ne veulent pas
» qu'on les joue; ils ne sont ni plai-
» sans, comme nous, ni comiques
» comme les Italiens. La Cour & la
» Noblesse rougissent des entraves que

» l'ignorance met aux progrès des arts
» & de l'urbanité; mais elles ont la sa-
» gesse de faire contribuer d'autres Peu-
» ples à leurs plaisirs; & quels Peu-
» ples? Ceux qui se disputent l'art de
» plaire, d'enchanter; l'Italien & le
» François.

» Sous le regne de Charles VI, l'O-
» péra Ultramontain étoit le spectacle
» chéri de cette Cour. Ce Prince attira,
» d'Italie à Vienne, le Poëte du senti-
» ment & des graces, le célebre Me-
» tastasio, qui occupa seul, pendant long-
» tems, le théatre Impérial; mais le
» spectacle de ses Opéra étoit d'une
» dépense, qui ne permettoit pas qu'on
» en jouît plus d'une fois ou deux
» dans le cours d'une année. Il falloit
» donc tomber du sublime de la Tra-
» gédie lyrique, dans les grossieres
» bouffonneries de la Comédie Alle-
» mande.

» L'Empereur actuel, élevé dans la
» Langue Françoise, & l'Impératrice,
» qui la parle aussi bien que l'Allemand,
» établirent de concert, en 1752, la
» Comédie Françoise dans leur Cour,
» & l'y fixerent sans interruption. On
» réserva l'Opéra Italien pour l'hi-

» ver, où la nature refusant à l'homme
» ses plus beaux spectacles, le force à
» recourir à ceux de l'art, & oblige
» les Propriétaires opulens à se rassem-
» bler dans les Villes pour le jeu, la
» danse & la musique. On jouit de tous
» ces plaisirs à-la-fois au théatre de la
» Cour de Vienne. Il y a, dans l'en-
» ceinte de l'édifice destiné aux spec-
» tacles, des salles de jeu, qui tien-
» nent à celle de la Comédie. On passe
» successivement de l'une à l'autre,
» pour varier ses amusemens.

» L'Opéra qu'on donne actuellement
» est soutenu par deux Actrices égale-
» ment intéressantes. On y va pour
» voir l'une, & entendre l'autre. Ce
» n'est pas que les charmes de la voix
» & ceux de la figure soient partagés
» séparément entre Mademoiselle Pic-
» cinelli, & Mademoiselle Giacomazzi;
» mais dans celle-ci, c'est la figure qui
» embellit la voix; dans celle-là, c'est
» la voix qui embellit la figure. Leurs
» rôles sont d'ailleurs fort différens. La
» premiere joue celui d'une Prêtresse;
» & son personnage se présente d'a-
» bord dans sa taille haute & légere,
» & sur son visage où respire une sorte

» de noblesse & de majesté qui récelent
» les secrets & les mystères des Dieux.
» La seconde fait le rôle d'une Ber-
» gere innocente, naïve, qui con-
» vient à ses traits presque enfantins,
» à ses yeux pleins de candeur, à
» son coloris qui peut se passer de
» fard.

» Les Acteurs de la Comédie Fran-
» çoise, pour contribuer aux plai-
» sirs de la saison, ont donné, en-
» tr'autres Pieces, la *Coquette corrigée*,
» qu'on n'avoit point encore vue à
» cette Cour. Ils sembloient tous avoir
» été d'intelligence, pour faire valoir
» l'Ouvrage d'un de leurs Confreres. A
» la place des cabales que la jalousie en-
» fante quelquefois à Paris, on ne voit
» ici qu'une conspiration générale pour
» les plaisirs du Public, & qu'un effort
» commun de plaire à Leurs Majestés.
» Mais, dans un pays où l'on ne con-
» noît point ce genre de coquetterie,
» on a moins applaudi au caractere de
» la Piece, qu'au jeu de l'Actrice, qui
» plait universellement par les charmes
» d'une figure touchante, & ses graces
» naturelles.

» La partie des spectacles que je

» regarde comme supérieure à Vienne,
» c'est celle des Ballets. J'en ai vu de la
» plus grande magnificence ; mais celui
» qui m'a le plus frappé, est *le Port de*
» *Marseille.* Les danses vives, les airs
» gais, les habits lestes, tout désignoit
» la Provence. Les décorations qui re-
» présentoient la mer, le fort Saint-
» Jean, & les Galériens qu'on voyoit
» travailler sur le port, rendoient cette
» Ville au naturel. Des femmes ve-
» noient délivrer les Forçats ; & l'on
» entendoit, sur les violons, le cri de la
» lime qui coupoit leurs chaînes. Ce
» Ballet formoit une Piece entiere à
» plusieurs scenes. Une place honorable
» & distinguée, qui attache par le plaisir
» un Seigneur à la Personne de leurs
» Majestés Impériales, est celle de Di-
» recteur de la musique : elle a le dou-
» ble agrément de valoir des honorai-
» res considérables, & de ne coûter
» que du mérite. Cette Charge doit être
» confiée à M. le Comte de Durazzo,
» l'ame des spectacles, & le génie des
» fêtes de la Cour.

» On ne connoît point en Allemagne
» ce que nous appellons à Paris des Gens
» de Lettres ; on les nomme des Savans ;

» & ils sont confinés, pour la plu-
» part, dans les Ecoles. De-là vous con-
» cevez qu'on a beaucoup de vénération
» pour les Langues, & sur-tout pour le
» Latin, qu'on y parle plus communé-
» ment & mieux qu'en France, où la
» Latinité est gâtée par le Bel-Esprit.
» C'est la mémoire qui en fait ici tous
» les frais ; les périodes de Cicéron
» coulent naturellement dans les haran-
» gues des Professeurs Allemands, &
» jusques dans les mandemens des Evê-
» ques. Après le Latin, c'est l'Italien
» & le François qui constituent ce
» qu'on appelle à Vienne la belle édu-
» cation, celle de la Noblesse, & quel-
» quefois même celle du bas Peu-
» ple ; car un Domestique qui veut
» se placer à la Cour ou dans une Grande
» Maison, a soin de faire appercevoir,
» parmi ses talens, qu'il sait le François
» & l'Italien.

» Je le répete, toute la science
» est dans les Colleges, qui sont, à
» quelques égards, mieux administrés
» qu'en France : on y prend du moins
» une teinture de l'Histoire & du Droit
» public. Quant à la Théologie, graces

» à la vigilance d'un Prélat qui gou-
» verne ce Diocese en homme d'État,
» on y puise la saine doctrine à diffé-
» rentes sources, sans craindre la cor-
» ruption. Les Allemands semblent ré-
» server tout le nerf de leur esprit pour
» la guerre ; vous comprenez dès-lors
» que le charme des Lettres & des arts
» n'aura jamais chez eux beaucoup d'em-
» pire : aussi y trouve-t-on peu de
» Chefs-d'œuvre, rarement de vrais
» Connoisseurs, & plus rarement un
» Amateur. Ils sont cependant Musi-
» ciens, & même Peintres. On voit
» dans cette vaste partie de l'Europe,
» des Villes entieres, où les maisons
» sont barbouillées de figures, & dans
» tous les villages, des Bergers qui
» jouent de quelque instrument. Ces
» Peuples ont l'oreille juste & la tête
» organique ; mais tous leurs mouve-
» mens sont forts & marqués. Leur
» chant, leur danse, tout porte le ca-
» ractere de l'exactitude, mais peu
» d'écarts, peu de saillies, & presque
» jamais de sublime ».

Il ne faut pas seulement envisager les Cafés de Vienne comme servant, en été, de lieux de repos & de rafraîchissemens; on doit encore les considérer comme une sorte de retraite pour un nombre assez considérable de Citoyens, que leur goût, & quelquefois leur peu de fortune y rassemble. Les uns y cherchent un plaisir de plus; les autres y trouvent une peine de moins. On y traite tour-à-tour, & souvent tout-à-la-fois, les affaires publiques & particulieres; les finances & les Belles-Lettres, le commerce & les procès, les Sciences & les Beaux-Arts; en un mot les matieres politiques, littéraires, économiques, juridiques & morales, y deviennent successivement l'objet de la conversation. Ces Cafés prennent même assez communément des noms analogues aux différens sujets des entretiens les plus ordinaires de ceux qui s'y rassemblent. Le Gouvernement, en supposant le bon ordre observé, ne peut qu'approuver qu'il y ait, dans une grande Ville, de ces sortes de rendez-vous, ressource honnête & peu dispendieuse pour les hommes occupés, qui ont besoin de dissipation, & pour les oisifs, qui pourroient charmer moins honnêtement le chagrin ou les ennuis inséparables de l'inaction.

Je suis, &c.

A Vienne, ce 10 Décembre 1756.

LETTRE CCLXXXI.

SUITE DE L'AUTRICHE.

Dans une Ville où réside le Chef de l'Empire, on n'entend parler que de la constitution du Corps Germanique: on l'enseigne publiquement dans les Ecoles; on en donne des leçons particulieres; elle fait le sujet de tous les entretiens; & moi-même, pour être au courant, je ne lis plus que des livres qui traitent du Droit public d'Allemagne. Ne soyez donc pas étonnée, Madame, si tout plein de ces matieres, j'en remplis quelques-unes de mes Lettres. Je commence par l'abrégé de l'histoire du pays.

Les Allemands croient tenir leur origine de Thiasco, petit-fils de Japhet, arriere-petit-fils de Noé; car c'est la manie de tous les Peuples, de se faire remonter sans interruption, jusqu'au tems de ce Patriarche. On montre dans quelques bibliotheques, le catalogue de onze Rois qui doivent avoir gouverné l'Allemagne avant la naissance du Christianisme. Les Romains n'en soumirent qu'une partie ; ils s'établirent le long du Rhin sur les frontieres des Gaules ; le reste conserva sa liberté.

Au commencement de notre ère, ce pays étoit partagé en différens Etats qui ne reconnoissoient point de Chef commun ; & après la chûte de l'Empire d'Occident, il se forma six Nations principales, savoir, les Suaves, les Francs, les Saxons, les Frises, les Thuringiens & les Bavarois. Les Francs se rendirent maîtres des Gaules sous la conduite de Clovis, & soumirent à la fin tous ces Peuples, de maniere que sous Charlemagne, la France & la Germanie ne formerent plus qu'un même Empire.

Ce Prince fit administrer l'Allemagne par des Ducs & des Comtes qui rendoient la justice, & commandoient les armées. Son soin principal fut d'adoucir l'esprit farouche des Habitans, que l'amour de la liberté portoit continuellement à la révolte. Il songea sur-tout à les assujettir par le lien de la Religion ; & dans cette vue, il établit des Evêques, y envoya des Missionnaires, & fonda des Abbayes.

L'Empire de Charlemagne étoit un édifice immense, élevé en trop peu de tems pour être durable : aussi commença-t-il à s'ébranler sous le premier de ses Successeurs ; & bientôt il s'écroula entierement. Louis le Débonnaire partage ses Etats entre ses fils ; & après de grands débats, Louis le Germanique obtient l'Allemagne qu'il gouverne en Souverain. Après sa mort, Charles le Chauve se rend à Rome ; & l'or qu'il répand à pleines mains, constate ses droits à l'Empire. Le Pape n'hésite point à le couronner ; mais sa politique adroite exige que le nouvel Empereur se reconnoisse Vassal de l'Eglise Romaine ; & Charles a la foiblesse d'y consentir.

Telle est l'origine des étranges prérentions des Evêques de Rome sur la Couronne Impériale. Les Romains ne la porterent d'abord que de laurier ; ils y joignirent ensuite le diadême, dont ils firent une espece de casque ou de couronne fermée, tantôt profonde, en forme de bonnet, tantôt plate, comme le mortier de nos Présidens ; & sous les Empereurs Chrétiens, elle fut surmontée d'une Croix.

On

SUITE DE L'AUTRICHE.

On la prenoit anciennement sans aucune des cérémonies qui s'observent aujourd'hui. Pepin, fils de Charles-Martel, est le premier qui se soit fait couronner avec les formalités Ecclésiastiques. Charlemagne & ses Successeurs suivirent son exemple. Le Prince commençoit par prendre possession du Throne placé dans une des salles du Palais. De-là il étoit conduit à l'Eglise, où il recevoit l'Onction sacrée, & s'obligeoit par serment de se conformer aux Loix de l'Empire. Lorsque le Couronnement se faisoit à Rome, tous les Grands le suivoient en Italie, & l'accompagnoient à leurs frais. Arrivé au Vatican, où le Pape l'attendoit sur les premieres marches de l'Eglise, il alloit faire sa priere sur le tombeau de Saint Pierre; & ce premier devoir accompli, le souverain Pontife disoit la Messe, à laquelle le Prince servoit en qualité de Diacre : on procédoit ensuite au Couronnement. Le Pape, dans le plus grand appareil, sacroit l'Empereur, lui mettoit au doigt un anneau, l'épée nue dans une main, le sceptre dans l'autre, la Couronne d'or sur la tête, & lui faisoit prêter l'important serment, d'être le fidele défenseur de l'Eglise Romaine. Il n'en falloit pas tant, pour faire naître cette opinion absurde, que l'autorité Impériale dépend du Saint-Siege, & que Léon III, en couronnant Charlemagne, lui a conféré l'Empire d'Occident après en avoir dépouillé les Grecs.

Le regne de Charles-le-Chauve, petit-fils de Charlemagne, peut être regardé comme le commencement du grand Gouvernement féodal dans la Germanie. Les Ducs, les Marquis, les Comtes, les grands Officiers rendirent héréditaires les pays qu'ils avoient usurpés, & ne reconnurent plus qu'indirectement l'autorité de l'Empereur : le caractere foible de Charles donna lieu à ces usurpations.

La matiere des fiefs, très-intéressante dans l'histoire d'Allemagne, est couverte de mille obscurités. Ceux qui en placent l'origine au-delà du huitieme siecle, se fondent sur ce passage tiré d'un Historien : « Alexandre Sévere donna à ses Soldats les terres » qu'ils venoient de conquérir, à con» dition qu'elles n'appartiendroient à » leurs héritiers, qu'en cas qu'ils fus-

» fent Soldats eux-mêmes, & que ja-
» mais des perfonnes privées ne pour-
» roient les poſſéder. Il apportoit pour
» raiſon, que la néceſſité de défendre
» leurs biens, les engageroit à faire le
» ſervice avec plus de ſoin ».

On conclut de ce paſſage, que ces terres n'étoient point abſolument héréditaires, mais des biens maſculins, qu'on ne donnoit qu'à ceux qui les avoient mérités par leurs ſervices. A ces traits, il eſt aiſé de reconnoître les fiefs, qu'il ne faut pas confondre avec le vaſſelage. Le fief paroît donc avoir pris naiſſance chez les Romains: comme bénéfice, il étoit la récompenſe des Soldats; & comme terre frontiere, il impoſoit l'obligation de défendre une tour, un Château, un retranchement. Le Vaſſal étoit l'homme de ſon Seigneur; il lui vouoit un attachement & un ſervice perſonnel. Tout Bénéficier étoit vaſſal; mais tout Vaſſal ne poſſédoit pas un bénéfice ou un fief. Ce fut une Loi, ou du moins un uſage conſtant, que pour être Bénéficier de quelqu'un, il falloit commencer par être ſon Vaſſal.

Il y avoit un vaſſelage naturel, &

indépendant de tout serment ; c'étoit celui des enfans à l'égard de leur pere, quand celui-ci ne les avoit donnés à personne. Louis, qui fut depuis Roi de Germanie, ayant atteint sa septieme année, son pere qui vouloit le présenter à Charlemagne son Aïeul, lui apprit de quelle maniere il devoit paroître devant l'Empereur, quel sérieux il devoit garder, de quel respect il devoit être pénétré. Arrivé au Palais, le jeune Louis resta dans la foule des autres Vassaux ; & Charlemagne l'ayant considéré avec attention, demanda à son pere, à qui étoit cet Enfant ? « Il est à moi, répondit le pere, » & à vous, si vous l'en jugez digne ». J'y consens, dit l'Empereur, en embrassant son petit-fils, & le renvoya à sa place. Le jeune Louis, sentant l'accroissement de sa dignité, & ne voulant plus connoître d'autre Supérieur que Charlemagne, prit une attitude fiere, marcha d'un pas égal à son pere, & se plaça à ses côtés. L'Empereur le remarqua, & fit demander à l'enfant par son pere, d'où venoit ce changement dans sa conduite ? « Quand j'étois » votre Vassal, répond Louis, je me

« tenois derriere vous, comme je le de-
» vois ; mais maintenant que je suis
» votre Camarade, c'est avec raison
» que je m'égale à vous ». Cette réponse rendue à son Aïeul, lui donna la plus haute idée de son petit-fils.

Ceux qui ne remontent point aux Romains pour trouver l'origine du Gouvernement féodal, la fixent à l'invasion des Peuples du Nord, « que leur
» Chef, disent-ils, menoit à la con-
» quête de nouveaux établissemens ;
» non par contrainte, mais par choix ;
» non comme des Soldats à qui il
» pouvoit ordonner de marcher,
» mais comme des Volontaires, qui
» s'étoient offerts librement à l'ac-
» compagner. Ils considéroient leurs
» conquêtes comme une propriété
» commune, à laquelle chacun d'eux
» avoit droit de participer, puisque
» chacun d'eux avoit contribué à l'ac-
» quérir. Il est difficile de déterminer
» précisément de quelle maniere & sur
» quels principes ils se partageoient ces
» nouveaux domaines ; on sait seule-
» ment qu'il résulta de ce partage un
» Gouvernement inconnu jusqu'alors,

» & distingué aujourd'hui sous le nom
» de système féodal.

» Ces Conquérans devoient défen-
» dre leurs acquisitions non-seulement
» contre les anciens Habitans, à qui ils
» avoient laissé la vie, mais encore
» contre de nouveaux Aventuriers, qui
» pouvoient venir les leur disputer.
» Cette défense fut donc un des pre-
» miers objets de leurs soins ; & ils
» sentirent la nécessité de s'unir d'une
» manière plus étroite, de sacrifier
» quelques-uns de leurs droits person-
» nels, pour jouir d'une plus grande
» sûreté. Tout homme libre, à qui l'on
» assignoit une certaine portion de
» terrein, s'obligeoit de prendre les
» armes contre les Ennemis de la Na-
» tion. Ce service militaire étoit la
» condition, à laquelle il recevoit &
» tenoit son domaine. Le Roi, ou le
» Général qu'il suivoit à la guerre,
» restant toujours le Chef de la Co-
» lonie, devoit avoir, pour sa part,
» la portion de terre la plus considé-
» rable. Il trouvoit par-là le moyen
» de récompenser les services qu'on
» lui rendoit, & d'acheter de nouveaux

» Partisans. Ceux auxquels il abandon-
» noit quelque partie de ses possessions,
» s'engageoient à prendre les armes
» pour sa défense, & à le suivre au
» combat avec un nombre d'hommes
» proportionné à l'étendue du terrein
» qu'ils avoient reçu. Les principaux
» Officiers imitoient l'exemple du
» Prince ; & en partageant avec d'au-
» tres la portion qui leur étoit échue,
» ils y attachoient la même condi-
» tion. Tout Propriétaire de terre,
» armé d'une épée, étoit prêt à mar-
» cher sur la requisition de son Supé-
» rieur, & à se mettre en campagne
» contre l'ennemi commun.

» Ce Gouvernement avoit des ger-
» mes visibles de désordre & de cor-
» ruption, qui se développerent bien-
» tôt, & causerent les plus grands ra-
» vages. Les Vassaux puissans de la Cou-
» ronne obtinrent d'abord, que la posses-
» sion des domaines, dont la concession
» ne devoit durer qu'autant qu'il plai-
» roit au Prince, leur fût assurée pen-
» dant leur vie. Ils n'eurent plus qu'un
» pas à faire, pour completter leurs
» usurpations, & rendre ces possessions
» héréditaires. Ils s'arrogerent ensuite

» des titres d'honneur, qui, attachés à
» leurs familles, se transmirent par
» succession des peres aux enfans.

» Après s'être assurés la propriété
» de leurs terres & de leurs dignités,
» ils tenterent, sur les prérogatives
» mêmes du Souverain, des entrepri-
» ses encore plus dangereuses. Ils ob-
» tinrent le pouvoir de juger en dernier
» ressort toutes les Causes dans leurs
» territoires, le droit de battre mon-
» noie, & le privilege de faire, en leur
» propre nom, la guerre à leurs Enne-
» mis. Avec un pouvoir si excessif, ils
» dédaignerent de se regarder comme
» Sujets, aspirerent à se rendre indé-
» pendans, & briserent les nœuds qui
» les unissoient à la Couronne. Un
» Royaume étoit démembré en autant
» de Principautés, qu'il y avoit de Ba-
» rons puissans; & mille causes de dis-
» corde s'élevant de toutes parts, al-
» lumoient autant de guerres. Chaque
» Contrée de l'Europe, que ces que-
» relles sanglantes plongeoient dans des
» alarmes continuelles, étoit couverte
» de Châteaux & de forteresses pour
» défendre les Habitans, non des
» invasions étrangeres, mais contre

» les hostilités domestiques. Les No-
» bles, qu'aucun frein ne retenoit, op-
» primoient leurs Sujets, & insultoient
» leur Souverain; & le Roi, sans au-
» torité, ne pouvoit ni protéger l'In-
» nocent, ni punir le Coupable.

» Tel fut, jusqu'au regne de Char-
» lemagne, l'état de l'Europe, relati-
» vement à l'administration intérieure.
» Ce Prince réunit en un seul Corps
» tous ces Membres divisés, fit repren-
» dre au Gouvernement cette activité,
» cette force, qui ont rendu les événe-
» nemens de son regne dignes de l'ad-
» miration de la postérité. Mais cet
» état de vigueur & d'union n'étoit
» pas naturel au système féodal; aussi
» fut-il de peu de durée; & à la mort
» de ce Monarque, l'ordre n'étant plus
» soutenu par l'esprit qui l'animoit,
» son Empire, partagé en plusieurs
» Royaumes, fut en proie à toutes les
» calamités qu'entraîne l'Anarchie ».

Ce qui répand encore quelque obscurité sur l'origine des fiefs, c'est qu'on
a confondu certains droits féodaux
avec les Bénéfices militaires, institués
par les Romains. Nombre de Gens
croient que les premiers pas ont été

faits par Charles-le-Chauve, quand il permit aux Seigneurs qui voudroient se retirer du monde, de transmettre à d'autres leurs Charges & leurs emplois. C'étoit rendre héréditaires des places qui, jusqu'alors, n'avoient été données qu'à vie. Louis le Begue, son fils, quoiqu'il eût des droits incontestables à la Couronne, acheta, pour ainsi dire, les suffrages des Seigneurs, en leur abandonnant une partie de ses domaines. Raoul, qui n'y étoit pas appellé par les droits du sang, fit des largesses plus grandes encore ; & quelques-uns rapportent à son regne l'instant précis de la féodalité ; mais ce qui prouveroit qu'elle étoit déjà établie, c'est que Charles le Simple, quelques années auparavant, avoit cédé la Normandie à Rollon, avec toutes les formalités qui annonçoient l'érection d'un nouveau fief.

Quoi qu'il en soit, la foiblesse de Charles le Chauve, de Louis le Begue, de Charles le Simple, & de tous les Princes qui regnerent vers le même tems, encouragea les entreprises des Seigneurs. Les Gouvernemens de ces derniers étant devenus héréditaires, ils se rendirent insensiblement les maîtres. Assigner le moment précis de l'usurpation, seroit une chose impossible, & peut-être inutile.

Dès qu'une fois la coutume des inféodations fut établie, les Vassaux de la Couronne voulurent avoir sous eux d'autres Vassaux; & de-là vinrent les arriere-fiefs, qui souvent en produisirent d'autres; car la gradation alla, ou put aller à l'infini. On ne se contenta pas d'inféoder les terres; on donna, sous les mêmes conditions, les places de Magistrature, les grandes Charges de l'Etat, la liberté elle-même. Rien n'étoit plus opposé à l'autorité souveraine; car si le Vassal avoit des devoirs à remplir envers le Roi, il avoit aussi des titres pour lui refuser l'obéissance. Les arrieres Vassaux se devoient également & au Monarque, & à leur Seigneur, lesquels se faisoient souvent une guerre cruelle. Ainsi, loin de s'étonner des divisions intestines, qui, dans ces tems malheureux, agitoient les Empires, on doit, au contraire, être surpris qu'il n'y ait pas eu encore plus de troubles.

Les Rois de France de la troisieme

race, constamment appliqués à terrasser ce monstre, fils & pere de l'Anarchie, qui, pendant tant de siecles, avoit couvert l'Europe d'injustices, de violences, de crimes, de Tyrans & d'Esclaves, ne se permirent pas une seule démarche qui ne tendît à ce but. Leur premier soin fut de reprendre le droit de justice que les Seigneurs avoient usurpé; & le Gouvernement féodal tomba enfin sous les efforts de leur politique. Il s'est cependant maintenu en Allemagne; & quoiqu'on ne puisse pas dire absolument que ses Loix régissent encore cet Empire, une grande partie des Souverainetés existantes doivent réellement leur naissance à la facilité qu'eurent plusieurs Empereurs d'ériger de nouveaux fiefs, sur-tout en faveur des Ecclésiastiques.

Après l'extinction de ce monstre politique en France, nos Rois accorderent encore des inféodations, mais avec des restrictions qui en bornoient l'étendue. Les premiers Vassaux étoient devenus des usurpateurs; les seconds furent des possesseurs légitimes. Les grands fiefs de la Couronne, les Pairies ne se donnerent plus qu'à des Princes du Sang, sous la condition de réversibilité. Ces changemens arriverent sur-tout dans le treizieme siecle. Insensiblement nos Princes réunirent pour toujours certains Etats ; & la Loi de l'inaliénablité du Domaine, & celle des apanages commencerent à être connues.

On sentit alors combien il étoit dangereux, que le Roi dépendît de ses Sujets pour faire la guerre ; & les Seigneurs, après leur service rendu dans les armées, s'en retournoient à leurs Terres, vivoient avec leurs Vassaux, & ne s'appliquoient qu'à entretenir parmi eux le goût des armes. On commença à lever des troupes ; on dispensa les Seigneurs du service militaire ; enfin l'établissement de la Taille & des Aides mit le Prince en état de soudoyer les armées. Les Seigneurs, devenus oisifs, se rapprocherent de la Cour, & s'y fixerent par leurs plaisirs & par leurs intrigues. Les Pairies nouvellement érigées ne furent plus des Etats puissans ; c'étoient des Terres trop bornées, pour qu'on pût y lever des Troupes qui les rendissent redoutables ; & il ne resta de la féodalité, que la prestation de foi & hommage, avec certains droits dus aux Seigneurs pour raison de leur suzeraineté. Mais je m'apperçois que cette digreſſion m'écarte un peu trop de mon ſujet.

La Couronne d'Allemagne ſe ſépare pour toujours de celle de France; & les Deſcendans de Charlemagne fondent deux grandes Monarchies, qui, par leur ſituation reſpective, deviennent rivales & ennemies l'une de l'autre. Ceux des Princes Carlovingiens qui monterent ſur le Trône Impérial, avoient moins dégénéré, que ceux qui regnerent en France. L'Autorité Souveraine conſerva quelque vigueur entre les mains des premiers; & les Nobles de Germanie, quoique jouiſſans de privileges très-étendus, & poſſeſſeurs de domaines conſidérables, ne parvinrent que lentement à ſe rendre indépendans. Les grands Offices de la Couronne continuerent d'être à la diſpoſition du Souverain; & pendant très-long-tems, les fiefs reſterent dans leur état primitif, ſans devenir héréditaires, ſans ſe perpétuer dans les familles, auxquelles ils avoient été accordés.

La Branche Allemande de la Race de Charlemagne s'éteignit enfin; & les lâches Deſcendans de ce Prince, qui occupoient le Trône des François, étoient tombés dans un tel mépris, que, sans égard à leurs prétentions, les Allemands uferent du droit d'un Peuple libre, & dans une Assemblée de la Nation, élurent Conrad, Comte de Franconie, pour leur Empereur.

Après lui, Henri de Saxe, & les trois Othons ses Descendans furent élevés successivement au même Trône. Les vastes domaines de ces Princes Saxons, leur caractere entreprenant, leurs talens concoururent non-seulement à relever l'éclat de la Couronne Impériale, mais encore à en augmenter la force & la puissance. Othon le Grand marcha en Italie à la tête d'une armée formidable; & à l'exemple de Charlemagne, donna la loi à tout le pays. Il créa & déposa les Papes par des actes de sa volonté suprême, & annexa le Royaume d'Italie à l'Empire d'Allemagne. Enivré de ses succès, il prit le titre de César; & l'on vit un Prince, né dans le cœur de la Germanie, se prétendre l'Emule des Empereurs de l'ancienne Rome, & l'héritier de leurs noms & de leur puissance.

Othon II, fils & successeur de ce

Monarque, marche à Paris avec une armée de soixante mille hommes. Un de ses Neveux se vante d'enfoncer sa lance dans une des portes de la Ville: il le fait en effet; mais en même tems, les Parisiens, dans une sortie, tuent le téméraire. On prétend que l'Empereur envoya dire à Hugues Capet, qu'il feroit chanter l'*Alleluia* sur Montmartre par tant de voix, qu'on l'entendroit de l'Eglise de Notre-Dame.

On raconte un fait, arrivé sous le regne suivant, qui nous apprend un usage, dont peu de gens ont connoissance. Lorsque des Rébelles nobles se soumettoient à leurs Souverains, ils étoient obligés de se présenter avec l'épée pendue au cou, pour signifier qu'ils se croyoient dignes de perdre la tête. Les Plébéiens y venoient avec une corde, pour marquer qu'ils méritoient un autre genre de mort. Les Habitans de Tivoli s'étant révoltés, Othon III mit le siege devant cette Ville. Il étoit près de s'en emparer, lorsqu'à l'instigation du Pape, le Peuple consentit à se rendre à sa discrétion. Les principaux Citoyens sortirent nuds, c'est-à-dire, qu'ils n'avoient pour tout vêtement, que des hauts-de-chausses. D'une main ils portoient une épée, de l'autre un fouet; & dans cet état, ils vont à la tente de l'Empereur, & lui disent qu'il est le maître de les faire mourir par le fer, ou de les faire battre de verges. Othon leur fit grace de l'un & de l'autre châtiment.

La mort prématurée de ce Prince remplit de troubles toute l'Allemagne. Henri II, Duc de Baviere, fut élu Empereur, & sacré par l'Archevêque de Mayence. Quoique la fortune favorisât toutes ses entreprises, plein de mépris pour les grandeurs humaines, & dédaignant la suprême autorité, ce Prince résolut d'abdiquer l'Empire. Dans un séjour qu'il fit à Strasbourg, il fut tellement édifié de l'ordre avec lequel les Chanoines célébroient l'Office divin, qu'il voulut vivre avec eux & comme eux. Les Seigneurs Allemands s'opposerent à cette résolution; mais pour remplir, en quelque sorte, le vœu tacite qu'il avoit fait, il fonda dans cette Cathédrale une Prébende, qui devoit tenir, à perpétuité, la place qu'il auroit voulu occuper lui-même. Cette Prébende subsiste encore, & le Chanoine qui en jouit, est, par cette raison, appellé le Roi du Chœur.

Henri II, déjà sacré à Mayence, veut encore être couronné en Italie, avec son Epouse l'Impératrice Cunégonde. Le Pape le reçoit sur les degrés de la Basilique de Saint-Pierre, & lui dit : « voulez-vous être le Défenseur de » l'Eglise Romaine, & nous rester tou- » jours fidele à moi & à mes Succes- » ceffeurs » ? Henri le promet ; & le souverain Pontife, dans la cérémonie du Couronnement, lui fait présent d'un globe d'or, surmonté d'une croix, & enrichi de pierreries. Le globe représente le monde ; la Croix figure la Religion, dont le Prince se décla- re le Défenseur ; & les pierreries, les vertus que doit avoir un Souve- rain. On prétend que ce même globe fait encore partie du Trésor Impérial. L'honneur de le porter à la cérémonie du Sacre, appartenoit au Grand-Maître du Palais ; il est aujourd'hui attaché à l'Electorat de Baviere.

Le dévot Henri retourne en Alle- magne, passe à Verdun, & va rendre visite à Richard, Abbé de Saint-Vannes. Il entre dans le Cloître, & dit: « c'est ici mon repos ; c'est l'habitation » que j'ai choisie ». Ces paroles sont rapportées à l'Abbé qui le conduit respectueusement au Chapitre. Là, devant tous les Religieux, il ose l'interroger sur le dessein qui le conduit dans cette solitude. Henri lui répond, le visage baigné de larmes, qu'il veut faire pénitence parmi eux, quitter le monde & l'Empire, & prendre l'habit de Religieux. « Voulez-vous, » dit l'Abbé, selon la regle, & à l'imita- » tion de Jesus-Christ, être obéissant » jusqu'à la mort ? » L'Empereur répond avec humilité, qu'il n'a pas d'autre dessein ». Hé bien, reprend l'Ab- » bé, je vous reçois, & me charge » du soin de votre ame ; mais je veux » que vous fassiez ce que je vous or- » donnerai ». Henri promet tout ; & Richard réplique aussi-tôt : « je vous » commande de continuer à gouverner » l'Empire, & d'user de toute votre » autorité, pour procurer aux Peuples » qui vous sont soumis, la paix, la tran- » quillité & le bonheur ». Henri n'insiste pas davantage, & se retire.

Ce Prince meurt âgé de cinquante-deux ans. Son corps est porté à Bamberg, & enterré dans la Cathédrale qu'il avoit lui-même fait bâtir. Se sentant près de sa fin, il dit aux Parens de sa femme : « vous me l'avez donnée vierge ; je vous la rends vierge » ; discours édifiant peut-être dans un Particulier ; mais bien extraordinaire dans un Monarque, qui ne doit se marier que pour assurer par ses enfans, le repos & le bonheur de ses Sujets. Les Chanoines de Bamberg, cent ans après la mort de ce Prince, solliciterent & obtinrent à Rome sa Canonisation. Henri fut brave & pieux ; mais il accorda un trop haut degré de puissance aux Ecclésiastiques ; & cette malheureuse facilité prépara tous les maux de l'Allemagne.

Cunégonde se retira dans l'Abbaye de Kauffung, près de Cassel ; & le Pape, qui, cent soixante-huit ans après le décès de cette Impératrice, la canonisa en 1201 ; dit affirmativement dans sa Bulle, que Cunégonde étoit morte vierge : elle n'en fut pas moins en butte aux plus noires calomnies. Accusée d'adultere, elle demanda à son Epoux la permission de se justifier par l'épreuve du feu ; & l'Empereur eut la foiblesse d'y consentir. Elle marcha, dit-on, pieds nuds, sur du fer ardent sans se brûler, & prouva ainsi son innocence.

L'interregne, dont la mort de Henri fut suivie, ayant ouvert les portes à tous les désordres de l'Anarchie, l'Archevêque de Mayence se hâta de convoquer une Assemblée générale des Etats, où Conrad, Duc de Franconie, surnommé le Salique, parce qu'il étoit né, dit-on, sur la riviere de Sal, fut élu Empereur. Ce Prince, immédiatement après son élection, se rendit à Mayence pour y être sacré. Comme il alloit en procession à la Cathédrale, trois Particuliers se jettent à ses pieds, & le supplient de leur faire raison de quelques dommages qu'ils avoient essuyés de la part de leurs ennemis. Conrad s'arrête pour écouter leurs plaintes ; mais ce retardement paroissant fâcher les Ecclésiastiques, il se retourna, & leur dit : » si je suis chargé de gouverner » l'Empire, c'est à moi de rendre la jus-» tice, & de ne point la différer ; com-» ment puis-je mieux commencer mon » regne, que par un acte d'équité » ?

Depuis long-tems on n'avoit point vû d'Élection plus tranquille, que celle qui porta Henri III, fils de Conrad le Salique, fur le Trône Impérial. Cette époque eſt d'autant plus remarquable, que preſque toutes les Dietes précédentes avoient été enſanglantées par des guerres civiles. Henri paſſe en Italie, ſe fait couronner à Milan, place ſur la Chaire de Saint-Pierre ſon Chancelier l'Evêque de Remberg, & convoque un Synode où l'on renouvelle la Loi fondamentale, qu'il ne ſera plus élu de Souverain Pontife ſans le conſentement de Sa Majeſté Impériale.

Dans une Diete tenue à Tribur, Dioceſe de Mayence, les Etats d'Allemagne éliſent Roi des Romains le Fils ainé de l'Empereur, appellé Henri, que ſon Pere fait déclarer ſon Succeſſeur. On prétend que l'uſage de nommer Rois des Romains les Princes deſtinés à l'Empire, a commencé à cette époque. D'autres font remonter plus haut l'origine de cette dignité, & aſſurent qu'elle fut donnée par Othon I à ſon Fils, pour ne point révolter les Etats, en lui conférant, de ſon vivant, le titre d'Empereur.

Depuis Charles-Quint, les Princes ne se rendent plus à Rome pour se faire couronner ; mais on élit toujours Roi des Romains le Successeur futur du Monarque régnant. Les cérémonies de son couronnement sont à-peu-près les mêmes, que celles qui se pratiquent pour le Chef de l'Empire, auquel il succede sans qu'il soit besoin d'une nouvelle Election. Il est également obligé de signer une capitulation ; mais elle ne lui donne aucun pouvoir ; & on lui fait prometre de ne point aspirer au Gouvernement avant la mort de l'Empereur. Aussi n'agit-t-il qu'au nom & comme délégué de ce Prince, auquel il donne le titre de Majesté, tandis qu'il ne reçoit de lui, que celui de Dilection. Quelques-uns lui attribuent le pouvoir d'ennoblir, d'accorder des privilèges aux Universités, de prononcer le ban de l'Empire, &c ; mais ces droits, qui ne sont fondés ni sur la Loi, ni sur l'usage, doivent tout au moins paroître douteux, aussi bien que celui de préséance sur les autres Têtes couronnées.

Il fut agité anciennement, si l'on

pouvoit élire un Roi des Romains contre la volonté de l'Empereur ? Les Electeurs, qui avoient affaire à un Prince foible, soutinrent l'affirmative avec succès, & insérerent dans une capitulation, qu'ils jouiroient librement de ce droit, soit pour soulager Sa Majesté, soit que la nécessité l'éxigeât. Dans une autre occasion il fut convenu, que s'il s'agissoit de nommer un Roi des Romains, du vivant du Chef de l'Empire, les Electeurs conféreroient entr'eux sur les motifs & l'utilité de cette élection, à peine de nullité. Enfin, au traité de Westphalie, les François & les Suédois demanderent qu'à l'avenir ce choix n'eût lieu qu'après la mort de l'Empereur ; mais ces propositions furent rejettées, comme contraires aux droits des Princes d'Allemagne.

Henri III meurt à Goslar, âgé de trente neuf ans, & laisse pour son Successeur Henri IV, son Fils, qui n'en a que six: Agnès, mere du jeune Prince, s'empara de la Régence ; c'étoit une Françoise, Fille du Duc de Guienne, qui prit pour son Conseil, son Confident, son Favori, l'Evêque d'Augsbourg,

bourg, avec lequel on ne craint point de l'accuser d'entretenir un commerce criminel. Les premieres années de cette régence sont remplies de trouble; les Seigneurs de fiefs ne reconnoissent pour loix, que leurs caprices, pour justice, que leur épée. Ils se font la guerre, se livrent des combats, brûlent les villages, les moissons, & souvent entraînent toute une Province dans leurs querelles. Le Prince n'arrive à sa majorité, que pour se plonger dans de honteuses débauches. Il emploie indifféremment l'or, la force, la séduction, pour vaincre tout ce qui s'oppose à son incontinence. L'Impératrice seule, son épouse Berthe, est pour lui un objet de dégoût; & dans l'espérance de trouver un motif apparent de la répudier, il tente tous les moyens de la rendre infidelle. Le trait suivant peut avoir donné lieu à un Conte de la Fontaine.

Henri engage un Seigneur de sa Cour à faire une déclaration formelle à l'Impératrice. Rebuté plusieurs fois, l'Amant prétendu ne craint point de revenir à la charge: excédée de ses poursuites, Berthe enfin paroît se rendre, & lui indique une nuit, mais à condition qu'il arrivera seul dans son appartement. A l'heure marquée, elle arme ses femmes chacune d'un bâton, & leur ordonne de frapper sans crainte sur le Courtisan, dès qu'il aura passé la premiere porte. Pendant ce tems-là, le Confident de l'Empereur va rendre compte à son Maître du succès de sa déclaration. Henri, plein de joie, veut lui même être témoin du dénouement de cette avanture. Accompagné de son Favori, le Prince entre le premier; mais la porte se ferme aussi-tôt; & il est assailli d'une grêle de coups, dont il s'efforce en vain d'arrêter la violence. Son nom, qu'il ne cesse de répeter, ne sert qu'à faire redoubler la dose. On lui dit que l'Empereur n'a pas besoin d'artifice pour venir trouver son Epouse; on le traite de fourbe, de traitre; & après avoir lassé les bras de toutes ces femmes, meurtri de coups & presque mourant, il est jetté hors de l'appartement.

L'Allemagne devient le theatre d'un événement étonnant alors, & aujourd'hui presqu'incroyable. Les Papes qui ne devoient qu'à la bienfaisance &

à la protection des Empereurs, le pouvoir & la dignité de la Thiarre, commencèrent à réclamer une supériorité de Jurisdiction; & en vertu d'une autorité qu'ils prétendoient ne tenir que du Ciel, on les vit juger, condamner, excommunier, & déposer leurs anciens Maîtres. Sans attendre le consentement de la Cour Impériale, Alexandre II avoit été élevé, & s'étoit maintenu sur la chaire de Saint-Pierre. Son fameux Successeur Hildebrand, né de parens obscurs en Toscane, tente de le remplacer; & ses manœuvres lui réussissent. Ce Pontife, consacré sous le nom de Grégoire VII, manifeste, dès ce moment, le système qu'il a formé de souftraire le Clergé à l'obéissance des Princes séculiers, de réduire l'Empire sous la dépendance du Saint Siége, de soumettre tous les Royaumes au Sacerdoce, & d'établir à Rome un Synode perpétuel, pour l'administration des affaires générales de l'Europe.

Grégoire commence sa rupture avec Henri sur un prétexte spécieux & populaire : il se plaint de la vénalité introduite par cet Empereur dans la collation des bénéfices Ecclésiastiques : il prétend que le droit de les conférer lui appartient comme au Chef de l'Eglise, & exige que le Monarque se renferme dans les bornes de sa Jurisdiction civile, sans usurper l'autorité spirituelle du Saint Siége. Henri, refusant de renoncer à des droits dont ses Prédécesseurs ont joui, voit fondre sur sa tête tous les foudres du Vatican. A l'instigation d'Hildebrand, & par ses conseils, le feu Pape avoit osé citer l'Empereur à son Tribunal. Plus fier, plus impérieux, plus hardi, Grégoire VII veut le renverser du Trône, & soumettre à la Thiare toutes les Couronnes du monde chrétien. Il commence par excommunier le Chef de l'Empire, prononce sa déposition, excite contre lui sa mere, sa femme, ses enfans, & délie ses Sujets du sermens de fidélité.

Il ne faut pas croire que ces entreprises ne soient que des excès extravagans de l'ambition d'un Pontife, enivré des hautes idées qu'il a conçues de la puissance ecclésiastique : Grégoire n'est pas moins habile qu'audacieux ; & si présomption est soutenue par de grands talens politiques. Henri voit sa perte ; pour la prévenir, il se détermine à passer les Alpes, & à chercher l'absolution aux pieds du Trône pontifical. Il se présente à la porte de la forteresse de Canosse, où Grégoire VII étoit alors avec la fameuse Comtesse Mathilde, que les ennemis de ce Pape appelloient sa Maîtresse. Il est arrêté dans la Cour du Château : on le dépouille de ses habits : on le couvre d'un cilice ; & nuds pieds, il attend que le fier Hildebrand veuille bien décider de son sort. On le laisse languir trois jours dans cet état, sous les fenêtres du Pontife : enfin il obtient la faveur de se prosterner aux pieds de son Juge qui daigne l'absoudre, mais avec cette réserve, qu'il se soumettra à tous ses Arrêts, fût-ce celui du détrônement ; qu'il ne gouvernera, s'il conserve la Couronne, que conformément aux intentions de la Cour de Rome ; qu'il s'abstiendra, en attendant la décision, de tout acte de souveraineté, & se reconnoîtra déchu de tous ses droits, s'il ose violer aucune de ces conditions.

Pendant que l'Empereur se deshonore pour retenir une Couronne qui lui échappe, les Seigneurs & les Evêques confirment solemnellement sa démission, & élisent Rodolphe de Suabe, à qui ils font signer une capitulation, qui porte qu'à l'avenir, la dignité Impériale sera élective ; que, sans égard aux droits de la naissance, la Diete aura celui de choisir le Sujet qui lui paroîtra le plus digne. Grégoire renouvelle l'excommunication, & la déposition d'Henri IV, approuve authentiquement l'Election du Duc de Suabe ; & par une prédiction qui n'a point son effet, il annonce la mort prochaine de l'Empereur déposé. C'est, au contraire, Rodolphe qui meurt dans une bataille, où il a une main emportée ; & l'on prétend que près d'expirer, il se fit présenter cette main, & dit : » Voilà l'instrument » avec lequel j'ai prêté à Henri, Mon- » seigneur, le serment de fidélité que » j'ai violé par ordre du Pape & à » l'instance des Evêques, pour arri- » ver, par un parjure, à un honneur » qui ne m'étoit pas dû ».

Les troubles de ce regne auroient

encouragé des Vaſſaux moins audacieux que la Nobleſſe d'Allemagne, à s'arroger de nouveaux droits, à augmenter ſes privileges. L'Empereur eſt obligé de ménager des Sujets dont il ſollicite les ſecours, de tolérer leurs uſurpations, ſouvent même de les autoriſer. Les fiefs deviennent inſenſiblement héréditaires, & ſe tranſmettent dans les familles; chaque Baron commence à exercer une Juriſdiction ſouveraine dans ſon territoire. Les Ducs, les Comtes profitent des circonſtances, & s'occupent à faire, de leurs Domaines, des Etats particuliers & indépendans. Leurs projets & leurs démarches n'échappent pas aux yeux attentifs des Empereurs; mais comme ces Princes attachent la plus grande importance au ſuccès de leurs armes en Italie, & qu'ils ne peuvent les ſoutenir que par le concours de la Nobleſſe, ils n'ont garde d'alarmer ou d'irriter les Chefs de cet Ordre redoutable, en attaquant leurs privileges; mais croyant pouvoir arriver au même but par des voies indirectes, ils accordent inconsidérément de nouvelles possessions au Clergé qu'ils comblent d'honneur, persuadés que sa puissance pourra servir un jour de contre-poids à celle des Nobles.

Les Papes qui prévoient que les Ecclésiastiques Allemands, devenus aussi puissans que la Noblesse, seconderont de toutes leurs forces quiconque se déclarera le protecteur de leur indépendance, négocient avec ces deux Ordres. La querelle de Grégoire VII & d'Henri IV donne naissance aux deux grandes factions des Guelfes & des Gibelins, qui, pendant trois siecles, agitent sans relâche l'Italie & l'Allemagne. Les premiers soutiennent les prétentions du Saint Siege; les seconds défendent l'autorité de l'Empereur; & l'on voit se former, au milieu de ces troubles, un systême régulier, dont l'objet est constamment de limiter le pouvoir des Rois. Les Papes, les Etats libres d'Italie, la Noblesse & le Clergé d'Allemagne, sont tous intéressés à en assurer le succès; & pendant ce long période de trouble & de confusion, il se fait une révolution entiere dans le gouvernement du Corps Germanique.

Les Princes, la grande Noblesse, le haut Clergé, les Villes libres en profitent, pour affermir & étendre leurs usurpations. Ils publient des loix, déclarent la guerre, contractent des alliances, imposent des taxes, font battre monnoie, & exercent enfin tous les actes de Souveraineté, qui distinguent les Etats indépendans. Il n'y a plus dans la constitution Allemande, aucune force suffisante pour maintenir l'ordre public, ni même pour défendre la sûreté personnelle ; & l'Empire éprouve toutes les calamités, auxquelles sont exposés les Etats, où les ressorts du Gouvernement ont perdu leur activité & leur vigueur. L'oppression, les rapines, les outrages, deviennent universels ; le commerce cesse ; l'industrie est suspendue ; & toutes les Provinces ne paroissent plus qu'un pays ravagé & dévasté par l'ennemi.

Je suis, &c.

A Vienne, ce 14 Décembre 1756.

LETTRE CCLXXXII.

SUITE DE L'AUTRICHE.

Vous avez vu, Madame, que ce qu'on appelle aujourd'hui l'Empire d'Allemagne, n'est qu'une partie de l'ancienne Monarchie françoise, qui, après bien des révolutions, gouvernée par une infinité de petits Tyrans, devint le théatre des plus violentes dissentions. Elle ne cessa cependant point d'avoir un Chef, dont la dignité étoit héréditaire: elle fut élective sous le regne d'Henri IV, que Grégoire VII déclara déchu de ses droits & de son rang. Le jeune Henri s'arme contre son pere, sous prétexte de défendre la cause de l'Eglise. Le Pape l'absout de son serment, comme si le serment seul devoit empêcher un crime atroce. L'Empereur, fait prisonnier, est forcé de renoncer au Trône. Son fils est couronné à Mayence devant les Ministres du Souverain Pontife, sous le nom d'Henri V. Réduit à la misere, l'Ex-

Empereur demande à l'Evêque de Spire une prébende dans son église, & représente au Prélat, qu'il est en état de faire l'office de Chantre ou de Lecteur. On lui refuse cette grace ; & il envoie à son fils son épée & sa Couronne pour avoir du pain. Enfin il meurt à Liege ; & pour comble d'horreur, le fils dénaturé fait exhumer son cadavre par ordre du Pape, qui poursuivit jusqu'au tombeau ce Prince excommunié.

Le même Henri V, qui, une bulle à la main, déshonore la mémoire de son pere, soutient comme lui ses droits contre l'Eglise, dès qu'il devient Maître de l'Empire. Un fanatisme violent se déchaîne aussi bientôt contre lui ; & on l'excommunie dans plusieurs Conciles. Les révoltes de la guerre civile, les massacres se renouvellent ; & les décrets de l'Eglise semblent devenir des Loix de sang. Enfin, après avoir créé, déposé, chassé, rappellé des Papes, Henri, aussi souvent excommunié que son Prédécesseur, & inquiété comme lui par ses grands Vassaux, est obligé de terminer la guerre des investitures,

& de se désister solemnellement du droit de nommer aux Evêchés.

On ne peut nier que, depuis Charlemagne, tous les Souverains ne fussent en possession de donner les grands Bénéfices. Le fougueux Grégoire VII osa le premier entreprendre de les en priver; & ses Successeurs marcherent sur les mêmes traces. Il n'est pas possible de se dissimuler, que le droit constant des Souverains n'entraînât quelquefois de grands abus ; car, comme les Evêques & les Abbés ne pouvoient entrer en possession de leurs Bénéfices, avant d'en avoir reçu l'investiture, les Princes les vendoient publiquement.

Après la mort d'Henri V, qui ne laisse pas d'enfans, l'Empire est conféré par dix Electeurs à un Prince la maison de Saxe, qui prend le nom de Lothaire II. On peut, sans injustice, attribuer à ce Monarque l'introduction de la chicane dans les Tribunaux d'Allemagne, par le grand nombre de commentaires faits pendant son regne sur le Digeste, dont l'usage avoit cessé pendant des siecles. Lothaire est le premier Empereur, qui se soit soumis à présenter l'étrier, & à conduire la mule du Pape. La Cour de Rome a fait valoir cette cérémonie comme une preuve que l'Empire étoit un fief du Saint Siege.

La mort imprévue de Lothaire ne lui ayant pas permis de prendre des arrangemens pour la succession à la Couronne, les Etats d'Allemagne élisent Conrad III, Duc de Franconie. Ce Prince signale le commencement de son regne par la prise de Weinsberg, oblige les habitans à se rendre à discrétion, & ne permet qu'aux femmes de sortir de la Place avec ce qu'elles pourront emporter de plus précieux. Quelle est sa surprise, lorsqu'il les voit charger leurs maris sur leurs épaules, & leurs enfans entre leurs bras! Cette action vaut la liberté à toute la Ville.

Saint Bernard vient prêcher la croisade en Allemagne; & l'Empereur est un des premiers à s'engager dans cette guerre. Il veut commander son armée en personne; & après avoir fait élire son fils Roi des Romains, il établit un

Conseil pour juger toutes les causes en son absence. Ce n'est cependant pas ce fils qui lui succede ; les Seigneurs Allemands se gardent bien de lui donner leurs suffrages ; ils ont trop d'intérêt à conserver le droit de se choisir un Maître. La Diete de Francfort proclame Empereur Frédéric, dit Barberouffe, Duc de Suabe.

Ce Prince arrive en Italie. Adrien IV, qui, de mendiant étoit monté sur la chaire de Saint-Pierre, va le trouver dans son camp ; & il s'éleve entr'eux une contestation au sujet de la bride & de l'étrier. Adrien prétend que cette cérémonie est un devoir ; il cite l'exemple de Lothaire II. Frédéric trouve le cérémonial outrageant, & refuse de s'y soumettre ; alors tous les Cardinaux s'enfuient, comme si l'Empereur, par un sacrilege, avoit donné le signal d'une guerre civile ; & le Monarque confent enfin à faire les fonctions d'Ecuyer. Le Pape trouve qu'il s'en acquitte mal ; le Prince s'en excuse, sur ce qu'il n'a jamais fait le métier de Palefrenier.

Adrien écrit de tous côtés, qu'il

a conféré à Frédéric le bénéfice de l'Empire Romain. Barbe-rousse choqué de ces bruits outrageans, soutient qu'il a reçu son Royaume de Dieu, & de l'élection des Princes, & non de la libéralité du Pontife. Un Légat, devant qui il prononça ces paroles, ose le lui contester. Othon de Bavière, qui, par sa charge, tenoit l'épée Impériale à côté du Trône, la tire pour en frapper le téméraire; l'Empereur le retient, & se contente de mépriser l'arrogance du Prélat. Le Pape, qui se vantoit d'avoir conféré l'Empire à ce Prince comme un Bénéfice, est obligé de s'expliquer, & déclare que Bénéfice, dans son idée, signifie un bienfait & non un fief; qu'il n'a entendu que la bénédiction ou le sacre, non une investiture, & se sauve ainsi par une équivoque.

Cette interprétation ne mit pas fin aux querelles. L'Empereur s'arrogeoit des droits & des prééminences qu'il n'avoit point. Adrien s'opposoit envain aux actes d'autorité de Frédéric. Le Pontife reprochoit au Monarque d'avoir mis son nom avant le sien en lui écrivant. Barbe-rousse, de son côté, accusoit le Pape d'injustice, d'obstination & de hauteur. Ce Pontife meurt ; & Frédéric oppose successivement trois anti-Papes à son Successeur, Alexandre III, qui triomphe enfin de son ennemi. Le superbe Frédéric, obligé de plier, reconnoît le Pape, lui baise les pieds, conduit sa mule dans la place de Saint-Marc à Venise, & reçoit de lui l'absolution. La paix est jurée sur l'Evangile par douze Princes de l'Empire ; tout est à l'avantage de l'Eglise. Frédéric promet de restituer ce qui appartient au Saint Siége ; mais cette promesse, mal exécutée au gré de la Cour de Rome, est le sujet d'une nouvelle querelle, suspendue par une troisieme Croisade. L'Empereur n'évite l'excommunication, qu'en se rangeant parmi les Croisés ; & il meurt l'année d'après, pour s'être baigné dans le même fleuve qui, comme vous savez, manqua de faire périr Alexandre.

Frédéric laissa en mourant une réputation célebre d'inégalité & de grandeur, & couvrit les défauts de son ambition, par le courage, la franchife, la libéralité & la conftance dans la bonne & la mauvaife fortune. Ce Prince doit être regardé comme le Reftaurateur de l'autorité Impériale. Il gouverna l'Italie avec un fceptre de fer, & fut craint & refpecté en Allemagne. La dépofition de plufieurs Prélats réfractaires, & l'empreffement avec lequel les Dietes entrerent communément dans toutes fes vues, femblent prouver que la forme de fon adminiftration différoit peu du defpotifme, mais d'un defpotifme caché fous le mafque du gouvernement Républicain. Il n'entreprenoit rien fans confulter les Dietes, & pofféda l'art d'entraîner les volontés étrangeres dans fes propres idées.

Henri VI, fils & fucceffeur de Barberouffe, fe fait couronner, avec fon époufe Conftance, par le Pape Céleftin, vieillard de quatre-vingt-cinq ans, qui, fans être Prêtre, venoit de monter fur la Chaire de Saint-Pierre. On dit que ce Pontife, après avoir pofé la Couronne Impériale fur la tête du Monarque à genoux, la fit tomber d'un coup de pied, pour marquer qu'il avoit le droit de l'ôter, comme celui de la donner.

Henri avoit épousé l'héritiere de Sicile. Tancrede, bâtard du dernier Souverain, s'étoit emparé de ce Royaume, & le garda jusqu'à sa mort. Les deux Siciles proclamerent son jeune fils; mais les armes de l'Empereur prévalurent. Henri fit exhumer le corps du Roi Tancrede; & par une barbarie atroce, le Bourreau coupa la tête au cadavre. On creve les yeux à son fils : on le fait eunuque: on enferme sa mere & ses sœurs ; & les partisans de cette famille infortunée périssent tous dans les supplices. Ainsi passerent Naples & Sicile aux Allemands, après avoir été conquises par des François. L'Empereur devoit ses succès aux flottes de Gênes & de Pise. Ces républiques reclament ses promesses, & en reçoivent cette réponse: « Lorsque vous m'aurez prouvé que » vous êtes libres, & que, comme mes » Vassaux, vous ne me devez point de » secours, alors je vous tiendrai ce » que je vous ai promis ».

Pendant que ce Prince exerçoit toutes ses barbaries, l'Impératrice alors enceinte, approchoit de son terme. Comme elle étoit d'un certain âge, on la croyoit hors d'état d'avoir des enfans ; & l'on imaginoit que cette prétendue groffeffe n'étoit qu'une feinte, pour conferver, dans la Famille Impériale, la fucceffion des deux Siciles. Henri fait dreffer une tente au milieu de la place de Palerme, & veut, pour détromper le Public, que les Grands du Royaume affiftent aux couches de fa femme. La Princeffe met au monde un fils, que vous verrez régner fous le nom de Frédéric II.

Les cruautés de Henri excitent une révolte générale. L'Impératrice elle-même appuie les féditieux, & promet au Comte Jourdan de le placer fur le Trône, s'il peut la délivrer de fon mari. L'Empereur inonde la Sicile de fes troupes, diffipe les rébelles, & fait expirer le Comte & fes Complices dans les plus affreux tourmens. Tranfporté de rage, il ordonne que Jourdan foit attaché nud fur une chaife de fer rouge ; qu'on lui mette une couronne de cuivre brûlant percée de quatre trous ; & tandis qu'on la lui cloue fur la tête, il dit

à ce malheureux : « Tu as préfente-
» ment le diadême que tu as defiré;
» tu peux en jouir fans que perfonne
» ne te l'envie ». Ainfi finit la race de
ces fameux Normands, qui avoient
conquis la Sicile depuis deux fiecles.
Le refte de la Nation éprouve la vengeance de l'Empereur d'une maniere
qui lui mérite le furnom de barbare &
de fanguinaire. Mais fa femme, dont
la haine & le reffentiment n'ont plus
de bornes, le fait empoifonner.

Tout eft en confufion en Allemagne:
on y compte jufqu'à quatre Chefs,
fans qu'on puiffe diftinguer quel eft
le véritable. Frédéric II, déjà Roi des
Romains, étoit fans doute le légitime;
mais trop jeune pour régner, on le
met fous la tutele de fon oncle, qui,
lui-même, fe fait élire Empereur.
D'autres Seigneurs proclament le Duc
Berthold, & d'autres enfin Othon,
Duc de Brunfwick. On raconte que
ce dernier fe rendit à la Cour de France
pour demander du fecours à Philippe
Augufte, qui lui dit : « Je fuis fi perfua-
» dé du peu de fuccès de vos préten-
» tions, que fi vous voulez me laiffer

SUITE DE L'AUTRICHE. 237

» prendre le meilleur de vos chevaux,
» avec sa charge, je vous donnerai en
» échange, en cas que vous soyez
» élu, le choix d'une de mes trois
» principales Villes, Paris, Étampes,
» ou Orléans ». Othon accepta la proposition; & Philippe choisit, parmi cinquante chevaux chargés de richesses, celui qui portoit le plus d'argent. Dix ans après le Duc monta sur le Trône; & demandant au Roi de France sa ville de Paris, Philippe répondit que les circonstances avoient changé la gageure. Othon se ligua avec le Roi d'Angleterre; mais les deux Princes perdirent la fameuse bataille de Bovines, qui rendit la Couronne au jeune Frédéric. Othon détrôné mourut Pénitent, après s'être fait fouler aux pieds par ses garçons de cuisine, & fouetter par des Moines, pour expier, disoit-il, le sang de tant de milliers d'hommes qui étoient morts dans le combat.

Frédéric II, né en Italie, aimoit ce climat agréable, & ne pouvoit souffrir ni le pays, ni les mœurs des Allemands. Il paroît que son dessein étoit d'établir au-delà des monts, le Trône des nouveaux Céfars : c'eſt le nœud ſecret de toutes les querelles qu'il eut avec les Papes. Grégoire IX, qui ne peut lui réſiſter qu'en s'éloignant, lui ordonne d'accomplir le vœu qu'il a fait ſous ſes Prédéceſſeurs, de s'embarquer pour la Terre-Sainte. On l'excommunie, parce qu'il eſt revenu malade, après trois jours de navigation. Il ſe rembarque l'année ſuivante ; & parce qu'il ne s'eſt pas fait abſoudre avant ſon départ, il eſt de nouveau excommunié. On vouloit ſa perte ; toutes ſes démarches devenoient des crimes. Malgré l'anathême, il ſe rend maître de Jéruſalem, & revient au ſecours de ſes Etats attaqués par le Saint-Siége. Le Pape fulmine de nouvelles excommunications, ſouleve l'Italie, envahit la Pouille, arme le beau-pere contre ſon gendre, offre l'Empire à tous les Princes, mais ne trouve pas les Allemands diſpoſés à la révolte. Il ne lui reſte plus qu'à ſoulever le Roi des Romains contre ſon pere, comme avoit fait ſes Prédéceſſeurs contre Henri IV ; mais plus heureux que Henri, Frédéric ſe ſaiſit de ſon fils rébelle,

SUITE DE L'AUTRICHE. 239
le dépose à la Diete de Mayence, & le condamne à une prison perpétuelle.

La Sardaigne étoit encore un sujet de guerre entre l'Empire & le Sacerdoce, & par conséquent d'excommunication. Grégoire IX, selon l'ancien préjugé, prétendoit que cette Isle appartenoit au Saint-Siége ; Frédéric la revendiquoit comme un fief de sa Couronne.

Ce Prince est délivré d'un ennemi redoutable par la mort de Grégoire. Son Successeur, qui prend le nom d'Innocent IV, avoit été du parti de l'Empereur lorsqu'il n'étoit que Cardinal ; il devint son ennemi dès qu'il fut Pape. Dans un concile tenu à Lyon, il excommunie ce Monarque, le déclare déchu de l'Empire, & ordonne aux Electeurs d'élire un nouveau Maître. Frédéric en reçoit la nouvelle à Thurin, & dit, en mettant la main sur sa Couronne ; « la voilà ; Innocent ne » me l'a pas encore ôtée, ni ne me » l'ôtera, qu'il n'en coûte bien du sang. » Nous verrons comment ses amis & » lui s'en trouveront ».

Persécuté jusqu'à la mort, l'Empereur négocie toujours un accommodement avec Rome; & ne pouvant rien obtenir, soutient ses droits par les armes. Il avoit soumis les rebelles d'Italie, quand Mainfroi, son fils naturel, l'empoisonna. Avec lui finissent les beaux jours de l'Allemagne. Les troubles qui suivent sa mort, & la foiblesse de ses Successeurs, obscurcissent la splendeur de cette Monarchie. Les Vassaux étrangers cessent de la craindre & de la respecter. Les Italiens secouent le joug que leurs révoltes n'avoient fait qu'appesantir ; & les Etats Germaniques ne laissent plus à leur Chef, que la gloire d'être le premier entre ses pareils. Chacun s'empare de ce qui est à sa bienséance ; chacun s'affranchit des obligations, des redevances qui le gênent : alors le droit public d'Allemagne commence à se débrouiller. On voit le Collége des Electeurs, celui des Princes, celui des Villes, & le Corps de la Noblesse immédiate, ne dépendre d'aucun Monarque particulier. Dès le commencement du douziem-

douzieme siecle, les Archevêques de Trêves, de Mayence & de Cologne jouissoient, avec les Ducs, du droit de choisir l'Empereur, avant que de le proposer à la Diete ; c'est l'origine de la dignité Electorale. Elle s'établit plus solidement ensuite, parce que les autres Princes ne se soucioient point d'aller à grands frais, confirmer des Elections qu'ils ne faisoient pas eux-mêmes. Il n'y avoit aucune Loi publique en faveur des Electeurs ; l'usage, les circonstances firent leur droit. La plupart des droits anciens ont-ils un autre fondement ?

Avant ces tems d'anarchie, la plupart des Villes payoient des impositions au Chef de l'Empire ; mais elles trouverent l'occasion de s'en délivrer, & prirent la qualité de Villes libres. Alors la Ligue Anséatique se forma ; Lubeck s'associa avec ses voisins pour la sûreté du commerce ; & bientôt plus de quatre-vingt Cités florissantes entrerent dans cette confédération. Les Peuples tributaires, le Danemarck, la Pologne, la Hongrie, secouerent absolument le joug ; il ne resta plus aux Empereurs que l'héritage de leur maison. Les Austrègues s'établirent; ce sont des Arbitres de convention, qui jugent en premiere instance certaines affaires, & tiennent lieu des Tribunaux & des Loix qui manquent en Allemagne.

Conrad IV, fils & successeur de Frédéric II., ne regne qu'au milieu des troubles & des revers. Le Pape s'empare du Royaume de Naples comme dévolu au Saint-Siége, & vend la Sicile à un Prince d'Angleterre. Empoisonné par le même Mainfroi, qui venoit déjà de faire mourir son pere, Conrad laissa un fils âgé de deux ans, nommé Conradin. Les Papes avoient cette famille tellement en horreur, que le jeune Prince, à peine entré dans sa quinzieme année, fut excommunié comme son pere & son aïeul. Son courage étoit au-dessus de son âge; il se mit à la tête d'une armée, & vint soutenir ses droits en Italie. Conradin excommunié est reçu à Rome aux acclamations de tout le Peuple, dans le tems même que le Pape n'ose approcher de sa Capitale. Il conduit ses troupes dans le Royaume de Naples, que le Saint-

Siége avoit donné à Charles, Comte d'Anjou, frere de Saint Louis. Conradin livre bataille à ce Prince, est défait & livré au Bourreau comme un vil esclave. La sentence portoit qu'on ne le condamnoit à mort, que pour avoir tiré l'épée contre l'Eglise. On dit qu'avant que de se porter à cette cruauté, Charles consulta la Cour de Rome, & Clément IV lui répondit : « La vie de » Conradin est la mort de Charles ». Le Comte qui consultoit le Saint-Siége, étoit bien assuré de sa décision.

La mort de Conradin est suivie d'un interregne de deux ans. Il falloit un Chef à l'Empire. Les Electeurs s'assemblent à Francfort ; & ne pouvant s'accorder sur le choix, ils s'en rapportent à Louis-le-Sévere, Duc de Baviere, Comte Palatin, qui fait nommer Rodolphe, Comte d'Absbourg. Pour se rendre plus puissans, les Seigneurs desiroient un Empereur foible ; & il est vraisemblable que Rodolphe ne dut son Election, qu'à la médiocrité de ses domaines. C'étoit un Seigneur Suisse, fils d'Albert, Comte d'Absbourg, entre Basle & Zurich : il descendoit d'un ancien Comte d'Alsace. On ne prévoyoit point alors qu'il seroit le fondateur d'une maison, qui fut long-tems la plus florissante de l'Europe, & dont l'origine est commune avec celle de la maison de Lorraine.

Rodolphe avoit commandé les Milices de Strasbourg & de Zurich, & s'étoit acquis, dans les guerres particulieres qui désoloient l'Allemagne, la réputation d'un vaillant Capitaine, & d'un preux Chevalier. Le destin qui l'appelloit au premier Trône de l'Univers, & sa maison au plus haut point de grandeur & de prospérité, voulut qu'il se trouvât trois Electeurs à marier, & qu'il eût trois filles nubiles.

Ce Prince refusa d'aller à Rome pour se faire couronner, parce qu'aucun de ses Prédécesseurs, disoit-il, n'en étoit revenu, sans avoir perdu une partie de son autorité & de ses droits. Il faisoit au Pape l'application de la fable du Lion malade. « Je sçais bien, disoit » le Renard, que tous nos freres sont » allés voir ce Roi des animaux ; mais » en est-il un seul qui s'en soit bien » trouvé » ? Rodolphe fit cependant, avec le Saint-Siége, un traité par lequel il s'engagea à défendre les biens & les privileges de l'Eglife Romaine. Son regne fut troublé par Ottocare, Roi de Bohême; il remporta sur lui une victoire signalée, qui lui valut la Stirie, l'Autriche & la Carniole.

Un des grands avantages que Rodolphe I tira de son élévation à l'Empire, fut d'établir sa famille, & d'en augmenter & assurer la grandeur. Il donna à un de ses gendres le Comté de Tirol, & l'investiture du Duché de Carinthie. Albert, son fils aîné, eut l'Autriche, & fut le premier de sa maison qui porta le nom de cette Province. Le Duché de Suabe tomba au cadet; & pour mettre le comble à la gloire du Monarque, il auroit dû s'établir en Italie, après s'être assuré de l'Allemagne. Mais le tems en étoit passé; l'Empereur se contenta de vendre la liberté aux Villes qui voulurent bien l'acheter; c'est-à-dire, le droit de nommer des Magistrats, de se gouverner suivant leurs Loix, de battre monnoie, d'entretenir des Troupes, &c. Luques, Florence, Gênes, Boulogne, se procurerent, pour des sommes assez médiocres, une indépendance que les circonstances ne permettoient plus de leur ravir. On refusa d'élire Albert Roi des Romains : l'Empire, disoient les Electeurs, n'a pas de quoi entretenir deux Chefs. J'observerai en passant, que le revenu attaché à la dignité Impériale, qui, sous Frédéric Barbe-rousse, montoit à six millions d'écus, ne produisoit pas alors le tiers de cette somme; il est encore tellement diminué, qu'un Empereur n'a pas, de fixe, plus de vingt mille florins.

Vous venez de voir qu'une des grandes vues de Rodolphe, étoit d'assurer des établissemens à sa famille. Ce Prince avoit eu de sa premiere femme, six garçons & huit filles. Il en donna une au Roi de Bohême, fils d'Ottocare, & une autre au Roi de Naples, qui fut aussi Roi de Hongrie. Les mariages que contractèrent en divers tems les Princes Autrichiens, ne contribuerent pas peu à élever cette Maison au plus haut point des grandeurs humaines: Un descendant de Rodolphe épouse l'héritiere de Naples & de Sicile, & joint ces deux Royaumes à ses autres domaines. Le mariage de Maximilien avec Marie de Bourgogne, fait passer ses riches Provinces à la maison d'Autriche. Celui de Philippe avec Jeanne de Castille & d'Aragon, lui apporte ces deux Souverainetés ; & l'alliance de Ferdinant I avec l'héritière de Hongrie & de Bohême, lui assure la possession de ces deux Etats. On put alors appliquer à cette Maison ces deux vers si connus : *Bella gerant fortes*, &c. » Que » d'autres prennent les armes pour » conquérir des Empires : pour vous, » auguste race de l'heureux Rodolphe, » multipliez vos alliances ; & vous » multiplierez vos Couronnes ».

La mort de ce Prince fut suivie d'un assez long interregne, pendant lequel Albert, son fils, Duc d'Autriche, brigua la Couronne Impériale. Ses grandes possessions furent un obstacle à son élévation : on demandoit un Monarque qui ne fût point en état de donner la loi aux Electeurs ; & Adolphe de Nassau réunit toutes les voix : on n'avoit pas encore vu d'Empereur si dénué de biens & de domaines. Il passoit pour le plus grand guerrier de son siecle; mais il trouva la mort dans une bataille qu'il perdit contre Albert, son Concurrent & son Successeur. Les deux Princes se cherchent dans la mêlée, & s'approchent : Albert pousse son cheval ; & d'un coup de sabre renverse Adolphe à ses pieds.

L'événement le plus remarquable du regne d'Albert, est la révolution arrivée chez les Suisses. Quoique ce pays relevât de l'Empire, il avoit, comme l'Allemagne, ses Villes mixtes, qui jouissoient de grands priviléges, & ses Villes libres sous la protection, & non sous la domination Autrichienne. Albert voyoit à chaque instant son autorité compromise ; & pour réduire ces peuples à une obéissance absolue, il commença par refuser la ratification de leurs priviléges, que chaque Empereur avoit coutume de leur accorder à son avénement à la Couronne. Il leur envoya ensuite des Gouverneurs qui leur proposerent, ou de vivre sous les loix d'un Souverain particulier, ou de suivre celles d'un Monarque irrité, qui, malgré eux, sauroit bien les as-

sujettir. Il avoit choisi, pour cette commission, des hommes durs & cruels, qui devinrent des tyrans dès qu'ils trouverent quelque résistance ; & Henri de Melctal fut leur premiere victime. C'étoit un vieillard vénérable, qui passoit pour le plus zélé défenseur de la liberté. Il conduisoit sa charrue, lorsqu'un Emissaire d'un de ces Juges iniques, vint saisir ses bœufs qui étoient sous le joug. « Tu peux bien te passer
» de ces animaux, dit-il au pay-
» san ; tu n'as toi-même qu'à te
» mettre à leur place ». Le fils de Melctal, qui étoit présent, fut si indigné de l'action & du propos de l'Emissaire, qu'il lui donna un coup de bâton sur la main, lui cassa un doigt, & se sauva dans les montagnes. On prit le pere ; & comme il ne voulut point dire ce que son fils étoit devenu, on lui creva les yeux après avoir confisqué tous ses biens.

Cette barbarie fut comme le signal de la révolte générale ; & l'on commença par les Gouverneurs. L'un deux étoit devenu amoureux d'une jolie femme ; & un jour qu'il apprit que le mari étoit absent, il la pria de lui préparer un bain : elle s'en acquitta avec empressement; & au moment qu'il alloit se mettre dans l'eau, il la sollicita d'y entrer avec lui. Cette femme fut d'abord effrayée de la proposition; mais comme elle craignoit la violence, elle usa de dissimulation, prit un air de gaité, feignit de consentir à ce qu'il desiroit; & sous pretexte d'aller, par pudeur, se déshabiller dans une autre chambre, elle s'évada par une porte de derriere. La premiere personne qu'elle rencontre, c'est son mari, qui, sans autre formalité, prend une hache, & casse la tête au Gouverneur.

Un second, nommé Gesler, se rendoit odieux par une autre espece de tyrannie. Pour éprouver la patience des Suisses, il s'avisa d'un expédient fort bisarre. Il mit un chapeau au bout d'une perche qu'il fit planter sur la place d'Altorf, avec ordre aux paisans de saluer ce chapeau comme lui-même. Un simple Laboureur, Guillaume Tell, refuse de se soumettre à cette ridicule cérémonie; & Gesler le condamne à la mort, ou à abattre, d'un coup de fleche, une pomme sur la tête de son fils. Le pere tire & abat la pomme; mais Gesler appercevant un second trait caché sous l'habit du Paysan, lui demanda ce qu'il en vouloit faire: « T'en percer toi-même, » lui dit-il, si j'avois eu le malheur de » tuer mon fils ». Tell est mis au fers: on le jette dans un bateau; & le barbare Gesler y entre lui-même, dans le dessein de conduire son prisonnier, par le Lac de Lucerne, dans une Forteresse; mais pendant le trajet, il s'éleve une tempête qui le fait craindre pour sa vie. Guillaume Tell avoit la réputation d'être un excellent Batelier: on implore son secours; on lui propose sa liberté s'il conduit la barque à bon port. Dès qu'il s'en voit le maître, il s'approche des bords du Lac, saute sur un rocher, repousse le bateau, prend la route des montagnes, va se mettre en embuscade au-dessus d'un chemin creux, par où il sait que le Gouverneur doit passer, le perce d'un coup de flêche, délivre sa patrie; & cette nouvelle, divulguée dans tous les cantons, est le signal d'une révolte générale. Les peuples se saisissent des Forteresses, les démolissent, chassent les Gouverneurs, ou plutôt les Tyrans, & jettent ainsi les fondemens de cette République helvétique, qui depuis plus de quatre cens ans, existe avec autant de sagesse que de gloire. Trois Citoyens zélés s'étoient engagés, par serment, à défendre la liberté de leur pays contre la puissance de la maison d'Autriche. Leurs noms, difficiles à prononcer, ont nui à leur célébrité; jugez-en par le premier : il se nommoit Walther-Furst.

Albert se préparant à combattre les Suisses, est assassiné par son neveu le Duc de Suabe, dont il retenoit injustement le patrimoine. Sous son regne & les trois précédens, les Allemands semblent avoir perdu l'Italie de vûe; & toutes les Villes, rentrant dans leurs droits naturels, levent l'étendard de la liberté. Gênes & Pise sont les émules de Venise; Florence devient une République illustre; Bologne ne reconnoît ni Pape ni Empereur; mais la concorde, qui seule auroit pu faire le bonheur de ce beau pays, en étoit bannie sans retour; & le premier Empereur entreprenant qui auroit voulu repasser les Monts, pouvoit renouveller les prétentions & les droits de Charlemagne. C'est ce qui arrive à Henri de Luxembourg, successeur d'Albert I; il passe les Alpes, force Milan, y reçoit la Couronne Royale, est reconnu Prince de Gênes, & va à Rome se faire couronner par des Cardinaux. Il alloit ensuite attaquer le Roi de Naples; mais il mourut empoisonné, dit-on, par une hostie, dont un Dominicain le communia.

Louis de Baviere & Frédéric d'Autriche sont élus à la fois au milieu des troubles les plus funestes. Un combat, dans lequel l'Autrichien est vaincu & fait prisonnier, donne la Couronne au Bavarois. Le Pape déclare nulle l'élection de Louis, & soutient que c'est le droit du Souverain Pontife, de l'examiner & de la confirmer; que le gouvernement de l'Empire lui appartient pendant la vacance; & il ordonne à ce Prince, sous peine d'excommunication, de se désister dans trois mois, avec défense à toutes personnes de lui obéir, de l'aider même de leurs conseils. Louis, ainsi déposé & excommunié, se hâte de marcher en Italie, où le Pape lui-même n'ose paroître. Il convoque dans Rome une assemblée générale; & ce Prince, assis sur un Trône dans la place de Saint-Pierre, au haut des degrés de l'Eglise, la Couronne en tête, & un sceptre à la main, fait crier trois fois par un Moine: « Y a-t-» il quelqu'un qui veuille défendre » la cause du Prêtre de Cahors, qui » se dit le Pape Jean »? Personne n'ayant répondu, on déclara Jean de Cahors notoirement convaincu d'hérésie, privé de tout bénéfice ecclésiastique, & digne des derniers supplices. En même tems un Franciscain est installé sur le Saint-Siége, & prend le nom de Nicolas; mais il s'y soutient peu de tems; parce que l'Empereur, contraint d'abandonner l'Italie, le laisse en proie à ses ennemis. Transporté à Avignon, le Moine confessa ses fautes la corde au cou sur un échaffaud, & finit sa vie dans une prison.

En vain l'Empereur tâche de se reconcilier avec le Pape, & d'obtenir

SUITE DE L'AUTRICHE. 255

une abſolution : on exige qu'avant tout il renonce à la Couronne ; il y conſent, & en fait la propoſition aux Electeurs qui s'y oppoſent, & déclarent que le Pape n'a ſur les Empereurs aucune ſupériorité, aucun droit d'approuver ou de rejetter les élections ; que ce ſeroit bleſſer la Majeſté de l'Empire, que d'envoyer à Rome demander le pouvoir de le gouverner, & que le Souverain Pontife n'a pas celui de dépoſer le Prince que les Etats ont choiſi. On ajoute que quiconque dira que Louis eſt excommunié, ou que les bulles de ſon excommunication doivent être reçues, ſera regardé comme perturbateur du repos public. Cette ſage Déclaration, donnée trois ſiecles auparavant, eût épargné bien du ſang & des crimes aux Chrétiens.

Clément VI, Succeſſeur de Jean XXII & de Benoît XII, ſe porte aux dernieres extrêmités contre l'Empereur ; & l'on ne lit pas ſans indignation, les imprécations répandues dans la bulle qu'il fulmine contre ce Prince. " Que la colere de Dieu, & celle de " Saint-Pierre, tombe ſur lui dans ce

» monde & dans l'autre ; que la terre
» l'engloutiſſe tout vivant; que ſa mé-
» moire périſſe ; que tous les élémens
» lui ſoient contraires ; que ſes enfans
» tombent dans les mains de ſes enne-
» mis aux yeux de leur pera ». Ce Pontif entreprenant & hautain, ſe vantoit qu'aucun de ſes Prédéceſſeurs n'avoit ſçu, comme lui, ſoutenir les droits & la dignité de la Thiare.

Je ſuis, &c.

A Vienne, ce 17 Décembre 1756.

LETTRE CCLXXXIII.

SUITE DE L'AUTRICHE.

Tout réussissoit en Allemagne au gré du Saint Pere; ses Emissaires soufsloient le feu de la révolte; & les Electeurs portoient, à son instigation, sur le Trône des Romains, Charles de Luxembourg, fils du Roi de Bohême. La guerre civile est le fruit de cet attentat pontifical; vainqueur de toutes parts, Louis V meurt lorsqu'il est prêt à fondre sur les Etats de son Concurrent.

Charles conserve l'Empire sans être capable de le soutenir: on l'appelloit l'Empereur des Prêtres. Son couronnement en Italie fut en quelque sorte le dernier soupir de l'autorité Impériale, expirante en cette contrée. On ne lui ouvrit les portes de Rome, qu'après lui avoir fait promettre d'en sortir le jour même, & de ne plus entrer dans le pays sans le consentement du Saint-Siege. Il devoit baiser la mule du Pape, & tenir la bride de son cheval, si Innocent VI, réfugié à Avignon, ne l'eût dispensé de ces basses formalités. Il est incroyable combien ce Prince essuya d'affronts de la part des villes d'Italie. « Quelle honte, » lui écrivoit Pétrarque, que Rome » ait le pouvoir ou l'audace de vous » éloigner de la demeure des Césars, » & de couronner un Empereur, à » qui elle ose défendre d'agir en Chef » de l'Empire ? Quel affront pour ce- » lui à qui l'Univers doit être soumis, » de n'être pas maître de lui-même, & » de se voir réduit à obéir à son Vas- » sal » ! Insatiable d'honneurs achetés par des humiliations, Charles va encore à Avignon recevoir d'Urbin V, la Couronne d'Arles.

Le monument le plus mémorable du regne de ce Monarque, est cette fameuse Constitution, si connue sous le nom de Bulle d'Or, rédigée par le Jurisconsulte Barthole, & publiée en 1356, du consentement de tout le Corps Germanique. Le style de cette Charte se ressent de l'esprit du tems : on y apostrophe les sept péchés mortels, les sept chandeliers de l'Apocalypse, les sept dons du Saint-Esprit, pour amener & établir la nécessité des sept Electeurs. Cette Loi de l'Empire fut faite à Nuremberg, en présence des Princes, des Evêques, des Abbés, & même des Députés des Villes Impériales, qui, pour la premiere fois, assisterent à ces assemblées de la Nation Teutonique.

La Bulle d'or, ainsi nommée du sceau d'or qui y est attaché, présente, dans trente Chapitres, la forme du Gouvernement d'Allemagne, l'Election des Empereurs, le nombre, la succession des Electeurs & leurs fonctions, les privileges des Membres de l'Empire, les Assemblées générales, le cérémonial de la Cour, le service de la table du Monarque, le jour de son Couronnement, & ceux où il tient Cour solemnelle. Les Electeurs Laïques y ont un service affecté, à l'exception de ceux d'Hanovre & de Baviere, qui n'existoient point alors. Celui de Saxe, comme Maréchal de l'Empire, doit paroître dans le lieu de la séance, un bâton dans une main, dans l'autre une mesure d'argent qu'il remplit d'avoine, & la remet au premier Palefrenier. L'Electeur de Brandebourg marche après, & porte une aiguiere pleine d'eau, un bassin & une serviette, pour donner à laver à l'Empereur. Le Comte Palatin met sur la table des plats chargés de viande; & le Roi de Bohême présente à boire dans une coupe remplie de vin.

On sait que les Electeurs furent alors fixés au nombre de sept. Les Archevêques de Mayence, de Cologne & de Trèves, en possession depuis longtems, d'élire les Chefs de l'Empire, ne souffrirent pas que d'autres Evêques, quoiqu'aussi puissans qu'eux, partageassent cet honneur. Charles IV étoit Roi de Bohême, ennemi de la maison de Baviere, & jaloux de celle d'Autriche; il n'est pas étonnant que la Bohême ait eu la préférence sur l'Autriche & sur la Baviere. L'Election doit se faire à Francfort, & le sacre à Aix-la-Chapelle, par l'Electeur de Cologne. Le plus important des articles, est celui qui déclare que le droit d'élire est indivisible, & passe, de mâle en mâle, au fils ainé, ainsi que la succession sans partage des terres Electorales.

Cette Bulle a été écrite en latin, parce qu'alors la Langue Allemande n'étoit point encore introduite dans les actes publics. D'ailleurs Charles IV vouloit en faciliter la lecture au Pape & aux Princes d'Italie, qui n'entendoient pas l'Allemand. Il est vrai qu'on en fit quelques traductions dans cette langue; mais outre qu'elles ne sont pas munies du sceau d'or, marque nécessaire de son authenticité, elles different beaucoup entr'elles, & sont en général si fautives, qu'il est dangereux de les citer. Sans examiner si cette Bulle a été faite sous l'autorité de tous les Etats, ou du seul consentement des Electeurs, ce qui a donné lieu à de grandes discussions, il suffit de savoir qu'elle a été confirmée depuis par tous les Ordres de l'Empire, & qu'on ne peut plus douter de sa validité. La plupart de ses décisions sont encore suivies; mais d'autres sont abolies; & quelques-unes n'ont jamais été mises en usage.

Les deux tiers de la Bulle d'or roulent sur la pompe du couronnement, & sur le cérémonial de la Cour, dont

Charles IV se montroit idolâtre. C'étoient-là les grands objets d'un Monarque, qui mettoit toute la grandeur en étiquettes, & se croyoit le Souverain des Rois, en se faisant servir par des Princes. Il décida que sa table devoit être de trente-six pouces plus élevée que celle de sa femme ; & celle de l'Impératrice, de trois pieds plus haute que celle des Electeurs. Dans un festin qui se fit à Metz, où l'on dressa les derniers articles de cette Loi, les Ducs de Luxembourg & de Brabant servirent à boire. Cependant, le croirez-vous ; malgré cette ostentation, ce fastueux Empereur étoit si peu maître dans ses Etats, que les Bouchers de Vorms, pour être payés de leurs avances, arrêterent ses équipages, & l'obligerent, pour sortir d'embarras, de recourir à la bourse de l'Evêque. Il eût trouvé plus de crédit dans son Royaume de Bohême, où un simple Bourgeois lui prêta cent mille écus sur son billet; & trois jours après, dans un repas que lui donna ce même Particulier, le Prince trouva ce papier sous son couvert.

Charles IV fait élire Roi des Romains son fils Vinceslas, âgé de dix-sept ans. Pour s'assurer les suffrages des Electeurs, il leur avoit promis des sommes immenses ; mais soit impuissance, soit avarice, il manqua à sa parole, & aima mieux plumer l'Aigle, comme on disoit alors, c'est-à-dire, donner des terres, des droits, des revenus, des forteresses même, que de l'argent. Aussi l'Etat fut-il tellement affoibli par ces aliénations, que Maximilien I appelloit ce Prince la peste de l'Empire. Il perdit l'Italie, détruisit le reste du domaine d'Allemagne, & ne laissa de revenu à ses Successeurs, que ce qu'il ne put aliéner. Le College Electoral lui doit sa forme & sa splendeur ; car ce n'est guere que sous son regne, que commence véritablement l'usage du nom d'Electeur. Il les distingua jusques dans les titres, & leur donna celui de Sérénité, qui n'appartenoit alors qu'aux Rois.

Charle V, dit le Sage, regnoit en France : l'Empereur y fit un voyage ; & comme il n'avoit que le petit esprit de la représentation, il y parut avec ce faste, cet éclat que dédaignent les grandes ames. Il ne voulut voir ni les Cabinets de Savans, ni les atteliers des Artistes, ni les asyles ouverts à l'indigence, ni les Tribunaux de la Justice, ni enfin tout ce qu'un Peuple éclairé & une Ville immense peuvent offrir d'intéressant & d'utile à un Monarque étranger, qui sait mettre tout à profit pour l'instruction de son Peuple, la gloire de son Empire, & le bonheur de ses Sujets. Stupidement occupé de la grandeur de son rang, il en exigea tous les honneurs. Plus curieux de paroître Empereur, que de mériter de l'être, il n'eut ni le noble désir, ni la douce satisfaction de se perdre dans la foule, pour y trouver des hommes à consulter, des malheureux à soulager, des connoissances à acquérir. Son logement fut le Palais de nos Rois, le seul qu'il crut digne de le recevoir. On lui donna les spectacles du tems, où il affecta de se montrer avec toute la pompe impériale. Nous n'avions alors, ni des *Mahomet*, ni des *Nicomedes*, ni aucune de ces tragédies faites pour parler au cœur des Législateurs & des Rois,

Rois : dénués d'appareil, il n'en eût senti ni les beautés ni le prix. Il lui falloit de ces Pieces qui donnent tout aux yeux & rien à l'ame. On le servit suivant son goût : on fit paroître un vaisseau avec tous ses mâts, ses voiles, ses cordages. Godefroi de Bouillon, entouré de ses Chevaliers, se présenta sur le tillac. On vit les murs de Jérusalem avec son Temple, & ses tours couvertes de Sarrazins. Le vaisseau s'approchoit de la Ville ; les Chrétiens mettoient pied à terre, montoient à l'assaut. L'Ennemi se défendoit ; le combat devenoit sérieux ; la Ville se rendoit ; & l'Empereur applaudissoit (1).

Le plus grand mal que pût faire Charles IV à ses Peuples, fut de laisser un Successeur sans jugement & sans mœurs, incapable d'affaires, & livré à de honteux plaisirs : je parle de son fils Vinceslas, qui eut néanmoins la témérité de vouloir réformer le Clergé. Il adhéra au Concile de Pise condamné en Allemagne, & favorisa

―――――――――――――

(1) Le voyage de Charles IV en France se fit en 1378, c'est-à-dire quatre cens ans avant celui de l'Empereur Joseph II, que nous avons vu à Paris en 1777.

Tome XXIII. M

les erreurs de Jean Huss. Il n'en falloit pas tant pour le rendre odieux aux Ecclésiastiques & aux Moines qui l'épargnerent peu dans leurs Chroniques; & il fut solemnellement déposé, pour avoir, disoit on, dissipé les Domaines de l'Empire, & négligé les soins du Gouvernement. Les Bohémiens le tinrent quatre mois en prison, pour avoir fait précipiter dans le fleuve S. Jean Népomucène, qui ne voulut point révéler la confession de la Reine. Est-il vrai que ce Prince, toujours accompagné d'un Bourreau, ordonnoit l'exécution de tous ceux qui avoient le malheur de lui déplaire ? Quoi qu'il en soit, il fut peu sensible à sa déposition, & ne demanda aux Villes d'Allemagne d'autres preuves de leur fidélité, que quelques tonneaux de leur meilleur vin.

Sigismond, second fils de Charles IV, est couronné Empereur; & il fait, comme son pere, un voyage en France. Le Roi, pour honorer son Hôte, lui donne sa place au Parlement. On y plaidoit pour la charge de Sénéchal de Beaucaire, disputée par deux Prétendans, l'un Noble, l'autre Roturier. On alloit conclure, faute de naissance, contre ce dernier; mais l'Empereur lui fit chausser les éperons dorés, & dit tout haut: « la raison qu'on allegue ne doit plus » avoir lieu; je l'ai créé Chevalier ». On prétend que le Parlement fut blâmé, d'avoir laissé faire à ce Prince cet acte de souveraineté. Le Premier Président excusa sa Compagnie, sur ce qu'éblouie par l'éclat de la Majesté Impériale, elle n'avoit osé l'en empêcher. D'autres disent que le Chancelier s'y opposa, & que Sigismond ayant obtenu quelque délai pour son Protégé, le mena au pont de Beauvoisin, & l'ennoblit.

Ce Monarque meurt vers le milieu du quinzieme siecle, & laisse sa succession à son gendre Albert II, unanimement élu à Francfort. Ainsi, l'Empire échappé à la Maison d'Autriche par la mort d'Albert I, y rentre cent ans après par un autre Albert; & cette auguste Maison en soutient la grandeur & la majesté pendant une suite de plus de trois siecles.

Le principal événement du regne d'Albert II est la division de l'Allemagne en quatre Cercles. Ce mot signifie une partie de l'Empire, dans laquelle les Souverains séculiers ou ecclésiastiques,

M ij

Evêques, Abbés, Noblesse immédiate ou Villes libres, ont entr'eux une association commune pour la conservation de leurs droits réciproques, & le maintien de la tranquillité publique. Chaque Cercle a un Directeur; & suivant l'étendue de ses Etats, chaque Membre du Cercle est taxé pour fournir son contingent en hommes ou en argent. Maximilien I étendit cette division, & créa les Cercles suivans: la Franconie, la Baviere, la Suabe, le Haut-Rhin, la Westphalie & la Saxe. Bientôt on en compta jusqu'à dix, parmi lesquels furent compris l'Autriche, le Bas-Rhin, la Bourgogne & la Haute-Saxe. Ils ont chacun leur Prince Convoquant, & leur Directeur, chargés de fixer l'Assemblée, de la diriger, de reconnoître les rescrits de l'Empereur, de proposer le sujet des délibérations, de recueillir les suffrages; en un mot, de faire toutes les fonctions qui, pour l'ordinaire, appartiennent aux Présidens de chaque Collége.

Les six Cercles anciens ont chacun deux Princes Convoquans, l'un séculier, l'autre ecclésiastique. Les quatre derniers n'en ont qu'un, qui est en même tems Directeur; car, quoique tes-distinctes, ces deux Charges sont quelquefois exercées par la même personne. Quelques Cercles ont aussi un Colonel pour l'inspection des troupes & les réglemens militaires. Cet Officier a ses Adjoints, qui le soulagent dans ses fonctions, ou les remplissent en son absence. Vous jugez bien que les Ecclésiastiques en sont exclus, ainsi que les Etrangers; mais le Directeur peut occuper cette place; & ce sont les Etats qui communément le choisissent entr'eux, sans néanmoins y être contraints par la Loi.

Quoique le maintien de l'ordre public ait été le motif principal de ces établissemens, on leur confia dans la suite d'autres affaires, telles que les réglemens pour la police des péages & de la monnoie, l'exécution des Arrêts émanés des Cours Souveraines de l'Empire, les délibérations sur les objets qui doivent être traités dans les Dietes, &c. On distingue trois sortes d'Assemblées; les générales, où tous les Cercles, convoqués par l'Electeur de Mayence, se réunissent. Elles sont fort rares; & dans la Constitution actuelle, elles tomberont totalement dans l'oubli. Les autres sont des Assemblées particulieres ou de quelques Cercles réunis, ou des Etats d'un seul Cercle. Ces dernieres ne sont point usitées dans les Pays, qui, comme la Baviere ou l'Autriche, dépendent d'un seul & unique Chef. On nomme Etat du Cercle, celui, qui, a voix & séance à la Diete. Ces Etats, lorsqu'il y en a de divers rangs, se partagent en cinq bans, occupés par les Princes ecclésiastiques & séculiers, les Prélats, la Noblesse & les Villes. Les Electeurs siégent sur le banc des Princes.

Les Cercles n'ont entr'eux aucun rang déterminé; & la maniere de procéder dans les Assemblées n'est pas uniforme dans tous les Cercles. La pluralité des suffrages devient une Loi; mais les délibérations doivent toujours être subordonnées aux Constitutions de l'Empire, qui sont déposées dans les Archives de chaque Cercle. Ceux de la Haute & Basse Saxe sont regardés comme purement Protestans; ceux de Bourgogne, d'Autriche & de Baviere, comme entierement Catholiques; les autres, comme mi-Partis; l'égalité de religion doit y être exactement observée. Vous sentez combien l'établissement de ces Cercles est avantageux à la tranquillité de l'Empire; mais on regrette que plusieurs Etats se soient soustraits aux charges publiques, & que la plupart des Loix, des Conventions & des Ordonnances aient perdu leur vigueur.

Deux Princes refusent la Couronne à la mort d'Albert II, qui n'a fait que paroître sur le Trône. Un Duc de Stirie, de la Maison d'Autriche, est proclamé sous le nom de Fréderic III, & prend pour devise les cinq voyelles, pour dire en abrégé, que le sort de cette Maison est d'imposer des loix à l'univers : *Austriæ Est Imperare Orbi Universo*. C'est l'explication qu'il leur donna lui-même, & qu'on lit encore dans un manuscrit de la Bibliotheque Impériale : non que la position de Fréderic répondit à cette ambitieuse inscription ; mais ce Prince croyoit à l'Astrologie qui lui annonçoit cette future grandeur.

Fréderic III érige la Province d'Autriche en Archiduché, & confirme à ce grand Fief tous les privileges que ses Prédécesseurs y avoient attachés. Les Souverains d'Autriche ont seul le droit de porter le titre d'Archiduc, que d'autres ont sollicité inutilement. Ce Pays, resté constamment dans la Maison d'Habsbourg, en est devenu le nom distinctif. L'Archiduc doit demander jusqu'à trois fois l'Investiture de ses Etats; si l'Empereur la lui refuse, il y entre de plein droit, & n'est plus obligé de la solliciter. Aucun décret ne peut le proscrire; & les attentats commis contre sa personne sont punis comme crimes de lèze-Majesté; prérogative qui lui est commune avec le Roi des Romains & les Electeurs. C'est sur les limites même de ses possessions, que l'Empereur vient faire la cérémonie de l'Investiture. L'Archiduc à cheval le reçoit comme Membre de l'Empire, qui ne se croit pas inférieur à son Chef. Il est en habit royal, un bâton de commandement à la main, & sur la tête une couronne ducale fermée, surmontée d'une croix semblable à celle de la couronne impériale.

De sa pleine autorité l'Archiduc d'Autriche met des impôts sur ses Peuples, crée des Gentilshommes & les dégrade; & si on ose l'appeller en duel, il peut se battre par le bras d'un de ses Sujets. Il est le maître de ne payer ni contribution ni aucune charge publique imposée sur les Etats de l'Empire, & ne sauroit être contraint d'assister aux Assemblées. Le Corps Germanique lui doit des secours toutes les fois qu'il les réclame ; & ses Vassaux, excepté les Ecclésiastiques, n'ont pas la liberté d'afférmer les Fiefs sans son consentement, sous peine de confiscation. Enfin il a le droit de transmettre aux Princesses de son sang, si la ligne masculine vient à manquer, la possession héréditaire de ses Etats, de ses Privileges & de ses Domaines.

Le fils de Frédéric, Maximilien I, déjà couronné Roi des Romains, succede à son pere sans contradiction l'an 1493. Il avoit épousé en premieres noces l'héritiere de la Bourgogne & des Pays-Bas; & ce mariage, qui le tiroit de l'indigence, transmit à sa famille cette double & riche succession. Devenu veuf, il osa braver les préjugés & les murmures de la Noblesse Allemande, en épousant l'arriere-petite-fille de ce Bucheron, qui fut, dit-on, le premier Auteur connu des Sforces, Ducs de Milan ; de sorte que si cette Princesse avoit eu des enfans, ils ne seroient pas entrés dans les grands Chapitres.

M v

Un service important que l'Empereur rend à l'humanité, est l'abolition de ce Tribunal atroce & sanguinaire, connu en Allemagne sous le nom de Conseil secret, qui existoit sur-tout en Westphalie. Cette redoutable & cruelle Jurisdiction, que la tradition fait remonter jusqu'à Charlemagne, députoit secrettement des Juges, ou plutôt des Bourreaux qui parcouroient les Provinces, prenoient note des Coupables, les déféroient au Conseil, où ils étoient accusés, condamnés, sans être ni cités, ni entendus; & des Satellites à gages exécutoient sourdement l'Arrêt odieux de cette horrible Inquisition.

Un autre moyen employé par le même Prince, pour établir & assurer la tranquillité publique, est l'institution de la Chambre Impériale. Jusque-là, au plus petit démêlé, on en venoit aux mains; & les procès ne se vuidoient que par les armes. Maximilien fit une Loi qui défendoit toutes voies de fait; & il établit un Tribunal suprême, où les différends devoient être jugés par le Chef de l'Empire. C'est ce qu'on appelle la Paix Publique, ensuite la Paix Prophane, pour la distinguer de la Paix de Religion que Charles-Quint fit avec les Protestans.

La Chambre Impériale est une Cour Souveraine, dont la Jurisdiction s'étend par toute l'Allemagne. Elle fut d'abord établie à Francfort, ensuite à Worms, à Nuremberg, à Augsbourg, à Ratisbonne, à Spire, & enfin à Wetzlar, où elle paroît être fixée. Le Chef de ce Tribunal, appellé le Grand Juge, est à la nomination de l'Empereur, qui ne peut prendre qu'un Prince, ou un Comte de l'Empire. Le choix des deux Présidens, l'un Protestant, l'autre Catholique, lui appartient également. Les dix-sept Conseillers ou Assesseurs sont présentés en partie par ce Monarque, en partie par les Electeurs & les Cercles. Le Grand Juge n'a aucune voix dans cette Cour; il n'en est que le Directeur. Il fait tenir les audiences, distribue le procès, & a soin que le Rapporteur fasse son devoir. Par un des articles du Traité de Westphalie, il devoit y avoir cinquante Assesseurs & quatre Présidens; mais la négligence des Etats à fournir aux frais de leur entretien, les a réduits à vingt-quatre, dont dix-sept perçoivent des appointemens. Les autres ne font qu'honoraires, & ont l'expectative des places vacantes.

La Chambre Impériale juge souverainement de tous les procès entre les Membres du Corps Germanique ; mais sa Jurisdiction ne s'étend ni sur les causes féodales, ni sur les matieres criminelles, excepté l'infraction de la Paix Publique. A la mort de l'Empereur, elle continue ses fonctions sous le nom de l'Empire & de ses deux Vicaires, & ne peut être abolie que du consentement de ce Prince, des Electeurs, & des Cercles. Quoique l'Empereur nomme les Présidens, il n'a droit de les destituer que conjointement avec les Etats. Dans l'absence du Grand Juge, le plus ancien d'entr'eux exerce ses fonctions. Les personnes qui composent la Chambre de Wetzlar, y ont leurs Causes commises, jouissent de différens privileges, sont exemptes d'impôts, de péages & de toutes charges personnelles.

Quoique cette Jurisdiction juge en dernier ressort, il y a pourtant divers moyens de revenir contre ses Arrêts. Le premier, qui est commun à tous les

Plaideurs, est la révision des actes à chaque Visitation de la Chambre. Le second, la plainte adressée à l'Electeur de Mayence, comme Archi-Chancelier de l'Empire. Le troisieme, dont les seuls Etats peuvent faire usage, est le recours à la Diete. Ce dernier moyen ne doit être employé que dans le cas où le Tribunal n'auroit pas observé les formalités prescrites par les Ordonnances, ou que ses Arrêts attaqueroient directement un droit fondé sur des titres solemnels. Les visitations de la Chambre se font par les Députés des Etats, distribués en cinq classes qui se succedent à tour de rôle, & ont pour objet de veiller à l'administration exacte de la Justice, de maintenir le bon ordre parmi les Officiers, & de réformer les Arrêts, contre lesquels il y a eu des réclamations légitimes. La Chambre Impériale ne peut connoître d'aucunes causes, qu'elles n'aient passé en premiere, seconde, troisieme instance, par toutes les Justices graduelles. Le cours de cette Jurisdiction est si lent, qu'on voit rarement le commencement & la fin du même procès: il y a des causes qui sont depuis plus de cent ans pendantes à ce Tribunal.

Las de régir l'Empire Germanique, Maximilien forme le projet d'abdiquer, & a la fantaisie de se faire Pape. « J'envoyons demain à Rome, écrivoit-il à sa fille, pour trouver façon que le Pape nous prenne pour son Coadjuteux, afin qu'après sa mort puissions être assurés d'avoir le Papat & devenir Prêtre, & après être Saint, & vous fera de nécessité de me adorer après ma mort, dont je me trouverai bien glorioux..... Le Pape a encore les fievres doubles, & ne peut longuement vivre ». Ce Prince avoue dans sa Lettre, qu'il marchandoit le Pontificat, mais qu'il n'étoit pas assez riche pour acheter cette singuliere Couronne tant de fois mise à l'enchere. Jules II ne voulut jamais le prendre pour son Coadjuteur.

L'Etat Militaire d'Allemagne acquit, sous cet Empereur, une force nouvelle, qui servit de modele à tous les Réglemens faits dans le même siecle par les autres Puissances. Dans les premiers tems de la Monarchie Germanique, on avoit ignoré jusqu'au nom d'une Milice réglée & perpétuelle. Les armées n'étoient composées que de Vassaux du premier ou du second ordre. Chaque Prince, chaque Membre immédiat de l'Empire amenoit à sa suite un nombre de Gens d'Armes proportionné à celui de ses arrieres-Vassaux, & y joignoit quelqu'Infanterie ramassée dans les campagnes, sans Officiers, sans discipline, sans armes égales, & le plus souvent sans paye. Ces troupes ainsi formées demeuroient ensemble le tems prescrit par les Dietes qui en avoient ordonné la levée; & ce terme expiroit toujours à la fin de la campagne. Elles retournoient alors dans leur Pays, & s'y débandoient. La guerre se continuoit l'année suivante avec de nouvelles levées; & il n'y avoit que le Corps de la Gendarmerie, tout composé de Noblesse, qui fût exercé au maniement des armes. Maximilien, qui avoit étudié la guerre par principes, créa un Corps d'Infanterie distribué en plusieurs Régimens soumis à une discipline rigoureuse. Comme il étoit armé de longues piques, on lui donna le nom de Lansquenets. La facilité de ses mouvemens fit imaginer d'en mettre une partie à cheval ; & cette Cavalerie, diſtincte des Gens d'Armes, fut nommée Reiters, & n'acquit pas moins de réputation que les Lanſquenets. Ce même Prince fut auſſi le créateur de l'artillerie des ſieges. On lui doit en particulier l'invention de la coulevrine. On prétend qu'il eut quelque connoiſſance de la Littérature de ſon tems, & y fit même des progrès. On conſerve en original, dans la Bibliotheque de Vienne, ſa vie & celle de ſon pere, qu'il écrivit en Latin. Ce que j'en ai lu m'a paru bien écrit ; & j'ai trouvé ſa narration aſſez naturelle.

Après la mort de Maximilien, la dignité Impériale fut briguée par les deux plus puiſſans Princes de l'Europe, François I & Charles-Quint. Les Electeurs conſidérant que jaloux l'un de l'autre, celui qui ſeroit élu voudroit faire entrer l'Empire dans ſes animoſités particulieres, réſolurent de leur donner l'excluſion à tous deux, & ſe réunirent en faveur de l'Electeur de Saxe. Ce Prince refuſa cet honneur ; mais en même tems il recommanda fortement Charles-Quint, dont les Etats étoient avantageuſement ſitués, pour défendre l'Allemagne contre les Turcs. Il conseilla seulement aux Electeurs de dresser une espece de Traité, & d'y spécifier certaines conditions qui les garantiroient contre l'ambition & la puissance de ce jeune Prince.

Telle fut l'origine de la Capitulation ou engagement que contracte l'Empereur, immédiatement après son élection, & qu'il jure solemnellement d'observer. On y a ajouté, en différens tems, de nouveaux articles, à mesure que les circonstances l'ont exigé. Les Electeurs seuls se sont arrogé le droit de la prescrire; mais ils ne peuvent y rien insérer de contraire à la constitution du Corps Germanique. Aussi-tôt que l'Empereur ou le Roi des Romains est désigné, on dresse cette Capitulation; & si le Prince élu refusoit de la signer, son élection seroit nulle. S'il négligeoit d'en observer les conditions, les Electeurs pourroient l'avertir de satisfaire à ses engagemens; & en cas de refus, procéder à un nouveau choix.

Ces engagemens sont, de ne plus conférer les fiefs vacans, mais de les réunir à la Couronne Impériale; de ne donner les Charges de l'Empire qu'à des Allemands, & de ne point accorder de dispenses contre le droit commun; de ne se servir que de la Langue du Pays dans les actes publics qui émanent de la Chancellerie ; & de ne mettre personne au Ban de l'Empire, sans observer toutes les formes judiciaires, c'est-à-dire, sans le faire condamner ou par la Diete ou par la Chambre Impériale. Il doit maintenir invariablement le Corps Germanique dans l'exercice de la Puissance législative, & lui conserver le droit de faire la paix & la guerre, de porter des réglemens sur le commerce & sur la monnoie, de régler les contributions ordinaires & extraordinaires, de prescrire la forme des perceptions, d'établir, de visiter, de surveiller les Tribunaux supérieurs, de juger les causes personnelles des Etats, d'administrer la haute police de l'Eglise. Il doit sur-tout consulter les Electeurs, & attendre leur consentement pour faire des alliances au nom de l'Empire, pour aliéner, engager, ou transporter à un tiers quelque partie du Domaine de la Couronne, pour convoquer des Dietes, créer des péages nouveaux, proroger ou augmenter les anciens, déclarer la guerre au nom de la Nation, impoſer des contributions lorſqu'une néceſſité preſſante ne lui permet pas de prendre l'avis de la Diete. Il doit enfin les maintenir dans le droit d'élire librement les Empereurs, ſans jamais chercher à rendre la Couronne héréditaire dans ſa famille; conſerver aux Etats en général, & à chacun d'eux en particulier, tous les droits de ſupériorité territoriale ou de ſouveraineté légitimement acquis; & ne les point traduire devant d'autres Tribunaux que ceux de l'Empire.

J'ai parlé ailleurs du regne de Charles-Quint, que l'Eſpagne place avec raiſon parmi ſes plus grands Rois, & l'Allemagne parmi ſes Chefs les plus médiocres. Ce Prince céda l'Empire à ſon frere, auquel on attribue la création du Conſeil Aulique. D'autres font remonter l'établiſſement de ce Tribunal au tems des premiers Empereurs, qui avoient une Cour où l'on rendoit la Juſtice; mais on eſt généralement d'accord, que tel qu'il eſt aujourd'hui, le Conſeil Aulique n'a été établi que ſous Ferdinand I, frere de Charles-Quint. Ses Succeſſeurs lui donnerent inſenſiblement & par degrés, l'autorité dont il est revêtu.

Vous avez souvent entendu parler de ce fameux Tribunal; il seroit trop long d'assigner les causes qui sont de son ressort; mais vous concevez qu'il doit se trouver souvent en concurrence de Jurisdiction avec la Chambre Impériale. Dans les cas que ces deux Cours connoissent également, on est le maître du choix; mais l'option une fois faite, le procès ne peut être évoqué de l'une à l'autre.

La Cour Aulique ne dépend que de l'Empereur qui en est le seul Chef, & au nom duquel elle exerce sa Jurisdiction. Toutes les Requêtes lui sont adressées; il signe seul les Jugemens, & nomme les Officiers, qui tous subissent un examen, & prêtent serment à Sa Majesté. Le Conseil, qui suit toujours la Cour de ce Monarque, est composé d'un Président, d'un Vice-Président, de deux Secrétaires, d'un Fiscal, & d'un certain nombre de Conseillers, parmi lesquels on compte six Protestans. Le Président & le Vice-Président doivent être Allemands de nation, Princes, Comtes ou Barons de l'Empire. Les Conseillers sont divisés en

SUITE DE L'AUTRICHE.
deux bancs, les Seigneurs & les Jurisconsultes, qui jouissent des mêmes privileges qu'à la Chambre Impériale. Ils jugent seuls & exclusivement à cette Chambre, les causes féodales, & tout ce qui regarde les affaires d'Italie.

Il n'y a point de voie d'appel contre leurs Arrêts; mais les Loix accordent aux Parties qui se croient lésées, la ressource de la supplication, analogue à notre requête civile. Elle s'adresse directement à l'Empereur; & l'on peut y former la demande de la révision des actes. Enfin les Etats ont leur recours à la Diete, lorsque l'Arrêt dont ils se plaignent, est propre à produire un grief commun.

Le droit de visiter ce Tribunal appartient à l'Electeur de Mayence, qui nomme aussi le Vice-Chancelier de l'Empire, & les Officiers attachés à la Chancellerie. Le Conseil se ferme à la mort de l'Empereur; & les Vicaires de l'Empire en établissent un autre, qui, sous le titre de Régence, exerce les mêmes fonctions. Le Conseil Aulique juge en premiere instance & en cause d'appel, en observant toutefois les mêmes restrictions que la Chambre Impériale. Mais le nombre de ces appels diminue de jour en jour, par une suite nécessaire des privilèges que plusieurs Princes & Etats puissans de l'Allemagne ont obtenus des Empereurs. Les Archiducs d'Autriche, les Ducs de Saxe & de Würtemberg en ont d'illimités; quelques-uns n'en jouissent que jusqu'à la concurrence d'une certaine somme. Les Electeurs ont le droit de juger leurs Sujets en dernier ressort, sans que les Tribunaux Supérieurs de l'Empire puissent connoître de leurs différends.

Je suis, &c.

A Vienne, ce 13 Décembre 1736.

LETTRE CCXCV.

SUITE DE L'AUTRICHE.

LES monumens publics, les édifices particuliers, le bronze, le marbre, la toile, le burin, tout ici, Madame, rappelle le souvenir des Succeſſeurs de Ferdinand, & retrace aux yeux les principaux événemens de leur Regne.

Ici, ce Prince lui-même dicte un teſtament, qui veut qu'en cas que ſa poſtérité mâle, ou celle de Charles-Quint vienne à s'éteindre, ſes Etats d'Autriche, de Hongrie & de Bohême ſoient dévolus à ſa fille aînée, l'Archiduchesse Anne, épouſe du Duc de Baviere. Le cas arrive en 1740, à la mort de Charles VI, pere de l'Impératrice-Reine. L'Electeur de Baviere produit l'extrait du teſtament; mais la Cour de Vienne oppoſe l'original même, qui, au défaut d'*Héritiers légitimes*, & non d'*Hoirs mâles*, donne les Etats aux Deſcendans de la fille aînée de Ferdinand. Vous ſavez quel a été le ſuccès de cette querelle, qui alluma le feu d[e] la guerre dans toutes les parties d[e] l'Europe.

Là, les Ambassadeurs de Maximilien II sollicitent le Pape d'abolir le célibat des Prêtres, persuadés que le triomphe des Catholiques sur les Protesta[ns] dépend de la facilité du Saint-Pere à s[e] relâcher sur ce point de discipline; mais Pie V, loin de se prêter à cet a[c]commodement, déclare à l'Empereu[r] qu'il le frappera de l'anathême, & l[e] fera même déposer par les Electeur[s] Catholiques, s'il ose rien entreprendr[e] de son chef dans des affaires de Religion. Cette rigueur anéantit les desseins pa[-]cifiques de ce Prince, qui dès-lors cess[e] de travailler à la réunion des Protestans.

Ici, Rodolphe II, Fils & Successeur de Maximilien, environné de Tourneurs, d'Horlogers, de Peintres, de Chymistes, d'Astrologues & de se[s] Maîtresses, se laisse subjuguer par cette classe de Gens, qui dispose de tout[e] l'administration. Il a la manie de fair[e] de l'or, & la foiblesse de lire dans les astres. Bientôt la crainte des malheurs dont il se croit menacé, le rend
méfian[t]

méfiant & soupçonneux; il fuit le commerce & la vue des hommes; il s'enferme dans l'intérieur de ses appartemens; & spectateur insensible de tous les maux dont il est l'auteur par son indolence, il tombe dans une mélancolie noire & profonde, & meurt haï des uns, méprisé des autres, abandonné de tous, & n'est plaint de personne.

Là, le frere de Rodolphe, l'Empereur Matthias érige en faveur des Taxis, la Surintendance Générale des Postes en Fief de l'Empire. Jusqu'au Regne de Maximilien I, on avoit ignoré, en Allemagne, l'usage des Postes. Ce Prince établit les premieres sur la route de Vienne aux Pays-Bas, & en commit le soin à François, Baron de Taxis. Quelque tems après, le Roi d'Espagne, Philippe II, ordonna à un autre Taxis d'en disposer de nouvelles, avec l'agrément de Ferdinand I, sur la route d'Augsbourg en Italie. La plupart des Etats d'Allemagne imiterent ces établissemens; & créerent des Messageries & des Coches. Il se trouva même des Particuliers, & principalement des Bouchers, qui, de leur autorité privée, placerent des relais d'une Ville l'autre, Rodolphe II les défendit, confirma aux Taxis la Surintendance des Postes des Pays-Bas, & changea celles que Philippe II avoit établies en Allemagne, en Postes Impériales. Personne ne réclama contre ces dispositions, tant que la Maison de Taxis n'empiéta pas sur la supériorité territoriale des Etats; mais lorsqu'en vertu du nouveau Fief, elle prétendit exercer sa Charge dans toutes les Terres des Princes de l'Empire, sans leur participation, sans permettre même qu'ils y eussent leurs Postes particulieres, ils se récrierent contre une prétention qui attaquoit leur Souveraineté. Ce différend fut discuté avec chaleur, & dure encore aujourd'hui avec certains Etats, trop foibles pour soutenir ses droits contre une autorité plus puissante.

On voit, dans l'Eglise des Capucins, le tombeau de Ferdinand II, si fameux par son Edit de Restitution, & son goût pour le despotisme. Il enjoignoit, par cette Loi mémorable, sous peine du Ban de l'Empire, à tous les Princes & les Etats Protestans, de se dessaisir incessamment, en faveur des Catholiques, de tous les Bénéfices dont ils s'étoient emparés. Il autorisoit ces derniers à se servir de tous les moyens pour abolir le Protestantisme, nommant des Commissaires pour faire exécuter cette Loi, & des Généraux, pour sévir contre les Etats qui refuseroient de se soumettre. Les Evêques de Constance, de Bamberg, d'Osnabruck, le Cercle de Suabe, l'Electeur de Mayence, le Grand-Maître de l'Ordre Teutonique déploient toute l'autorité Impériale; & Ferdinand reçoit avec fierté les représentations que lui font les Princes Protestans, pour détourner le coup funeste qui doit écraser leur Parti.

« La Religion Catholique, disoit ce
» Monarque, veut être seule écoutée &
» obéie ; elle veut que ses enfans regar-
» dent comme un malade frappé de con-
» tagion, quiconque n'est point dans
» son sein. Il ne s'agit pas de savoir si
» elle est fondée ou non dans ses pré-
» tentions, ni de prouver son équité
» ou son injustice. Le fait est qu'elle
» existe dans l'Empire ; il faut donc ou
» la détruire entierement, ou désespé-
» rer d'établir entre des cultes irré-
» conciliables une paix sincere & du-
» rable. Une coupable tolérance ne re-

» médieroit ni aux troubles ni aux di-
» visions, & occasionneroit au con-
» traire le renversement de la Religion
» & de l'Etat. Des Sectaires qui abusent
» de la crédulité des Peuples ; qui cor-
» rompent la morale & troublent le re-
» pos public ; qui insultent les Mem-
» bres du culte dominant, & veulent
» s'accréditer par la voie des guerres
» civiles, doivent être réprimés & pu-
» nis avec toute la rigueur des Loix.
» En vain ils font valoir le zèle qu'ils
» ont témoigné pour l'autorité Souve-
» raine, jusqu'à dépouiller le Sacerdoce
» pour revêtir l'Empire. N'ont-ils pas
» également dépouillé l'Empire, &
» d'une main donné à César ce qui étoit
» à Dieu, & de l'autre ôté à César ce
» qui étoit à César ? Ainsi, concluoit
» ce Prince, l'intolérance n'ayant été
» condamnée ni par Jesus-Christ, ni par
» ses Apôtres, ayant au contraire été
» connue dans les plus beaux siecles
» de l'Eglise, conseillée par les Evêques
» les plus illustres, sollicitée par les
» Conciles les plus éclairés, exercée par
» les Princes les plus pacifiques, elle
» n'est donc opposée ni aux principes,
» ni aux intérêts de la Religion ; &

» puisqu'elle n'est pas moins avanta-
» geuse au Trône qu'à l'Autel ; qu'en
» réprimant l'erreur, elle affermit l'au-
» torité du Prince & assure la tranquil-
» lité des Peuples, elle est donc con-
» forme aux lumieres de la saine poli-
» tique ; & s'allie également avec la
» raison & l'humanité ».

C'est ainsi qu'appellé au gouvernement de plusieurs Etats, qui, en vertu de Pactes solemnels, jouissoient du libre exercice de la Religion Luthérienne, l'Empereur n'en fait pas moins le vœu formidable de la détruire, après avoir solemnellement juré de la maintenir. Ce vœu, répété plusieurs fois, le rend persécuteur ; & son imagination séduite rapporte à ce principe respectable, la vengeance même qu'il exerce contre ses ennemis. Les succès qui couronnent ses entreprises, font goûter à son ame l'idée chimérique d'une Monarchie universelle. C'en étoit fait de la liberté Germanique, & peut-être de celle de l'Europe, si le génie de Richelieu & l'intrépidité de Gustave n'avoient opposé une digue au torrent destructeur qui les menaçoit.

Près du tombeau de Ferdinand II, est

celui de son fils, troisieme du nom, qui eut toutes les vertus de son pere, sans en avoir les défauts. Zélé pour sa Religion, il ne fut point le persécuteur des autres cultes; & l'opinion qu'il eut de son autorité, ne la fit point dégénérer en despotisme. Il augmenta celle de ses Successeurs, en introduisant dans le Collége des Princes huit Membres nouveaux, la plupart Vassaux ou Sujets de la Maison d'Autriche.

Pendant l'interregne qui suit la mort de ce Monarque, il s'éleve une contestation entre le Duc de Baviere & l'Electeur Palatin, au sujet du Vicariat de la Haute-Allemagne. Un tableau représente l'Electeur courroucé contre un Ministre Bavarois, qui s'étoit permis quelques propos injurieux dans cette querelle. Vous savez que l'Allemagne, assujettie aux désordres qui d'ordinaire accompagnent la vacance du Trône, a établi des Vicaires pour empêcher que l'Empire, à la mort de son Chef, ne demeure absolument sans Maître. La Bulle d'Or nomme à cette Dignité l'Electeur Palatin & l'Electeur de Saxe; mais on ignore le motif de cette prérogative, & le tems où elle a commencé : on sait seulement que Rodolphe d'Habsbourg l'assura au Prince Palatin par un Diplôme, comme un droit appartenant à son Electorat.

La Bulle d'Or leur donne le pouvoir d'administrer la Justice, de présenter aux Bénéfices ecclésiastiques, de percevoir les revenus de l'Empire, de donner l'investiture des fiefs, de recevoir le serment de fidélité, d'accorder des titres, des dignités, des privileges, des lettres de noblesse, &c. Ces droits leur sont encore confirmés par les Capitulations, non-seulement dans le cas d'un interregne, mais dans celui d'une longue absence de l'Empereur, ou lorsque des circonstances l'empêchent de gouverner par lui-même : si cependant il y avoit un Roi des Romains, ce seroit lui qui régiroit le Corps Germanique au nom du Chef de l'Empire.

Les bornes des deux Vicariats sont également fixées par la Bulle d'Or. Elle nomme l'Electeur Palatin pour la Franconnie, les parties du Rhin & la Suave, & l'Electeur de Saxe pour toutes les Provinces où l'on suit le Droit Saxon. Les Pays qui ne sont pas compris dans ces limites, doivent être gouvernés conjointement par les deux Vicaires. La Bohême, l'Autriche & le Cercle de Bourgogne en sont exempts par un Diplôme de Léopold, contre lequel personne n'a réclamé. A l'égard de la Baviere, il ne peut plus y avoir de contestation depuis l'accommodement qui a terminé le différend dont j'ai parlé.

L'Electeur de Baviere ayant la même origine que la Maison Palatine, voulut avoir les mêmes prérogatives, & en 1657 disputa à la branche aînée la dignité de Vicaire de l'Empire. L'Archiduc d'Autriche, les Electeurs de Mayence & de Saxe, la Chambre Impériale, tous les Etats Catholiques en général se déclarerent en sa faveur; & il l'emporta sur son Concurrent. Mais le fond de la dispute subsista jusqu'au traité qui établit l'Alternative entre les deux Maisons. A la mort de Charles VII, le Duc de Baviere exerça le Vicariat jusqu'à l'élection de François de Lorraine. L'Electeur Palatin en fera les fonctions à la premiere vacance du Trône. Cet accord entre les deux Princes, fait en 1745, a été ratifié en 1752 dans une Diete.

Le pouvoir de cette dignité s'étend aussi loin que celui du Chef de l'Empire,

& doit avoir les mêmes bornes. Les deux Vicaires président conjointement à la Chambre Impériale ; & l'un & l'autre établit à sa Cour un Tribunal pour remplacer le Conseil Aulique, dont les fonctions cessent au décès de l'Empereur. Ils ont le droit d'administrer la Justice, d'évoquer à eux toutes les causes commencées ou pendantes à ce Conseil, de continuer les Dietes générales, ou de les convoquer; & ce pouvoir finit lorsqu'un nouveau Chef a juré d'observer la Capitulation, par laquelle il confirme tout ce que les Vicaires ont statué pendant l'interregne.

L'Empire a aussi ses Grands ou Archi-Officiers, dont les Charges sont irrévocablement attachées aux Electorats. L'Archevêque de Mayence est Archi-Chancelier du Saint-Empire Romain en Germanie, celui de Cologne, en Italie, & celui de Trèves, dans la Gaule Belgique & le Royaume d'Arles; mais ces deux derniers sont aujourd'hui sans fonctions, parce que l'Empereur ne réside plus en Italie; & que ni le Royaume d'Arles, ni la plus grande partie de la Gaule Belgique ne reconnoissent l'autorité de ce Monarque. l'Electeur de

Mayence est donc le seul qui exerce cette grande Charge, & dirige en cette qualité le Collége Electoral, dont il se dit quelquefois le Doyen. Il notifie aux autres Electeurs la mort du Chef de l'Empire, convoque la Diete d'élection, reçoit le serment & les suffrages, annonce le choix de l'assemblée, & sacre le Monarque lorsque le Couronnement se fait dans son Diocèse. L'Empereur ne peut ni le troubler dans ses fonctions, ni empêcher qu'il ne porte aux Colleges assemblés les sujets de plaintes, & les matieres qui ont pour objet le bien public. C'est à lui que les Envoyés des Puissances étrangeres remettent leurs lettres de créance; il nomme le Vice-Chancelier de l'Empire, & à tous les Emplois de la Chancellerie.

Les autres grandes Charges ou Archi-Offices de la Couronne sont attachés aux Electorats séculiers. L'Archi-Echanson est le Roi de Bohême, l'Archi-Sénéchal le Duc de Baviere, l'Archi-Trésorier le Prince Palatin, l'Archi-Chambellan le Marquis de Brandebourg, l'Archi-Maréchal le Duc de Saxe. A chaque création d'Electeur, on imaginoit un nouveau titre; & l'on institua celui de Grand-Trésorier pour l'Electeur Palatin, dont l'Office de Grand-Sénéchal avoit passé au Duc de Baviere. On proposa celui d'Archi-Porte-Banniere à l'Electeur d'Hanovre; mais le Duc de Würtemberg s'y opposa, par la raison qu'il en étoit investi. Cet obstacle parut levé, lorsqu'après la proscription du Duc de Baviere, le Comte Palatin rentra dans la Charge d'Archi-Sénéchal, & céda à la Maison d'Hanovre celle de Grand-Trésorier; mais la même difficulté se renouvella quand l'Electeur de Baviere fut rétabli dans sa Charge; car alors l'Electeur Palatin reprit le titre d'Archi-Trésorier, que la Maison d'Hanovre lui conteste. En attendant qu'on en ait trouvé un autre, les deux Electeurs conservent cette derniere dignité avec protestation réciproque; & l'Empereur promet de veiller à la décision de cette grande affaire.

Une des prérogatives du Roi de Bohême est d'avoir le pas sur les autres Electeurs séculiers, de suivre immédiatement l'Empereur dans les Processions, & de voter le troisieme au College Electoral. Les fonctions du Duc de Baviere au Couronnement, consistent à porter le globe impérial, à poser les premiers plats sur la table, à servir le premier mets. A la Diete & aux autres solemnités de l'Empire, l'Electeur de Saxe porte l'épée devant le Monarque, fait assigner les logemens aux Electeurs ou à leurs Envoyés, regle ce qui est relatif à la Police, & exerce la Jurisdiction civile & criminelle sur les Domestiques. L'Electeur Palatin est chargé de la couronne, & distribue la monnoie parmi le Peuple.

Ces Grands Officiers ont chacun des Lieutenans héréditaires, qui remplissent leurs fonctions en leur absence. Celui du Roi de Bohême est le Comte d'Althan, de l'Electeur de Baviere le Comte de Waldbourg, de celui de Saxe le Comte de Papenheim, de l'Electeur de Brandebourg le Prince de Hohenzollern, de l'Archi-Trésorier, le Comte de Sinzendorf; & chacun d'eux reçoit son Investiture de l'Archi-Officier dont il est le Lieutenant. L'Empereur promet de les maintenir dans tous les droits de leurs Charges, & d'empêcher qu'ils ne perçoivent les émolumens attachés aux Grands-Offices.

Le nombre de sept Electeurs a inva-

SUITE DE L'AUTRICHE. 301
riablement subsisté jusqu'au Traité de Westphalie, par lequel on en fit un huitieme en faveur de la Maison de Baviere; & vers la fin de l'autre siecle l'Empereur Léopold en créa un neuvieme pour le Duc d'Hanovre, avec qui il étoit étroitement allié. Cette nomination, faite dans le silence, & sans la participation des Electeurs, ne fut point approuvée, sur-tout des Catholiques, qui voyoient avec peine que le nombre des suffrages protestans alloit augmenter dans le College Electoral. Il y eut alors de grandes contestations, qui ne furent terminées que sous le Regne suivant. Pour ne pas manquer à la parole donnée par Léopold à la Maison d'Hanovre, l'Empereur Joseph déclara que cette nouveauté ne préjudicieroit ni aux Etats ni aux Princes, & qu'à l'avenir on n'érigeroit aucune Dignité Electorale, que de concert avec tout l'Empire.

Les Electeurs forment à la Diete un College séparé, & peuvent s'assembler pour traiter de leurs propres affaires, pour élire un Roi des Romains, sans l'aveu préalable ni le concours de l'Empereur. Ce Prince promet d'écouter leurs avis dans les affaires importantes, & de demander leur consentement pour ordonner une nouvelle Diete. Ils disputent aux Têtes Couronnées le droit d'envoyer des Ambassadeurs, & donnent à ces derniers le titre d'Excellence. Les Rois les qualifient de freres. L'Empereur les appelle neveux & oncles. Il accorde le premier titre aux Electeurs Ecclésiastiques, le second aux Electeurs Séculiers. Les uns & les autres prétendent avoir le pas sur les Républiques, immédiatement après les Rois, comme les Cardinaux croient l'avoir sur eux; ce qui n'est pas un petit sujet de risée pour les Protestans. Les attentats contre leur personne sont réputés crimes de leze-Majesté; & la Bulle d'Or contient différentes peines décernées contre les Criminels. Ils sont majeurs à dix-huit ans, ne paient aucune taxe ni en recevant l'investiture de leurs Fiefs, ni en prenant possession de l'Electorat. Les Princes les traitent de Monsieur, les Comtes de Monseigneur & d'Altesse.

Après les Electeurs viennent les Princes de l'Empire, c'est-à-dire, ceux qui à la Diete ont droit de séance & de suffrage. On les divise en deux classes, les Ecclésiastiques & les Séculiers. Les premiers doivent leur origine & l'aggrandissement de leur pouvoir temporel à Charlemagne, à Louis le Débonnaire, aux Othons & à quelques Empereurs qui croyoient l'élévation des Evêques nécessaire, pour contrebalancer l'autorité de leurs Grands Vassaux. Il n'y a dans l'Empire, outre les trois Electorats Ecclésiastiques, qu'un seul Archevêché, celui de Saltsbourg, & une vingtaine d'Evêchés. Leur nombre étoit plus grand avant le Traité de Westphalie, par lequel quelques-uns ont cessé d'être Etats de l'Empire, & d'autres ont été sécularisés. Le titre de Prélats d'Empire, dont quelques-uns ont aussi celui de Princes, comprend également les Abbés, les Abbesses, les Prévôts de Chapitres, le Grand-Maître Teutonique & celui de l'Ordre de Saint-Jean. Les uns ont leur suffrage particulier; les autres sont divisés en deux Bancs, celui du Rhin & celui de Suabe; & chacun de ces Bancs n'a qu'un suffrage.

Parmi les Princes Séculiers on compte un Archiduc, des Ducs, des Comtes

Palatins, des Margraves, des Landgraves, des Comtés Princiers, des Burgraves, &c. La Dignité Archi-Ducale donne le premier rang; & vous savez que la seule Maison d'Autriche jouit de ce titre. Le nom de Duc est plus ancien en Allemagne, que celui d'Empereur. Leur pouvoir se bornoit à commander les troupes; ils y joignirent ensuite l'autorité civile; & insensiblement ils furent regardés comme les Maîtres des Peuples, dont ils n'avoient d'abord été que les Gouverneurs. Enfin, profitant des désordres, ils augmenterent & affermirent leur puissance à mesure que le droit héréditaire & le lien féodal s'affermissoient dans la Germanie. Les Comtes Palatins rendoient la Justice dans les Palais de l'Empereur. Les Margraves ne différoient des Landgraves, que parce qu'ils présidoient sur les frontieres, & que les autres veilloient sur l'intérieur du Pays. Les uns & les autres n'étoient distingués des Comtes, que parce que ces derniers avoient de moindres Districts. Les Comtes Princiers sont ceux que l'Empereur investit de leur Comté sous le titre de Princes. Ils tiennent un rang intermédiaire entre les Princes & les autres Comtes. Les Burgraves étoient des Chevaliers qui préfidoient fur des Bourgs, ou fur des Abbayes pour y rendre la Juftice. Les plus confidérables font ceux de Nuremberg, de Magdebourg & de Mifnie. Plufieurs en ont retenu le titre fans en conferver les fonctions.

On fait encore une diftinction parmi les Princes qu'on nomme anciens & nouveaux. Les derniers ne remontent pas au-delà du feizieme fiecle, & font appellés fimples Princes; parce que les Maifons anciennes, qualifiées du titre de Duc, de Landgrave, &c, font difficulté de les regarder comme leurs égaux. Les plus connus en France, de ceux qui ont été élevés à cette Dignité par les Empereurs Autrichiens, font les Naffau, les Salm, les d'Aremberg, les Lobkowitz, les Furftemberg, les Lichtenftein, les Mansfeld, les Taxis, les Waldec, &c. Les Princes anciens, tels que les Saxe, les Brandebourg, les Brunfwick, les Wolfenbutel, les Halberftadt, les Mecklembourg, les Virtemberg, les Heffe, les Bade, les Holftein, les Anhalt, &c, difputent le rang aux Républiques, & prétendent envoyer des Ambassadeurs du premier ordre comme les Electeurs ; ce que l'Empereur & les Puissances étrangeres leur refusent. Ces anciens Princes font, pour ainsi dire, corps à part, & entretiennent entr'eux une correspondance particuliere.

Il est un autre ordre de Princes à Brevet, qui n'ont qu'une Dignité personnelle, & dont l'Empereur seul accorde le titre, sans que le consentement des Etats y soit nécessaire. Nous en avons plusieurs en France ; & vous concevez que de pareils Princes n'ont aucun droit de séance ni de suffrage en Allemagne.

On comprend sous le titre de Comtes d'Empire, les Seigneurs qui siegent dans les Dietes, & forment les quatre Bancs de Wetteravie, de Suabe, de Franconie & de Westphalie. Ils ont dans les Assemblées de Cercles des suffrages personnels ; mais à la Diete de l'Empire, ils n'ont, comme les Prélats, que le suffrage de leur Banc, & prennent rang après les Princes dans les grandes cérémonies. L'Empereur leur donne le titre de Nobles ; & plusieurs se disent Comtes par la grace de Dieu. Les Comtes à Brevet n'entrent dans aucune Assemblée de l'Empire ; leur dignité, comme celle des Princes à Brevet, est l'ouvrage de l'Empeur seul, qui peut en créer autant que bon lui semble.

Les autres personnages qui ont voix & séance à la Diete, sont les Barons, les Seigneurs Nobles & les Députés des Villes Impériales. Le mot de Baron est un titre de dignité qui suit immédiatement celui de Comte. Les Historiens ne s'accordent ni sur la signification, ni sur l'origine de ce terme. Du tems de la Bulle d'Or, on nommoit ainsi ceux qui possédant un bien Noble, avoient des Vassaux, étoient exempts de la Jurisdiction des Comtes, & quelquefois même alloient de pair avec eux ; on les appelloit aussi Seigneurs Banerets, Seigneurs libres.

Quand la République Fédérative d'Allemagne eut pris sa forme, & que, dans la fameuse Diete de Spire, on distingua les classes des personnes qui entroient dans les Assemblées, les Barons furent mis au rang des Etats ; & cette qualification caractérisoit à la fois la noblesse de la personne, & la supériorité des Seigneuries. Lorsqu'à ce titre se réunissoient, dans une maison, d'autres avantages faits pour le soutenir, comme des possessions de Terres Nobles & de Châteaux forts; quand cette Maison conduisoit ses Vassaux sous ses propres bannieres, se confédéroit par des Traités avec des Souverains, & relevoit sa propre illustration par ses alliances; alors de tous ces rayons réunis se formoit la splendeur des grandes Maisons, & ce qu'on appelle la Haute-Noblesse, qui ne reconnoît d'autre Suzerain que l'Empire & son Chef, & porte dans son sein cette ancienne Chevalerie, dont l'origine est demeurée ensevelie dans la nuit des tems.

Dans le Corps Germanique, comme la Souveraineté se répand de proche en proche, depuis le Chef jusqu'aux derniers Princes, de même la Noblesse, partant de la même source, se distribue par degrés, & forme les divers rangs; mais comme tout dégénere, le titre de Baron, autrefois si distingué, est devenu commun dans la plupart des Etats de l'Europe. En Allemagne, il n'a commencé d'être adopté que vers la fin du quinzieme siecle. La Noblesse ordinaire, celle qui ne remonte qu'au regne de

Maximilien, voulant effacer la tache de son origine par des qualifications propres à la faire confondre avec l'ancienne, obtinrent, dans les Chancelleries Allemandes, des Diplômes qui leur accordoient le titre de Baron ; & ce ne fut guere qu'au commencement de l'autre siecle, que cette vénalité fut introduite. Les grandes Maisons virent avec peine ces innovations, & surent maintenir les différences essentielles qui distinguoient leur Noblesse originaire & qualifiée, d'avec cette Noblesse moderne & vénale.

Ainsi, dans l'état actuel des choses, il faut distinguer en Allemagne quatre classes principales dans l'ordre de la Noblesse. La premiere, celle des Electeurs, des Princes, des Ducs, des Margraves, des Landgraves & autres Princes de l'Empire. La seconde, qui est en possession de monter à la premiere, comprend la très-ancienne Noblesse, c'est-à-dire, les Seigneurs qualifiés par le droit de leur naissance, parmi lesquels les uns sont immédiats ou relevent directement de l'Empire ; les autres médiats, ou relevent de quelque Chef particulier, dont ils sont Vassaux & Justiciables. La troisieme est celle des Nobles ordinaires, mais par extraction; & la quatrieme, les anoblis par Diplômes.

La Noblesse immédiate, formée en Corps, s'est partagée en trois Cercles, qui sont ceux de Suabe, de Franconie & du Rhin, suivant les dénominations des lieux où elle se trouvoit, & jouit des honneurs, droits & prérogatives des autres Etats de l'Empire. Ces trois Cercles ont un Directoire commun, qu'ils exercent alternativement tous les trois ans; & chaque Cercle a un Capitaine, des Conseillers, un Syndic, qui, pour le civil, jugent en premiere instance les Nobles & les Sujets de leur Cercle, sauf appel au Conseil Aulique ou à la Cour Impériale. A l'égard du criminel, il n'est point encore décidé à qui il appartient; la Noblesse immédiate ne veut reconnoître pour son Juge, que le Conseil de l'Empereur. Elle peut tenir des Assemblées générales & particulieres, que le Directeur & les Capitaines ont seuls droit de convoquer. Depuis qu'elle a cessé de rendre à la guerre des services personnels, elle fournit en argent aux dépenses de l'Empire, pour lesquelles, ainsi que pour ses propres besoins, elle peut mettre des impôts sur ses Sujets. Elle paie régulierement sur les requisitions de l'Empereur; mais ce n'est qu'à titre de don gratuit, en obtenant chaque fois l'assurance, qu'il ne nuira ni à sa liberté, ni à son exemption.

On appelle Villes Impériales, celles qui relevant immédiatement de l'Empire, sont gouvernées par leurs propres Magistrats, & jouissent de la supériorité territoriale: quelques-unes ont même un Territoire si considérable, qu'elles pourroient s'arroger le titre de République. Elles ont voix & séance à la Diete, où elles forment le troisieme College divisé en deux Bancs, celui du Rhin & celui de Suabe.

On ne connoissoit anciennement que fort peu de Villes dans la Germanie: la plupart furent bâties par Charlemagne pour donner retraite aux Habitans de la campagne contre les incursions des Huns & des Vandales; mais elles ne jouirent des droits régaliens, qu'en achetant ou en usurpant leur liberté; & c'est principalement en se liguant entr'elles contre les entreprises des Grands, qu'elles poserent les vrais fondemens de leur indépendance, de leur pouvoir, de leur participation au Gouvernement. Elles n'ont à la Diete que des Députés, au lieu que les autres Etats ont des Envoyés. Parmi les Magistrats qui les gouvernent, sous le nom de Sénat, les uns sont tirés de la Bourgeoisie, les autres de la classe des Nobles, ou de l'un & l'autre de ces deux Corps ; ce qui les rapproche plus ou moins du gouvernement Populaire ou Aristocratique. Le droit de suffrage & la qualité d'Etats de l'Empire, qu'elles ont depuis la fin du seizieme siecle, leur fut confirmé avec les pouvoirs de la supériorité territoriale, qui est égale à la souveraine autorité, par le traité de Westphalie.

Dans tous les tems, ces Villes ont eu, & ont encore avec les Nobles des disputes sur la préséance, qui ne seront peut-être jamais terminées. Les uns & les autres alleguent la possession en leur faveur; car dans les actes publics, les Villes se trouvent nommées tantôt avant, tantôt après cette Noblesse immédiate, qui n'existoit point encore sous les premiers Empereurs. Il n'y avoit alors de Nobles, que ceux qui, par leurs Charges, avoient droit de délibérer dans les Assemblées, comme les Ducs,

les

les Margraves, les Comtes, connus aujourd'hui sous le nom de Nobleſſe ſupérieure. Le reſte des Habitans de l'Allemagne étoit diviſé en hommes libres & en ſerfs. Quelques-uns de ceux qui compoſoient la premiere claſſe, commencerent inſenſiblement à ſe ſéparer des autres en recherchant des Charges militaires ſous le titre de Chevaliers, & des emplois civils ſous le nom de Miniſtériaux. C'eſt alors qu'on vit ſe former cet Etat politique, appellé Nobleſſe, qui laiſſant le gros de la Nation dans une eſpece de ſervitude, éleva comme un mur de ſéparation entre les Nobles & le Peuple.

A cette époque, où l'inaction de l'autorité légitime laiſſa trop ſentir à l'ambition ce qu'elle pouvoit par ſa propre autorité, la Nobleſſe n'étant plus commandée, chercha à commander elle-même; & ceux qui n'avoient que de ſimples dignités, ou qui ne poſſédoient leurs Domaines qu'à titre de bénéfices, parvinrent à introduire l'hérédité de leurs Charges & de leurs poſſeſſions. Bientôt ils s'érigerent en Propriétaires, & établirent ce nouveau genre de puiſſance, nommée ſuzeraineté. Sortie de cette fermentation, & levant une tête altiere, la Noblesse, avec son épée, qui seule, chez elle, faisoit la loi, mesura sa puissance, & prit ses qualifications sur l'étendue de ses Domaines & sur les titres qui flattoient le plus son indépendance.

Je suis, &c.

A Vienne, ce 18 Décembre 1756.

LETTRE CCXCVI.

SUITE DE L'AUTRICHE.

J'ai parlé ailleurs du Traité de Munster, des troubles de la Hongrie, du siege de Vienne, des victoires du Prince Eugène, événemens mémorables des regnes de Ferdinand, de Léopold, de Joseph & de Charles VI, consacrés par une foule de monumens. Dans le cabinet de M. Duval, Bibliothécaire de l'Empereur, j'ai vu un bas-relief en bronze, qui rappelle le couronnement de ce Prince, avec des emblêmes sur les principales époques de sa vie.

Une plante féconde, qui étend ses branches de la source de la Moselle jusqu'à l'embouchure du Danube, représente la Maison de Lorraine, dont la destinée glorieuse est de régner sur le premier Trône de l'Univers. Le Sçavant Bibliothécaire me dit en peu de mots, par quels degrés cette Auguste Maison parvint à ce haut point de gloire & de puissance; & il exposa ainsi la situation de la Lorraine vers le milieu de l'autre siècle.

O ij

« Le Duc Léopold prenant possession
» de ses Etats, n'ignoroit pas que ses
» Prédécesseurs s'étoient vus dans une
» position plus avantageuse, & que la
» France ne possédant encore ni les
» trois Evêchés, ni la Franche-Comté,
» ni l'Alsace, la Lorraine se trouvoit
» immédiatement contiguë à l'Allema-
» gne; ce qui procuroit à ses Princes
» l'appui de la Maison d'Autriche, &
» rendoit leur condition d'autant plus
» avantageuse, que plusieurs Places
» fortes de leur Souveraineté les met-
» toient à l'abri de l'insulte, tant par
» leurs propres armes, que par celles
» de leurs Alliés. Mais la France ayant
» acquis l'Alsace & les trois Evêchés
» par le fameux traité de Munster, la
» Franche-Comté par celui de Nimegue,
» & Strasbourg par le traité de Risvick,
» la Lorraine se vit dès-lors environnée
» de toutes parts de cette puissance for-
» midable, qui n'avoit point oublié ses
» anciennes prétentions sur cet Etat.

» Le Duc Charles IV, grand-oncle
» de Léopold, contribua lui-même mal-
» heureusement à les réveiller & à les
» faire valoir. C'étoit un Prince entre-
» prenant, variable, ennemi du repos,

» & aussi jaloux de son indépendance,
» qu'il l'étoit peu de ses engagemens.
» Tout foible qu'il se trouvoit, il osa
» se déclarer contre la France, qui lui
» fit bientôt sentir sa supériorité. Tou-
» jours le jouet de son inconstance, &
» rarement fidele à ses traités, ce Prince
» autorisa son ennemi à lui enlever suc-
» cessivement différentes portions de
» ses Provinces, & à détruire ses châ-
» teaux & ses forteresses; ensorte que
» le Duc Léopold, à qui on rendit la
» Lorraine par le traité de Risvick, ne
» se vit pas même en sûreté dans sa Ca-
» pitale, dont les fortifications avoient
» été démolies.

» Une situation si critique fit sentir
» à ce Prince, qu'il ne jouiroit que très-
» imparfaitement des avantages de sa
» Souveraineté; & il en fut encore plus
» convaincu, lorsque peu d'années après
» son rétablissement, il fut obligé d'a-
» bandonner Nancy, où Louis XIV ne
» put se dispenser de mettre des trou-
» pes. D'ailleurs, une partie du Barrois
» relevant du Parlement de Paris, Léo-
» pold voyoit son autorité continuel-
» lement compromise avec ses propres
» Sujets, qui, par la voie du ressort,

» trouvoient le moyen de secouer aussi
» fréquemment le joug de l'obéissance,
» que de se soustraire aux charges de
» l'Etat. Enfin, ce Prince, l'un des grands
» Politiques de son siecle, fit réflexion
» que depuis le traité de la Ligue, la
» Maison de Lorraine étant devenue sus-
» pecte à la France, on se feroit un prin-
» cipe inviolable de l'abaisser, & de
» la mettre hors d'état de nuire. Il est
» vrai que pour éviter personnellement
» ces inconvéniens, Léopold avoit
» épousé une petite-fille de France;
» mais il n'ignoroit pas que les liens
» du Sang prévalent rarement sur les
» intérêts d'une Couronne. Dans cette
» persuasion il jugea qu'il n'avoit d'autre
» parti à prendre, que celui de s'atta-
» cher absolument à la Maison d'Au-
» triche, en conservant néanmoins
» avec la France, tous les ménagemens
» qu'exigeoit sa position; & il s'y porta
» d'autant plus volontiers, que son in-
» clination à cet égard se trouvoit d'ac-
» cord avec ses intérêts.

» Indépendamment des anciennes
» alliances qui subsistoient entre les
» deux Maisons d'Autriche & de Lor-
» raine, Charles V, son pere, avoit

» épousé la sœur de l'Empereur,
» dont il fut illustrer le regne par
» quantité de conquêtes sur les troupes
» Ottomannes. Léopold lui-même ayant
» été élevé à la Cour de Vienne, y
» avoit contracté un penchant décidé
» pour tout le Corps Germanique. Mais
» ce qui l'entraîna plus fortement en-
» core, fut la découverte de quelques
» Historiographes, qui assignoient à
» Gerard d'Alsace, Auteur de la Maison
» de Lorraine, une tige commune avec
» Rodolphe d'Absbourg, Chef de celle
» d'Autriche. Charles VI, qui n'avoit
» point oublié les obligations de son
» pere envers celui de Léopold, & qui
» d'ailleurs aimoit ce Prince issu du
» même Sang, & avec lequel il avoit
» été élevé, consentit au mariage de
» l'Aînée des Archiduchesses ses filles,
» avec le fils aîné du Duc de Lorraine.
» Ce dernier trouvoit, dans cette al-
» liance, d'autant plus d'avantage, qu'au
» défaut de mâles, tous les biens héré-
» ditaires de la Maison d'Autriche pas-
» soient à l'Aînée des Princesses filles
» de l'Empereur, & que son fils, en
» épousant l'unique héritiere de cette
» puissante Maison, pouvoit, après la

» mort de son beau-pere, aspirer avec
» succès au Trône Impérial.

» Le Prince Clément, fils aîné du
» Duc Léopold, avoit alors quatorze
» ans. Il fut question de l'envoyer à
» Vienne pour y être élevé jusqu'au
» temps de son mariage avec l'Archi-
» duchesse Marie-Thérese. C'étoit un
» Prince grand, bien fait, & d'une
» phisionomie intéressante. Il avoit de
» la sagesse, de l'esprit, de la douceur
» & de l'affabilité. Il s'appliquoit soi-
» gneusement aux sciences convenables
» à son rang; & le succès répondoit à
» son travail. Enfin il faisoit le principal
» objet de la tendresse & des espérances
» de Léopold, & les délices des Peuples
» dont il étoit adoré ».

(La Mort écarte avec sa faux ce jeune
Prince du Trône Impérial, qu'elle montre de loin à son frere avec la main:
c'est le second emblême du bas relief
que m'expliquoit M. Duval).

» Le jour de son départ, continua-
» t-il, étoit fixé, lorsque tout-à-coup
» il fut attaqué de la petite vérole, qui
» l'emporta après quelques jours de ma-
» ladie. Cette perte inopinée répandit

» une consternation générale dans l'E-
» tat ; & jamais enfant ne fut plus re-
» gretté. Le Prince Clément étoit le
» troisieme fils qu'une mort prématurée
» avoit enlevé au Duc de Lorraine. Il
» lui en restoit encore deux, dont l'aîné,
» nommé François, étoit alors âgé de
» treize ans. L'Empereur consentit qu'il
» remplaçât le Défunt ; & le jeune Prin-
» ce partit pour Vienne, où il fut reçu
» avec les plus grandes marques de dis-
» tinction & de tendresse. Comme il
» lui étoit important de se concilier le
» cœur des Hongrois, dont les préten-
» tions avoient causé tant d'embarras
» à la Maison d'Autriche, on l'envoya
» à Presbourg pour y être élevé parmi
» eux, se former de bonne heure à leurs
» Loix, à leurs Coutumes, & se faire
» goûter d'une Nation, sur laquelle il
» devoit régner un jour.

» La mort du Duc son pere le rap-
» pella en Lorraine pour prendre pos-
» session de ses Etats ; & j'eus l'hon-
» neur de le suivre à Versailles, ajouta
» M. Duval, lorsqu'il alla rendre hom-
» mage pour le Barrois & autres Do-
» maines mouvans de la Couronne, en
» exécution du Traité de Risvick,

» comme avoit fait le Duc son pere
» trente ans auparavant. Il arriva à Paris
» dans les carosses du Duc d'Orléans,
» son cousin germain, qui avoit été
» au-devant de lui jusqu'à Claye. Il lo-
» gea au Palais Royal, sous le nom de
» Comte de Blamont, vit le Roi & la
» Reine le lendemain; & trois jours
» après il prêta serment pour le Duché
» de Bar. Le Roi étoit assis dans un fau-
» teuil & couvert; & le Duc de Lor-
» raine étant entré, fit trois revérences
» en s'approchant de Sa Majesté qui ne
» se découvrit pas. Le Duc quitta son
» épée, son chapeau & ses gants, que
» reçut le premier Gentilhomme de la
» Chambre, & se mit à genoux sur un
» carreau qui étoit aux pieds du Roi.
» Sa Majesté lui tint les mains jointes
» entre les siennes pendant que le Chan-
» celier de France lut le serment que le
» Duc promit d'observer. Ensuite le
» Roi se leva, se découvrit, se recou-
» vrit aussi-tôt, & fit couvrir le Duc de
» Lorraine; les Princes du Sang, ainsi
» que le Cardinal de Fleury, se cou-
» vrirent aussi un moment après. Le
» Duc se retire; & Sa Majesté rentre
» dans son cabinet.

» Les jours suivans se passerent

» en divertissemens & en fêtes les
» plus magnifiques & les plus ga-
» lantes. Le Prince, pendant son séjour
» à Paris, occupa le grand appartement
» du Palais Royal. Une table de douze
» couverts fut servie soir & matin avec
» autant de somptuosité que de délica-
» tesse, par les Officiers du Duc d'Or-
» léans, sans compter d'autres tables
» pour les personnes de sa suite. Tous
» les Spectacles auxquels assista le Duc
» de Lorraine, reçurent des marques
» de sa libéralité. Ses grandes qualités
» & ses manieres nobles & généreuses
» parurent dans toutes les occasions.
» Le 15 de Février le Prince partit pour
» ses Etats après avoir pris congé du
» Roi qui lui fit présent d'une riche ta-
» pisserie des Gobelins, rehaussée d'or,
» & exécutée sur les desseins de Raphaël.

» Continuellement occupé du grand
» projet de son établissement, le Duc,
» après un séjour de six mois en Lor-
» raine, retourne à Vienne en 1730,
» passe en Hollande & en Angleterre,
» où il sait tellement se concilier les
» cœurs, que dans la suite il en tire les
» plus grands avantages, tant par les
» secours efficaces que ces deux Puis-

» sances donnent à la Maison d'Au-
» triche, que par l'appui qu'il en reçoit
» lui-même pour s'élever sur le Trône
» Germanique.

» La guerre qui s'alluma en 1733 par
» rapport à la Pologne, dont l'Empe-
» reur avoit fait exclure le Roi Sta-
» nislas, n'étant point favorable aux
» Autrichiens, Charles VI, pour avoir
» la paix, consentit que le Roi de Po-
» logne, beau-pere de Louis XV, se
» mît en possession de la Lorraine; qu'à
» son décès, ce Duché fût irrévoca-
» blement uni à la France; & que, pour
» échange, la Toscane appartiendroit
» au Duc François après la mort du
» Grand-Duc.

» Tout se disposant pour les noces,
» le Prince Charles se rendit à Vienne,
» parce que l'Empereur qui avoit une
» seconde fille, pour mieux assurer à
» sa branche les biens de sa Maison,
» se proposoit de faire dans la suite un
» double mariage. Celui du Duc fut
» célébré le 12 Février 1736; & aussi-
» tôt après ce Prince, sommé de tenir
» sa parole, se trouva dans de cruelles
» agitations. D'un côté, il sentoit ce
» que ses intérêts & sa gloire exigeoient

» de lui; de l'autre, il étoit pénétré de
» ce qu'il devoit à son beau-pere & à
» son Epouse. En se soumettant, il
» abandonnoit le patrimoine de ses An-
» cêtres, que sa Maison possédoit depuis
» sept cens ans, dans l'espérance d'un
» échange incertain, sur lequel d'autres
» Princes prétendoient avoir des droits
» légitimes. En résistant, il livroit à la
» continuation d'une guerre malheu-
» reuse un beau-pere, auquel il étoit
» redevable de l'alliance la plus avanta-
» geuse qu'il pût faire en Europe. Ces
» considérations remplissoient son ame
» d'amertume; mais cédant aux tendres
» & fréquentes instances de l'Archidu-
» chesse, il fit enfin la cession absolue
» de ses Etats; & le Ciel, qui destinoit
» ce Prince à une plus grande fortune,
» ne permit pas qu'il restât long-tems
» dans une situation si violente. Le
» Grand-Duc mourut peu de tems
» après ; & dès-lors son Successeur
» désigné prit possession d'un Etat
» beaucoup plus important par ses re-
» venus & son commerce, que celui
» qu'il venoit de perdre. Par une suite
» de ses hautes destinées, l'Empereur
» étant mort en 1740, l'Archiduchesse

» prit le titre de Reine de Hongrie &
» de Bohême ; & le nouveau Grand-
» Duc, déclaré Co-Regnant, & entrant
» dans toutes les possessions de son
» Epouse, se trouva dès-lors en situa-
» tion de pouvoir aspirer au Trône de
» l'Empire, d'autant plus, comme je
» l'ai dit, qu'il avoit su intéresser l'An-
» gleterre & les Etats Généraux en sa
» faveur.

» Ce vaisseau qui vogue toujours
» sur le même fleuve, sans s'écarter
» vers des rives étrangeres est un
» autre emblême qui indique la suc-
» cession constante des Pays hérédi-
» taires de la Maison d'Autriche dans
» la branche Caroline.

» Charles VI se voyant sans en-
» fans mâles, prévit les troubles que
» sa succession ne manqueroit pas
» d'exciter ; & pour les prévenir, il
» fit une disposition à laquelle il vou-
» lut donner un caractere sacré, en
» la faisant garantir, sous le nom de
» Pragmatique-Sanction, par toutes
» les Puissances de l'Europe. Ce Prince
» déclare en termes exprès & intelli-
» gibles, qu'au défaut d'enfans mâles,
» ses Etats appartiendront aux Archidu-
» chesses ses filles, & à leurs Descen-

SUITE DE L'AUTRICHE. 327

» dans de l'un & de l'autre sexe, en
» gardant l'ordre de primogéniture &
» de succession linéale & indivisible. En
» conséquence de cette Loi, Marie-
» Thérèse, âgée de vingt-trois ans,
» avoit hérité de la Hongrie, de la Bo-
» hême, de la Silésie, de l'Autriche,
» de la Suabe, de la Styrie, de la Ca-
» rinthie, de la Carniole, du Brisgaw,
» du Frioul, du Tirol, du Milanès &
» des Pays-Bas.

» La France, pour maintenir l'équi-
» libre de l'Europe, avoit intérêt d'af-
» foiblir la Puissanc d'Autriche, & sur-
» tout d'empêcher que la Couronne
» Impériale ne tombât sur la tête de
» celui qui ayant épousé l'Héritiere de
» cette Maison, venoit d'ajouter au pa-
» trimoine de sa femme, de nouvelles
» possessions en Italie. Pour parvenir à
» son but, elle joignit à la force de ses
» armes, le secours de la négociation;
» & ce fut avec tant de succès, qu'elle
» fit élire pour Empereur l'Electeur de
» Baviere. Ce choix paroissoit priver,
» du moins pour long-tems, le Grand-
» Duc de l'objet de son ambition, non-
» seulement parce que Charles VII n'a-
» voit que 43 ans, mais encore parce
» que l'Empire se trouvant dans sa Mai-

» son, il pouvoit, comme dans celle
» d'Autriche, s'y maintenir pendant
» plusieurs siecles ; mais la Providence
» qui dispose à son gré de la vie des
» hommes & du sceptre des Rois, per-
» mit que deux ans après, la Mort vint
» terminer, avec les jours du nouvel
» Empereur, un regne plein d'agitations
» & d'infortunes. Son fils ne voulant
» point s'exposer aux mêmes disgraces,
» refusa les offres de la France, & aima
» mieux se voir un Electeur puissant,
» qu'un foible Empereur. On prétend
» que le Prince Palatin fut aussi solli-
» cité, & qu'il pensa de même. On fit
» d'autres tentatives auprès de l'Elec-
» teur de Saxe, qui parut effectivement
» comme un des Prétendans à l'Empire;
» mais n'étant pas plus en état que les
» autres d'en soutenir le poids, il re-
» nonça à ses vues ; & le Grand-Duc se
» trouvant sans Compétiteurs, l'élec-
» tion se fit en sa faveur à Francfort,
» le 13 Septembre 1745.

» Toutes les voies qui ont conduit ce
» Monarque au faîte des grandeurs sont si
» extraordinaires, que rassemblées sous
» un seul point de vue, elles paroîtront
» incroyables à la postérité. Il n'étoit

SUITE DE L'AUTRICHE. 329

que le quatrieme fils de Léopold; les trois premiers moururent pour lui faire place. Quoique l'un des plus petits Princes de la Chretienté, il épousa, avant même que de regner, une Archiduchesse, dont les plus grands Potentats auroient brigué l'alliance, qui lui apporte en dot de nombreuses Souverainetés, & qui se trouve une des Princesses les plus parfaites de l'Europe.

» Contraint d'abandonner ses Etats pour devenir un homme privé, François de Lorraine recouvre aussi-tôt une autre Souveraineté plus riche & plus importante; ensuite l'Empereur son beau-pere, dans un âge encore peu avancé, paie le tribut à la nature, & par sa mort, lui transmet toutes ses possessions. S'il rencontre des obstacles qui ne lui permettent pas de le remplacer immédiatement sur le Trône, il arrive que l'Empereur qui lui succede, meurt après deux années de regne dans la force de son âge, & que, par un événement singulier, le Duc François se trouve seul prétendant à l'Empire, & seul en état d'en soutenir la dignité, sans que la

» France, dont la puissance est si for-
» midable, & qui, jointe à l'Espagne,
» avoit employé tous les efforts de se[s]
» pouvoir & de sa politique pour s'op-
» poser à son élévation, ait pu dé-
» terminer aucun Prince à se mettr[e]
» sur les rangs pour lui disputer l[e]
» sceptre Impérial. Il a fallu qu'il tom-
» bât jusqu'à six têtes, pour faire triom-
» pher sa bonne fortune : celles de se[s]
» trois Aînés, du Grand-Duc de Tos-
» cane, des Empereurs Charles VI &
» Charles VII. D'ailleurs il est élu dan[s]
» le tems même que la Reine so[n]
» épouse est maltraitée en Italie, & a[u]
» fort des victoires de Louis XV ; dan[s]
» le tems que le Roi de Prusse vien[t]
» de gagner sur elle trois batailles. I[l]
» est élu, quoiqu'il ne soit Allemand n[i]
» de naissance, ni d'origine, & qu'il a[it]
» été Vassal de la France, & à genou[x]
» aux pieds d'un Souverain qu'il devo[it]
» un jour surpasser en dignité. Son bon-
» heur est d'autant plus grand, qu'il [a]
» déjà plusieurs fils destinés à sou-
» tenir l'éclat de sa Maison, & à en per-
» pétuer la félicité & la gloire.

» Ce Monarque est d'une taille mé-
» diocre. Sa démarche est simple, &

„ n'a rien que d'ordinaire ; mais en
„ même tems il est parfaitement beau.
„ Son front est grand & élevé; il a le
„ regard plein de douceur, les yeux
„ bleus, & bien fendus, la physiono-
„ mie également heureuse & spirituelle,
„ le nez proportionné, les couleurs ad-
„ mirables, la bouche vermeille, bien
„ faite, & de belles dents. A l'égard de
„ son caractere, on le trouve grave
„ sans affectation, froid sans hauteur,
„ réservé sans contrainte, vertueux,
„ prudent, sobre, plus politique que
„ guerrier, plein de justice & de reli-
„ gion. Sa modération est inaltérable ;
„ sa pénétration étonnante, & son se-
„ cret inviolable. Il a été bon fils ; il est
„ bon mari & bon pere. Il vit sans Fa-
„ voris, & ne donne sa confiance qu'a-
„ vec circonspection. Il a beaucoup
„ d'arrangement dans ses affaires & du
„ penchant à l'économie ; mais il est
„ grand dans les occasions qui exigent
„ de l'éclat & de la magnificence.

A ce portrait de l'Empereur, l'illustre Bibliothécaire joignit l'éloge de
Marie-Thérese son auguste Epouse, &
rappella en peu de mots les principaux
événemens de son regne.

» Instruite par la vertueuse Impé-
» ratrice, Elizabeth de Brunswick sa
» mere, la jeune Marie-Thérese avoit
» fait concevoir dès son plus bas âge
» les plus grandes espérances. Pru-
» dente, affable, son enfance même
» annonçoit en elle des qualités supé-
» rieures à son sexe. Un esprit juste
» & pénétrant, un cœur sensible & gé-
» néreux, une ame ferme & coura-
» geuse, des manieres nobles & enga-
» geantes, les graces de la beauté, &
» plus encore l'ascendant d'un caractere
» fait pour dominer, furent les dons
» heureux qui firent adorer sa jeunesse.
» On remarquoit en elle un air de mo-
» destie, de douceur & de majesté,
» qui inspiroit autant de confiance que
» de respect. C'étoit pour elle une féli-
» cité que d'accorder des graces. Gé-
» néreuse & magnifique, tout ce qu'elle
» faisoit tenoit de l'éclat de sa dignité
» & de la bonté de son ame.

» Après la mort de son pere,
» cette Princesse se mit en possession de
» ses Etats; & elle fit briller dans cette
» cérémonie, tout l'appareil de la Ma-
» jesté Souveraine. Placée sous un dais
» magnifique, le bonnet Archiducal sur

la tête, elle reçut les hommages des Députés des États de la Haute & Basse Autriche. Le premier acte de son autorité fut un témoignage d'amour qu'elle donna à son Epoux, en l'associant au gouvernement, avec cette clause néanmoins, qu'il n'en prendroit point occasion d'exiger la préséance, ni n'entreprendroit jamais rien contre les Héritiers de la Maison d'Autriche.

» Tous les jours de ce nouveau regne sont marqués par des actes de clémence & par des bienfaits. Sa main brise les fers dont Charles VI a chargé les Wallis, les Seckendorff, les Neuperg; & les Officiers qu'elle met à la tête de ses Conseils, de ses Troupes & de sa Maison, les Konigseck, les Daun, les Staremberg, prouvent à la fois & la pénétration de son esprit, & son habileté dans l'art de juger les hommes & de les mettre à leur place.

» Plusieurs Princes de l'Europe lui font signifier leurs protestations contre sa prise de possession des Etats héréditaires. Elle répond qu'elle défendra jusqu'au dernier soupir l'héritage paternel qu'elle tient de la nature &

» de la plus solemnelle des Sanctions,
» garantie par ceux mêmes qui veulent
» l'enfreindre. La réponse qu'elle fait
» au Roi de Prusse qui lui demande la
» Silésie, est pleine de sagesse, d'esprit,
» & de cette noble fermeté qui carac-
» térise les grandes ames. Mes Etats,
» lui dit-elle, jouissoient d'une paix
» profonde lorsque vous entrâtes
» dans cette Province les armes à la
» main. Si c'est, comme vous l'insinuez,
» le moyen que vous croyez le plus
» capable de garantir & d'assurer la Prag-
» matique-Sanction, j'ai peine à con-
» cevoir quel pourroit être celui de l'a-
» néantir. Je suis très-éloignée de vou-
» loir commencer mon regne par le dé-
» membrement de mes domaines; & je
» consens d'autant moins à vous céder
» la Silésie, que la premiere condition
» pour un accommodement, c'est que
» vous commenciez par l'évacuer.

» Voyant qu'on n'obtiendroit rien
» qu'à force de combats, le Roi de Prus-
» se retourna à Berlin, & fit les prépa-
» ratifs pour une nouvelle campagne.
» Dans l'intervalle, la Reine de Hon-
» grie adressa des plaintes à la Diete
» de l'Empire sur l'infraction du Mo-
» narque Prussien à la garantie de la

« Pragmatique-Sanction de Charles VI.
» Frédéric y répondit par un Mémoire,
» où il justifioit l'invasion de la Silésie,
» en disant qu'il ne faisoit que rentrer
» dans l'héritage de ses Aïeux. Enfin
» après plusieurs écrits respectifs, les
» deux Partis en vinrent aux mains;
» & vous savez de quel côté fut l'a-
» vantage.

« Au milieu de ses revers, Marie-
» Thérese ressentit la joie la plus vive
» pour une mere & pour l'Héritiere
» de la Maison d'Autriche, celle de
» mettre au monde un Archiduc, sa
» consolation alors, & qui devoit
» faire un jour le bonheur de l'Allema-
» gne. C'est dans ces circonstances que
» se fit à Presbourg, avec la plus
» grande démonstration de zele de la
» part de ses Sujets, la cérémonie de
» son couronnement. Elevée au-dessus
» des honneurs qu'on rendoit à son
» rang, elle partagea encore la Sou-
» veraineté de la Hongrie déjà associée
» à celle d'Autriche. Si d'une part elle
» éprouve tous les malheurs de la guer-
» re, elle en est bien dédommagée par
» les satisfactions qu'elle trouve dans le
» sein de sa famille. Nous l'avons vue au
» milieu de ses augustes Enfans, veiller

« elle-même à leur éducation, faire
» germer dans leur cœur les vertus qui
» la rendent si chere à ses Peuples, &
» leur donner ces grandes leçons qui
» doivent contribuer un jour au bon-
» heur du monde. Quels tendres mou-
» vemens de joie n'éprouvions-nous
» pas, en voyant avec quelle humanité
» tous ses jours étoient employés à
» soulager ses Sujets, à prévenir, à di-
» minuer les peines des Infortunés ! Rien
» n'échappoit à sa vue pénétrante;
» c'étoit sa plus agréable occupation,
» sur-tout lorsque des jours de paix &
» de gloire vinrent remplacer les
» troubles de son règne.

» Cette Princesse se rendit à Franc-
» fort pour jouir du Couronnement de
» son époux. Elle vit du haut d'un bal-
» con la cérémonie de l'entrée, fit en-
» tendre les premiers cris de Vive
» l'Empereur, auxquels tout le Peu-
» ple répondit par des acclamations
» de joie & des transports d'allé-
» gresse. Ce grand jour, qui étoit
» pour elle la récompense de tant d'in-
» quiétudes & de travaux, fut regardé
» comme le plus beau de sa vie. Elle
» alla voir ensuite son armée rangée
» eu

» en bataille auprès de Hidelberg; &
» l'Empereur son Epoux la reçut l'é-
» pée à la main, à la tête de soixante
» mille hommes. Elle passa entre les
» lignes, saluant avec bonté, dîna sous
» une tente; & afin que tout le monde
» prît part à sa joie, elle fit distribuer
» de l'argent aux Soldats. Mais il étoit
» de la destinée de cette Princesse, que
» les évènemens heureux de son regne
» fussent continuellement balancés par
» des disgraces; & elle perdoit la Silésie
» & la Flandre, pendant qu'elle faisoit
» monter son Mari sur le Trône de son
» Pere. Marie Thérese voit de près les
» horreurs de la guerre, les chaumieres
» abandonnées, les villages déserts, le
» commerce interrompu, l'industrie
» étouffée, les chemins couverts de
» malheureux qui fuient l'oppression,
» & vont chercher une Patrie qui les
» nourrisse. Elle entend ce cri de la mi-
» sere, qui s'éleve du sein des campa-
» gnes, & parvient si rarement jusques
» dans ce séjour d'où partent les cala-
» mités qui les affligent. Que fera cette
» grande Reine dans ces conjonctures
» désolantes ? Par les conseils de son
» Epoux, elle aura recours à la négo-

« ciation. Bientôt on verra de généreux
» Alliés, épouser sa querelle, s'armer,
» joindre leurs forces, combattre,
» vaincre pour la venger ; & ces glo-
» rieux avantages, fruits de la sagesse
« du Mari de Thérèse, ne seront,
» pour ainsi dire, que le coup d'essai
» de sa politique ; en voici le progrès,
» ou plutôt le chef-d'œuvre. Savoir
» ménager ses Alliés, les intéresser dans
» une cause jusques-là malheureuse &
» presque désespérée, c'étoit déjà l'effet
» d'une prudence peu commune ; mais
» désarmer ses plus grands ennemis au
» milieu de leurs triomphes ; mais faire
» tourner contre ceux qui lui restoient
» encore, des forces uniquement desti-
» nées à la détruire, c'est un de ces
» traits de politique profonde, dont
» l'Histoire fournit peu d'exemples ;
» & c'est ce que François, le Conseil
» intime de Thérèse, lui suggéra d'en-
» treprendre, ce qu'elle entreprit, ce
» qu'elle exécuta.

» La paix rend enfin le calme à l'Eu-
» rope ; & dès que l'Impératrice n'a
» plus d'ennemis à combattre, elle ne
» voit plus que des Sujets à rendre
» heureux. Les impôts sont diminués ;

« & l'on prend les moyens les plus
» sages, pour les percevoir de la ma-
» niere la moins onéreuse pour les Peu-
» ples. Les Officiers qui ont contribué
» par leurs services au succès de ses
» armes, trouvent des récompenses
» dignes de leur fidélité & de leur zele,
» dans les distinctions & les récom-
» penses dont elle les honore. Elle ac-
» corde une amnistie générale aux Dé-
» serteurs, à condition qu'ils se ren-
» dront, dans un certain tems, à la cul-
» ture des terres qui demandent le se-
» cours de leurs bras, ou reprendront
» les armes pour le service de leur Sou-
» veraine. Elle supprime la peine de
» mort décernée contre les Transfuges,
» & se contente de les condamner à des
» travaux publics & utiles. Elle défend
» aux Cours de Justice la longueur
» des procédures, en fixe la durée;
» favorise le commerce, proscrit le
» galon, les étoffes d'or & d'argent
» venant de l'Etranger, encourage les
» Cultivateurs du lin & du chanvre,
» augmente la fabrique des toiles, &
» met le plus parfait accord dans toutes
» les parties du Gouvernement. D'une
» habileté au-dessus de son âge, d'une

» intrépidité au-dessus de son sexe, aussi
» active que prudente, aussi ferme dans
» le malheur, qu'éclairée pour trouver
» des ressources, le charme de tous les
» cœurs par sa bonté, le soutien de
» l'Etat par son génie ; nous la voyons
» cette Princesse, à la tête de son Con-
» seil, guider elle-même les vues de ses
» Ministres, veiller également aux be-
» soins particuliers & à la conduite
» générale des affaires, présider aux
» exercices militaires, faire la revue
» de ses troupes, entretenir la disci-
» pline dans ses armées, & visiter ses
» Provinces pour y verser les récom-
» penses & les graces. Jamais elle ne
» refuse d'audience ; jamais on n'en
» sort mécontent. Dans une Cour bril-
» lante, elle ne fait usage de la gran-
» deur, que pour donner du prix à l'af-
» fabilité ; elle n'exerce son autorité
» sur les Grands, que pour procurer
» aux petits des secours & des graces ;
» elle ne possede des trésors, que pour
» les répandre sur l'indigence publique
» ou cachée, & ne se croit heureuse
» enfin, qu'autant qu'elle contribue au
» bonheur du monde. Fille, épouse, &
» mere des Césars, & réservée aux cir-

» constances les plus difficiles où se
» soit trouvée sa Maison, elle donne
» aujourd'hui à l'Allemagne l'exemple
» du regne le plus glorieux qu'elle ait
» vu depuis Charles-Quint ».

En continuant toujours d'expliquer son bas relief, M. Duval voulut bien entrer dans quelques détails au sujet de l'élection & du couronnement de l'Empereur. « Ce Prince, poursuivit-
» il, est le Chef de l'Empire ; cette
» dignité a été héréditaire depuis Char-
» lemagne, jusqu'au regne de Charles-
» le-Gros, qui fut déposé par les Etats.
» Ils nommerent à sa place Arnould,
» fils naturel de Carloman, Roi de
» Baviere. L'Empire alors devint élec-
» tif, malgré les mouvemens que se
» donna Henri VI, de la Maison de
» Suabe, pour le fixer dans sa famille.
» Les égards qu'on a eus quelquefois
» pour les parens du Monarque défunt,
» n'étoient que l'effet d'une complaisan-
» ce que les Princes ont toujours cou-
» verte sous les formes de l'élection.

» Le droit d'élire l'Empereur a
» beaucoup varié : il appartint d'abord
» aux Princes ecclésiastiques & sécu-
» liers, aux Comtes, aux Nobles, aux

» Magistrats des Villes & au Peuple
» même, de façon néanmoins, que les
» grands Officiers de la Cour Impériale
» jouissoient d'immenses prérogatives,
» comme une suite naturelle de leurs
» fonctions. Pendant les troubles qui,
» sous Henri IV, agiterent l'Allemagne,
» les Princes s'arrogerent insensiblement
» des droits plus étendus ; & depuis
» Conrad III, il n'est plus fait mention
» des suffrages du Peuple dans les actes
» d'élection. Dans la suite les Archi-
» Officiers, puissans par leurs charges,
» s'arrogerent ce pouvoir exclusivement
» aux autres Princes; mais les Electeurs,
» pour assurer leur droit exclusif, pro-
» testerent solemnellement contre cette
» prétention ; droit que Louis de Ba-
» viere confirma par une constitution
» particuliere, & auquel Charles IV
» mit le sceau par la Bulle-d'Or.

» Depuis ce tems-là, les Electeurs
» élisent l'Empereur sans aucun trou-
» ble, en vertu du pouvoir attaché
» à leur Electorat ; & c'est au seul Ar-
» chevêque de Mayence, qu'il appar-
» tient de les convoquer dans le cou-
» rant d'un mois, à compter du jour où
» la mort de l'Empereur lui a été noti-

» fiée. Les Electeurs sont obligés de
» s'assembler dans l'espace de trois mois,
» à moins qu'ils ne conviennent entre-
» eux de raccourcir ou de prolonger
» ce terme. Si l'un d'eux en étoit exclus,
» ou qu'on l'eût oublié à dessein, son
» absence rendroit l'élection nulle, à
» moins que son exclusion, fondée
» sur de justes causes, ne fût ap-
» prouvée par les autres Electeurs. Le
» lieu de l'élection étoit anciennement
» arbitraire; mais Charles IV le fixa à
» Francfort, de façon pourtant qu'en
» cas d'empêchement, on puisse con-
» venir d'une autre Ville sans préjudi-
» cier aux droits de la premiere.

» Avant que les Electeurs se soient
» rendus à Francfort, le Maréchal de
» l'Empire, conjointement avec le
» Magistrat de la Ville, prépare les
» logemens, & convient du prix des
« denrées. Les Electeurs peuvent com-
» paroître en personne, ou envoyer
» des Ambassadeurs munis d'un plein
» pouvoir qu'ils présentent à l'Arche-
» vêque de Mayence. La Bulle d'Or ne
» leur permet d'y arriver qu'avec une
» suite de deux cens hommes, dont cin-
» quante seulement peuvent être armés;

» mais le faste qui s'est introduit dans
» la Cour des Electeurs, a fait oublier
» cette défense.

» Avant l'élection, le Magistrat, la
» Bourgeoisie & la Garnison de la Ville
» promettent par serment de ne pas la
» troubler. Les Electeurs délibérent en-
» suite, & arrêtent les articles de la
» Capitulation. Tous les Étrangers,
» quels qu'ils puissent être, Princes,
» Ambassadeurs & autres qui ne sont
» point de la suite des Electeurs, ont
» ordre de quitter la Ville, pour ôter
» tout soupçon de collusion, de cor-
» ruption ou de contrainte ; mais la
» trop grande rigueur à faire exécuter
» cette loi, a quelquefois donné lieu à
» des querelles, sur-tout avec les Princes
» de l'Empire, qui ont engagé à se
» relâcher de cet usage. D'ailleurs,
» comme aujourd'hui l'on sait ordinai-
» rement d'avance celui qui sera élu,
» on ne suit plus si rigoureusement cet
» article de la Bulle d'Or ; & l'on oblige
» seulement les Etrangers à s'absenter
» la veille de l'élection.

» Le jour où elle doit se faire, les
» Electeurs, ou, en leur absence,
» leurs Ambassadeurs, en habits de

» cérémonie, ayant à leurs côtés les
» Maréchaux héréditaires qui portent
» l'épée électorale, montent à cheval,
» se rendent à l'église où ils entendent
» la messe, font serment de donner
» leur suffrage sans partialité ni esprit
» d'intérêt, & entrent dans le lieu de
» l'assemblée pour procéder à l'élection.
» L'Archevêque de Mayence recueille
» les voix suivant l'ordre des Electeurs ;
» & donne la sienne qui est reçue par
» l'Electeur de Saxe. Ils peuvent se la
» donner à eux-mêmes ; & c'est tou-
» jours la pluralité qui décide. Le Prince
» sur qui le choix est tombé, ou son
» Ambassadeur, fait le serment d'usage,
» signe la Capitulation, retourne à l'é-
» glise, est présenté au Peuple, & pro-
» clamé Empereur.

» On a demandé plusieurs fois quelles
» étoient les qualités requises pour être
» élu ? La Bulle d'Or ne s'explique ni
» sur le degré de noblesse, ni sur l'âge,
» ni même sur le sexe du Candidat ; elle
» exige seulement qu'il soit *bon, juste*
» & *utile*. On croit cependant qu'il doit
» être au moins Comte immédiat du
» Saint-Empire. On ne trouve aucun
» exemple dans l'Histoire d'Allemagne,

P v

» qu'une femme soit parvenue à cette
» dignité ; mais on ne connoît aucune
» loi qui s'y oppose. Les Protestans
» peuvent y aspirer, sur-tout depuis
» le Traité de Westphalie qui leur ac-
» corde tous les droits dont jouissent
» les Catholiques. Il n'est pas même
» nécessaire d'être Allemand ; il est vrai
» que l'esprit de patriotisme sera tou-
» jours un grand obstacle à l'élection
» d'un Etranger. Quoi qu'il en soit, le
» choix est abandonné à la prudence
» des Electeurs, qui, pour se donner
» un Chef, manquent rarement de
» suivre les regles d'une saine politique.
» A l'égard de l'âge, on a vu des mi-
» neurs élevés sur le Trône Impérial ;
» mais on fit promettre à l'Empereur
» Joseph I, qu'il ne se mêleroit point
» du gouvernement, au préjudice des
» Vicaires de l'Empire, avant l'âge de
» dix-huit ans.

» Les anciens Germains ignoroient
» la cérémonie du couronnement, &
» se contentoient de proclamer leurs
» Rois, soit en les exposant au Peuple
» sur un bouclier, soit en leur pré-
» sentant une lance. Charlemagne se fit
» oindre & couronner à l'imitation des

» Empereurs Grecs. Quelques-uns de
» ses Successeurs s'imposerent la Cou-
» ronne eux-mêmes ; cette fonction
» fut ensuite réservée à deux ou trois
» Evêques ; & aujourd'hui ce sont les
» Electeurs ecclésiastiques qui l'exer-
» cent à la fois. Elle appartenoit an-
» ciennement au seul Archevêque de
» Cologne, non comme Chef du Dio-
» cèse, mais comme Archi-Chapelain de
» l'oratoire de Charlemagne. Ce droit
» lui fut confirmé par la Bulle d'Or,
» avant & après laquelle il l'a toujours
» exercé, excepté dans les cas d'un
» empêchement légitime. L'Electeur de
» Mayence le lui a contesté au cou-
» ronnement de Ferdinand IV, & a
» gagné sa cause par la faveur de ce
» Prince, malgré les protestations de
» l'Electeur de Cologne. Cette dispute,
» qui occasionna dans le tems une
» guerre très-vive entre les Ecrivains,
» fut assoupie par une transaction qui
» régloit que celui, dans le Diocèse
» duquel le couronnement auroit lieu,
» consacreroit l'Empereur, & que
» hors des deux Diocèses, le sacre se
» feroit alternativement par les deux
» Archevêques.

» Le jour fixé, les Electeurs séculiers,
» ou, en cas d'absence, leurs Ambas-
» sadeurs, portent les ornemens im-
» périaux, & accompagnent l'Empe-
» reur jusqu'à la porte de l'église,
» où les trois Archevêques viennent
» le recevoir. Pendant la messe ce
» Monarque prête le serment ordinaire
» des Têtes Couronnées, est oint sept
» fois par le Prélat consacrant ; &
» après s'être revêtu des ornemens de
» sa nouvelle dignité, il renouvelle
» ses promesses, crée des Chevaliers, &
» se fait recevoir Chanoine d'Aix-la-
» Chapelle.

» Après la cérémonie, ce Prince sous
» un dais, accompagné des Electeurs,
» s'en retourne à pied à l'Hôtel-de-
» Ville, où l'attend un magnifique ban-
» quet. Trois de ses Gardes ferment la
» marche à cheval, & répandent de tou-
» tes parts des médailles d'or & d'ar-
» gent, sur lesquelles on lit d'un côté,
» le nom du nouveau Couronné, & de
» l'autre, le jour du couronnement. Ce
» Monarque dîne seul, servi par les Ar-
» chi-Officiers de l'Empire ou leurs
» Lieutenans. Le Marquis de Brande-

» bourg, en qualité d'Archi-Chambel-
» lan, descend du palais, monte à
» cheval, se rend dans la place; & là,
» sur une table qui est dressée, il prend
» un bassin & une serviette, & va
» donner à laver à l'Empereur. Le bas-
» sin, la serviette & le cheval appar-
» tiennent au Comte de Hohenzoller,
» comme Lieutenant héréditaire de
» l'Electeur de Brandebourg. L'Electeur
» de Saxe, monté sur un cheval super-
» be, le pousse vers un monceau d'avoi-
» ne élevé près du palais, en remplit
» une mesure d'argent; la mesure & le
» cheval restent au Comte de Papen-
» heim, sous-Maréchal; & l'avoine est
» abandonnée au Peuple. Le Duc de
» Baviere court à toute bride à la cui-
» sine, y prend le premier plat qui doit
» être servi, & le porte au palais. L'E-
» lecteur de Saxe le reçoit à sa descente
» de cheval, & marche devant lui un
» bâton noir à la main. Le plat & le
» cheval sont pour le Comte de Wald-
» bourg. La bénédiction de la table se
» fait par les Electeurs ecclésiastiques.
» Celui de Mayence apporte au Mo-
» narque la Constitution & les sceaux

» de l'Empire. Le Prince prend les
» sceaux, les passe au cou de l'Arche-
» vêque, assure de sa bienveillance les
» Archi-Chanceliers, les Electeurs, les
» autres Ordres de l'Etat, jure d'em-
» pêcher qu'il ne soit fait aucune at-
» teinte à leurs droits, de les étendre
» même de tout son pouvoir.

» Les grands Officiers, après s'être
» acquittés des différens devoirs de leurs
» charges, vont se placer à des tables
» à droite & à gauche de celle de l'Em-
» pereur, plus élevée que toutes les
» autres. Chacun d'eux a la sienne ; &
» elles sont toutes servies avec magni-
» ficence. Il y en a d'autres fort lon-
» gues, dressées dans la même salle,
» occupées par les Prélats & autres
» Princes de l'Empire. Dans la piece à
» côté, sont celles des Députés de
» Cologne, d'Aix-la-Chapelle, de Franc-
» fort, &c. Au devant du palais est un
» aigle à deux têtes, qui, par son dou-
» ble bec, verse pendant le repas deux
» ruisseaux de vin. Conformément à
» une ancienne coutume, on fait rôtir
» un bœuf entier, rempli de différens
» animaux, qui en ont d'autres dans le
» ventre. Une partie de cette piece est

SUITE DE L'AUTRICHE. 351
» servie sur la table de l'Empereur ; on
» abandonne le reste au Peuple. Lorsl-
» qu'on a desservi, l'Archêveque de
» Treves prononce l'action de grace,
» après laquelle le Monarque, revêtu
» de toutes les marques de sa dignité &
» précédé des Electeurs, Princes, Ducs,
» Comtes, Barons & de leurs Huissiers,
» est reconduit dans son appartement.
» Le lendemain, l'Empereur & les Elec-
» teurs se font des visites réciproques ».

Je suis, &c.

A Vienne, ce 24 Décembre 1756.

LETTRE CCXCVII.

SUITE DE L'AUTRICHE.

JE voyois rarement le savant Bibliothécaire de l'Empereur, sans acquérir de nouvelles connoissances sur les différens objets qui faisoient la matiere de nos entretiens. M. Duval avoit composé, pour l'instruction des jeunes Archiducs, un Traité de Géographie Historique, Politique & Littéraire, dont il me communiqua quelques morceaux qui, comme je n'ai rien de plus intéressant à vous dire dans ce moment, feront, si vous me le permettez, le sujet de quelques-unes de mes Lettres.

» L'Allemagne est une des plus vastes
» régions de l'Europe. Située au milieu
» de cette partie du monde, elle est
» bornée au Levant par la Hongrie & la
» Pologne; au Couchant, par la France
» & les Pays-Bas; au Septentrion, par
» la mer Baltique & la mer du Nord;
» au Midi, par l'Italie & la Suisse. Cet
» Empire n'a pas eu, dans tous les tems,
» la même étendue ni les mêmes limites.

» Sa longueur, de l'Orient à l'Occident,
» est d'environ deux cens lieues, & de
» deux cens trente du Nord au Midi.
» Les Grecs & les Romains lui don-
» nerent le nom de Germanie; les
» Allemands l'appellent Teutschland;
» les François, Allemagne; mais en
» style de la Cour & du Barreau, on
» le nomme le Saint-Empire Romain
» de la Nation Allemande; Saint, parce
» que l'Empereur se regarde comme le
» défenseur de la chrétienté; Romain,
» parce qu'il est le protecteur né du
» Saint-Siege. Quelques personnes don-
» nent à ce Prince le titre de Successeur
» des Césars; mais ils se trompent, à ce
» que je crois; il n'est que le Successeur
» des Rois de Germanie, qui se sont
» approprié le titre d'Empereur Ro-
» main, sans doute parce qu'ils rece-
» voient à Rome la Couronne Impé-
» riale. François I, par la Grace de
» Dieu, Empereur Romain élu, tou-
» jours auguste, Roi de Germanie, sont
» les noms & qualités que prend, dans
» les actes publics, le Chef actuel de
» l'Empire, avec la liste de ses Etats
» acquis ou héréditaires. On lui donne
» aussi les titres de Sérénissime, de

» Très-Puissant, Très-Invincible,
» Très-Clément Empereur & Seigneur.
» Je ne parle pas de celui de Majesté,
» qui lui est commun avec toutes les
» têtes couronnées. Ses armes sont un
» Aigle noir à deux têtes, chargées de
» la Couronne Impériale, & à ailes
» déployées au champ d'or. Si ce Mo-
» narque a conservé le premier rang
» parmi les Princes de l'Europe, si ses
» Ambassadeurs ont le pas sur ceux des
» autres Puissances, c'est que dans l'o-
» rigine ils étoient tous trop foibles
» pour le lui disputer. Cette préséance
» est donc moins le fruit d'une préro-
» gative inhérente à sa dignité, que
» l'effet du consentement des autres
» Potentats; c'est moins un droit,
» qu'une convention.

» Dans la constitution du corps
» Germanique, l'Empereur est déclaré
» ne tenir son pouvoir que de Dieu;
» il n'y a donc que Dieu & la mort
» qui puissent le lui enlever. Les Elec-
» teurs le prétendent déchu de sa Cou-
» ronne s'il manque à son serment;
» mais les Loix n'autorisent point cette
» déposition; elles annullent seulement
» ce qu'il feroit de contraire à ses enga-

» gemens, & permettent aux Etats
» d'user de force pour l'obliger à les
» observer. On est, en général, assez
» partagé sur l'étendue de son pouvoir :
» les uns croient qu'il peut tout ce que
» les Loix de l'Empire ne lui interdisent
» pas ; les autres, qu'il ne peut préci-
» sément que ce que ces mêmes Loix
» lui permettent. Par exemple, s'il
» veut admettre un Prince ou tout
» autre Etat nouvellement créé, aux
» séances de la Diete, il a besoin du
» consentement des Electeurs & du
» Corps où cet Etat doit être reçu.
» Ce consentement est également né-
» cessaire pour conférer des Princi-
» pautés vacantes, créer de nouveaux
» Electeurs, aliéner ou engager une
» Terre de l'Empire, lever des impôts,
» fortifier des places, &c.

» Ses revenus consistent en de cer-
» taines impositions sur les Juifs, en de
» petites contributions que lui paient
» annuellement les Villes Impériales,
» en différentes taxes pour les expé-
» ditions du Conseil Aulique, en quel-
» ques présens volontaires qu'il reçoit
» de divers Etats, en une sorte de don
» gratuit que lui fait de tems en tems

» la Noblesse immédiate, dans les droits
» de Chancellerie & celui des investi-
» tures. Ce qu'on appelle les Mois
» Romains, est un autre subside qui
» fut d'abord établi pour fournir aux
» frais du voyage que les Empe-
» reurs faisoient à Rome, lors-
» qu'ils alloient s'y faire couronner. Il
» étoit sans doute plus considérable
» autrefois, que l'argent étant plus
» rare en avoit plus de valeur. Aussi
» l'a-t-on fort augmenté, puisqu'au lieu
» d'un mois Romain, on en donne
» ordinairement quatre ou cinq, &
» même plus dans le besoin ; ce qui
» est encore très-peu de chose pour
» soutenir la dignité Impériale, que
» les Allemands ont intérêt de con-
» férer à un Prince riche & puissant
» de son chef. Comme Empereur, il
» n'a point d'Armée ; celle de l'Empire
» est fournie par les Etats ; c'est ce
» qu'on appelle leur Contingent, & ce
» qui forme les Régimens des Cercles.
» Il fut convenu dans une Diete, que
» l'Empire entretiendroit continuelle-
» ment une Armée de quarante mille
» hommes, douze mille de cavalerie,
» & vingt-huit mille d'infanterie, in-

» dépendamment de ce que chaque Etat
» doit donner en argent.

» Les Empereurs parcouroient an-
» ciennement toutes les parties de l'Al-
» lemagne, pour juger les caufes de
» leurs Sujets; ils avoient des châteaux
» dans toutes les Provinces, où ils
» réfidoient fucceffivement, jufqu'à ce
» qu'ils euffent terminé toutes les
» affaires. Ils n'avoient donc point de
» demeure fixe; Louis de Baviere fut
» le premier qui établit la fienne dans
» fes Etats héréditaires. Ses Succeffeurs
» imiterent fon exemple : Charles IV.
» & Venceflas paffoient en Bohëme
» une partie de l'année ; Robert, dans
» le Palatinat; Sigifmond, en Hongrie;
» Charles-Quint & fes Succeffeurs en
» Autriche. Il eft dit dans la Capitula-
» tion, que l'Empereur réfidera conti-
» nuellement en Allemagne, à moins que
» des circonftances ne s'y oppofent.

» Ce Monarque eft le Chef & le
» Juge fuprême de l'Empire ; & c'eft
» en cette qualité, que les Cours Sou-
» veraines prononcent en fon nom,
» qu'il dirige les affaires publiques,
» qu'il accorde le pouvoir de juger
» en dernier reffort ; & que les Etats

» assemblés en Diete ne peuvent rien
» faire sans son autorité. Il jouit du
» droit de Premieres Prieres, c'est-
» à-dire, de présenter, une fois durant
» son regne, un Candidat au premier
» Bénéfice vacant dans tous les Cha-
» pitres & Abbayes de l'Empire, à
» moins qu'ils n'en soient exempts par
» un privilege particulier. A toutes les
» elections d'Evêques ou de Prélats, ce
» Prince envoie des Commissaires, dont
» la présence peut quelquefois influer
» sur le choix des Sujets. Les grades
» que donnent les Universités, ne
» peuvent être conférés qu'en son nom;
» & les privileges qu'il accorde ont
» leur effet dans toute l'étendue de
» l'Allemagne.

» Comme Seigneur direct de tous
» les Fiefs de l'Empire, il dispose de
» ceux qui viennent à vaquer, & en
» donne l'investiture, qui se prend, si
» ce sont des Princes ou des Electeurs,
» en baisant le pommeau de son épée
» nue, après avoir prêté à genoux, de-
» vant le Trône Impérial & sur le Saint
» Evangile, le serment accoutumé. Les
» Comtes, Abbés & autres moindres
» vassaux prennent de bout l'investi-

» ture de leurs Fiefs devant le Conseil
» Aulique, soit par eux-mêmes, soit
» par quelque Député. Les Comtes
» Nobles d'Italie se mettent à genoux.
» Remarquez que l'Empereur ne jouit
» de tous ces droits, qu'à condition
» qu'il ne fera rien de contraire aux
» Loix de l'Empire, ni qui puisse pré-
» judicier à aucun de ses membres,
» sur-tout à la supériorité territoriale.

» L'Impératrice participe au rang &
» à la dignité de son Epoux, mais jamais
» au gouvernement de l'Etat, à moins
» que la complaisance ou la foiblesse
» du Mari ne l'y autorise. Elle a,
» comme l'Empereur, ses Archi-Offi-
» ciers ; son Archi-Chancelier est
» l'Abbé, aujourd'hui Evêque de Fulde ;
» son Archi-Chapelain l'Abbé de Saint
» Maximin ; l'Abbé de Kempten son
» Archi-Maréchal. La Grande Maîtresse
» est très-considérée à la Cour.

» L'Allemagne a, comme tous les
» autres Etats, sa forme de gouverne-
» ment particuliere, & par conséquent
» un droit public qui lui est propre.
» Cette forme a éprouvé divers chan-
» gemens, par les révolutions qui ont
» agité cet Empire depuis son origine

» jusqu'au traité de Westphalie. Ses
» premiers Habitans, divisés en petits
» cantons, se réunirent & formerent dif-
» férentes Nations, lesquelles n'ayant ni
» Loix écrites, ni Tribunaux, se gou-
» vernoient par des usages qui tenoient
» de la férocité de leurs mœurs. Vaincues
» par les Francs, & ensuite par Charle-
» magne, leur gouvernement devint pu-
» rement Monarchique. Après l'extinc-
» tion des Descendans de ce Prince,
» les Etats se donnerent un Chef, dont
» ils diminuerent l'autorité pour aug-
» menter leur puissance ; & cette révo-
» lution fut le berceau de la grandeur
» de l'Empire. Les troubles qu'y fo-
» menterent les Souverains Pontifes,
» contribuerent sur-tout à l'accroif-
» sement de ce pouvoir ; car, d'un
» côté, les Ecclésiastiques, attachés à
» leur Chef spirituel, étoient toujours
» prêts à secouer le joug du Prince,
» tandis que d'autre part, les Laïques
» cherchoient à s'aggrandir, en se ren-
» dant utiles au Monarque persécuté.
» Il n'y avoit point alors de Loix géné-
» rales, qui fixassent leurs droits res-
» pectifs. Charles IV en régla une partie
» par la Bulle d'Or ; mais il ne␇trancha

pas

» pas tous les abus ; le droit du plus fort
» étoit toujours contraire à l'ordre pu-
» blic ; & l'on croyoit le justifier, en
» faisant périr son Adversaire dans un
» duel.

 » Cet usage cruel, dégénéré en une
» guerre civile, fit long-tems gé-
» mir l'Allemagne toujours en butte
» à l'ambition des Princes. Loin de le
» détruire, on fut obligé de le confir-
» mer en le soumettant à des formali-
» tés, au moyen desquelles on pouvoit
» poursuivre son droit par le vol, le
» pillage & l'incendie. Delà cette nom-
» breuse quantité de châteaux, que les
» uns élevèrent pour exercer plus libre-
» ment leurs rapines, les autres, pour
» se mettre à l'abri de ces brigandages.
» Delà ces pactes de confraternité, ces
» unions que les Villes firent entr'elles
» pour leur défense commune. Quel-
» ques Empereurs, convaincus de la
» nécessité d'arrêter ces désordres,
» s'occupèrent à établir la tranquillité.
» Les Princes eux-mêmes, fatigués de
» faire le métier de Brigands, & d'es-
» suyer à leur tour les vexations d'un
» voisin plus fort ou plus heureux,
» pensèrent enfin sérieusement au repos

» de leur patrie, & engagerent Maximilien I à publier cette fameuse *Paix publique*, qui, dans la suite, a été tant de fois confirmée par ses Successeurs.

» L'objet de cette loi étoit de prévenir les guerres intestines, & d'obliger les Etats à se pourvoir en justice pour terminer leurs prétentions. Elle défend les défis & les duels, porte la peine du Ban contre les Infracteurs & leurs adhérens; & pour ôter aux Princes tout prétexte de se faire justice eux-mêmes, on créa la Chambre Impériale, où ils doivent être jugés suivant les Loix de l'Empire. Les décisions de cette *Paix* garantiroient sans doute les Etats foibles de l'oppression & des injustices des plus forts, si l'on se faisoit un devoir d'en suivre les dispositions. Charles-Quint fut obligé de la renouveller plusieurs fois; & la derniere, confirmée par le traité de Westphalie, est celle qu'on a coutume d'alléguer, comme la plus claire & la plus ample.

» L'Allemagne commençoit à ressen-

» tir les douceurs de cette loi, lorf-
» qu'une fatale difpute de Religion en
» bannit peut-être pour jamais cette
» union parfaite, qui affure le repos des
» Peuples. La diffenfion, comme un
» fouffle rapide, paffa des Ecoles juf-
» ques dans les Cours des Souverains.
» Plufieurs Princes, que de prétendues
» exactions de la Cour de Rome irri-
» toient depuis long-tems contre les
» Papes, faifirent avec ardeur l'occa-
» fion qu'on leur préfentoit de fecouer
» le joug de l'Eglife Romaine. Luther
» leur mit lui-même les armes à la
» main, pour envahir le patrimoine de
» l'Eglife. Rien ne put arrêter les pro-
» grès du défordre après qu'on en eut
« négligé les commencemens. L'intérêt,
» l'ambition, l'envie, l'amour même
» & la haine, toutes les paffions dé-
» guifées fous les apparences du zele,
» devinrent tour à tour les refforts de
» ces grands mouvemens. Tout le corps
» Germanique fe partagea en plufieurs
» factions oppofées, qui confpirerent
» à fe détruire. L'Allemagne devint ainfi
» le théatre d'une guerre funefte dont
» l'Empire fut ébranlé, & qui le mit

» plus d'une fois en danger d'être enseveli sous ses propres ruines.

» Charles-Quint crut ramener le calme par la fameuse Paix de Religion, qui changea pour ainsi dire, la face de l'Empire par les droits accordés aux Protestans. Cette paix, publiée du consentement de tous les Etats, assure à tous les Ordres de la Confession d'Augsbourg, l'exercice libre de leur culte. Ceux d'entr'eux qui se sont emparés des biens Ecclésiastiques situés dans leur territoire, en conserveront la possession. On permet à tous Particuliers de changer de religion contre le gré de leur Seigneur, de vendre leurs biens, de quitter le pays; mais il est défendu aux Etats de s'enlever mutuellement des Sujets, en les tourmentant sur les objets de leur croyance. Tout Evêque, Prélat ou Bénéficier Catholique qui devient Protestant, est privé des fruits de son Bénéfice; & la nomination en est dévolue au Collateur ordinaire. Il a été réglé, par le traité de Westphalie, que cette décision, connue sous le

» nom de Réserve Eccléfiaftique, auroit
» lieu également contre les Bénéficiers
» Luthériens qui changeroient de Reli-
» gion. Ce même traité, qui a reftraint
» de toutes parts l'autorité de l'Empe-
» reur, a étendu & fixé celle des Etats,
» & les a portés à ce degré de puiffance
» où nous les voyons : auffi eft-il re-
» gardé comme la principale Loi pu-
» blique & fondamentale de l'Empire.

» On voit par ce précis des révolu-
» tions de la Germanie, comment elle
» fut d'abord affujettie à un gouver-
» nement Monarchique; comment ce
» gouvernement a été détruit; & par
» quels moyens les Etats font parvenus
» à l'autorité dont ils jouiffent. Ces
» révolutions ont fait naître le droit
» Public d'Allemagne, & contribué à
» fa perfection. Ce droit, qui a pour
» objet la forme du Gouvernement,
» & les prétentions réciproques du
» Chef & des Membres de l'Empire,
» eft fondé fur les Loix de la Nation,
» telle que la Bulle d'Or, la Capitu-
» lation des Empereurs, le traité d'Of-
» nabruck, les Recès d l'Empire, la
» Paix publique profane, celle de Reli-
» gion, &c, auxquels les Etats & le

» Chef sont également assujettis. La » forme de leur promulgation a exigé » dans tous les tems des especes de » Dietes, où l'on s'assembloit sous » l'autorité du Prince, pour délibérer » sur les affaires publiques. On réunis- » soit les articles convenus ; & ce re- » cueil, qu'on publioit à la fin de » chaque Diete, étoit appellé Recès de » l'Empire. Anciennement on les écri- » voit en latin ; & cet usage a été » constamment observé jusqu'au regne » de Maximilien, sous lequel la langue » Allemande a été généralement reçue » dans les actes publics. Ces Recès » n'ont force de loi, que lorsque l'Em- » pereur y donne son consentement, & » qu'ils sont publiés par ce Prince, de » l'avis des Etats.

» On est peu d'accord sur la véri- » table forme du Gouvernement Ger- » manique. Les uns en font un système » de républiques confédérées; les au- » tres, un mélange de monarchie, d'a- » ristocratie & de démocratie. Sa mo- « narchie paroît par l'obligation, où » sont tous les membres de la Nation » de prêter serment de fidélité à l'Em- » pereur, & de lui demander l'investi-

» ture de leurs Etats ; son aristocratie, » parce que ce Monarque ne peut rien » résoudre sans le concours du suffra- » ge des Princes ; sa démocratie est « marquée par les villes impériales ou » immédiates, qui ont leurs voix dans » les Dietes. D'autres en font une mo- » narchie limitée, dont tous les mem- » bres ne reconnoissent qu'un Chef, » qui leur parle en Maître dans l'exer- » cice de son autorité ; qui publie en » son nom seul toutes les Loix ; & » envers qui ils peuvent commettre « tous le crime de leze-Majesté.

» La forme aristocratique est peut-être, » dans la constitution actuelle, la plus » propre à désigner le Gouvernement » de l'Empire assemblé en Diete. Hors » delà, l'Allemagne est un gouvernement » féodal, dont les Vassaux ont acquis » les droits d'une souveraineté limitée » par les loix de la Nation. Le Corps » Germanique reconnoît un Chef ; il » ne reconnoît point de Maître. En » effet, il ne s'agit point ici d'un de » ces Monarques absolus, dont les » desirs sont des volontés, dont les » volontés sont des ordres, dont les » ordres sont des loix. Quel est donc

» & quel doit être le caractere propre
» & singulier d'un Empereur ? Celui
» d'un grand Prince qui gouverne,
» d'un Chef judicieux qui préside, d'un
» Monarque aimable qui conduit, quel-
» quefois d'un Maître qui commande,
» mais qui ne doit jamais oublier qu'il
» commande à des Souverains. Un Em-
» pereur, pour le peindre d'un seul
» trait, doit être ici bas l'image de
» Dieu qui fait connoître ses ordres,
» qui les insinue à ses créatures, qui
» rarement emploie la force & le pou-
» voir suprême pour se faire obéir.

» La nature de ce Gouvernement
» exige des assemblées publiques, con-
» nues sous le nom de Dietes, où l'Em-
» pereur, les Etats & les Princes déli-
» berent sur toutes les affaires dont la
» décision dépend du consentement gé-
» néral. Le droit de les convoquer
» appartient au Chef de l'Empire ;
» mais il doit consulter les Electeurs
» sur le tems & le lieu où elles doi-
» vent se tenir ; cette convocation
» se fait par des lettres imprimées,
» séparément adressées à tous les Etats,
» & où sont contenus les principaux
» articles qui doivent être mis en

» délibération. Suivant un ancien pri-
» vilege, l'Empereur devoit assembler
» sa premiere Diète à Nuremberg; mais
» si cet usage n'a pas toujours été suivi
» depuis Charles-Quint, la Loi exige
» du moins que ce soit dans une ville
» de l'Empire. Celle d'aujourd'hui, que
» sa longue durée a fait appeller la
» Diete perpétuelle, se tient à Ratis-
» bonne depuis 1663, & semble s'y
» être fixée pour jamais. Dans le cas
» où elle cesseroit, l'Empereur promet
» d'en convoquer une au moins tous
» les dix ans, ou chaque fois que les
» besoins & la tranquillité l'exige-
» roient, & toujours du consente-
» ment ou à la sollicitation des Elec-
» teurs. Autrefois ce Prince y paroissoit
» en personne ; mais depuis qu'elle
» continue ses séances sans interrup-
» tion, sa présence est devenue en quel-
» que sorte impossible. Il y envoie un
» Commissaire qui le représente. C'est
» pour l'ordinaire un Prince de l'Em-
» pire, qui a pour Adjoint un Juris-
» consulte ; & tous deux se font au-
» toriser par des lettres de créance.
» L'Electeur de Mayence, comme Di-
» recteur général en qualité d'Archi-

» Chancelier, propose les matieres
» qui doivent être mises en délibéra-
» tion ; & les affaires se décident, non
» pas dans l'ordre arbitraire que l'Em-
» pereur voudroit prescrire, mais
» suivant qu'elles influent plus ou moins
» sur les besoins de la Nation ou de
» quelque Cercle particulier: Les Etats
» se séparent pour délibérer en trois
» Chambres ; & c'est ce qui forme les
» trois Colleges, des Electeurs, des
» Princes & des Villes. L'Archevêque
» de Mayence préside au premier,
» dans lequel le Roi de Bohême n'a
» pas de voix, parce qu'il n'est re-
» gardé comme Electeur, que lorsqu'il
» s'agit d'élire un Empereur ou un Roi
» des Romains.

» Les Princes se divisent en deux
» Bancs, celui des Ecclésiastiques &
» celui des Séculiers, dirigés alternative-
» ment par l'Archevêque de Saltzbourg
» & par l'Archiduc d'Autriche ; ils
» alternent à chaque matiere ; & c'est
» toujours l'Archiduc qui commence.
» Les suffrages ne sont point recueillis
» par le Directeur, mais par le Maré-
» chal héréditaire de l'Empire ou son
» Représentant, qui passe successive-

SUITE DE L'AUTRICHE. 371

» ment d'un Prince Ecclésiastique à un
» Prince Séculier; ce qui se pratique éga-
» lement par le Directeur du College
» des Villes, en allant alternativement
du banc du Rhin à celui de Suabe.

» L'usage est que les deux premiers
» Colleges attendent qu'ils soient d'ac-
» cord entr'eux pour conférer avec les
» Villes, & leur communiquer leur dé-
» cision. Si celle des Villes est conforme,
» on dresse un résultat appellé Avis de
» l'Empire; si elle ne l'est point, on en
» dresse un autre qui fait mention de
» cette différence; mais qui n'empêche
» pas que l'avis des premiers, si l'Empe-
» reur y adhere, ne devienne loi obliga-
» toire. L'acte par lequel ce Prince con-
» firme les résultats des Colleges, s'ap-
» pelle décret de ratification; & ce sont
» ces résultats, souscrits & scellés par
» l'Empereur, par l'Electeur de Mayen-
» ce, par quelques Députés des Etats à
» la fin de chaque Diete, qu'on nomme
» Recès, lesquels sont publiés & adres-
» sés aux Cours Souveraines, pour être
» enregistrés & suivis.

» Si deux Colleges au moins ne peu-
« vent convenir d'un arrêté commun,
» ou si cet arrêté, souscrit même par les

Q vj

» trois Colleges, n'est pas approuvé par
» l'Empereur, tout reste indécis. Il suit
» de tout ce que je viens de dire, que
» l'unanimité des suffrages des trois
» Colleges n'est pas nécessaire pour
» faire un résultat de l'Empire, & que
» ce résultat pourroit à la rigueur se
» former du suffrage d'un des deux
» Colleges supérieurs & de celui des
» Villes. Tout ce qui regarde l'Empire
» en général, se décide dans chacun
» des trois Colleges à la pluralité des
» suffrages, excepté dans les causes de
» Religion, où les Etats se divisent en
» deux corps, celui des Catholiques,
» dont l'Electeur de Mayence est le Di-
» recteur, & celui des Protestans,
» présidé par l'Electeur de Saxe. Cha-
» que Corps délibere alors séparément,
» & se communique ses résolutions
» par son Président.

« Les Princes Ecclésiastiques ont à la
» Diete leur séance à droite, & les
» Séculiers siegent à gauche. Les pre-
» miers sont l'Archevêque de Salts-
» boug, le Grand-Maître de l'Ordre
» Teutonique, les Evêques de Bam-
» berg, de Wirtzbourg, de Worms,
» d'Aichstet, de Spire, de Strasbourg,
» de Constance, d'Augsbourg, d'Hil-

» desheim, de Paderborn, de Freylin-
» gen, de Ratisbonne, de Paſſaw, de
» Trente, de Brixen, de Bâle, de Liége,
» d'Oſnabruck, de Munſter, de Lubeck
» & de Coire. De ces vingt-un Evê-
» ques, il y en a dix-neuf de Catho-
» liques; celui d'Oſnabruck eſt ſucceſ-
» ſivement Catholique & Proteſtant, &
» l'Evêque de Lubeck toujours Luthé-
» rien. Ce dernier & celui d'Oſnabruck,
» s'il eſt Proteſtant, ſiegent ſur un banc
» particulier placé en travers. Outre les
» Evêques que je viens de nommer, il
» y en a encore d'autres qui prennent
» le titre de Princes du Saint-Empire,
» quoiqu'ils n'en ſoient plus membres,
» tels que les Archevêques de Beſançon
» & de Cambrai, les Evêques de Metz,
» Toul & Verdun.

» La puiſſance légiſlative n'appar-
» tenoit anciennement qu'aux Empe-
» reurs. Elle diminua à meſure que les
» Etats, profitant de leur foibleſſe ou
» de leurs beſoins, ſe l'attribuerent par
» la force, ou l'obtinrent par des con-
» ceſſions volontaires. Les Loix, avant
» le Traité de Weſtphalie, n'en avoient
» point encore fixé l'étendue; ce n'eſt
» que depuis cette époque, qu'ils ont,

» de droit, un pouvoir illimité de
» publier dans leur Territoire tels ré-
» glemens qu'ils jugent à propos, pour-
» vu qu'ils ne soient pas contraires aux
» constitutions générales ou particu-
» lieres du Corps Germanique.

» De ce premier droit dérive néces-
» sairement celui de juger ; ils ont donc
» sur leurs Sujets la Jurisdiction Civile
» & Criminelle, & nomment, pour
» l'exercer, des Magistrats qui pronon-
» cent en premiere instance ou par ap-
» pel. Les Electeurs, excepté ceux qui
» se sont restraints par des conventions
» particulieres, ont droit de décider en
» dernier ressort dans toute cause &
» pour toute somme. Les autres Etats,
» bornés pour la plupart dans leur Ju-
» risdiction, ne passent guere quatre
» cens florins ; ce qui va au-delà, se
» porte par appel au Conseil Aulique
» ou à la Chambre Impériale, à moins
» qu'on n'en soit dispensé par un pri-
» vilege spécial, auquel les Tri-
» bunaux supérieurs doivent toujours
» avoir égard.

» Dans les affaires criminelles, tous les
» Etats de l'Empire jugent en dernier
» ressort ; l'appel ne peut être reçu

» par la Chambre Impériale, que lorſ-
» que l'Accuſé ſoutient avoir été con-
» damné ſans qu'on ait admis ſes
« moyens de juſtification, ou qu'il y
» a nullité dans la procédure. Dans les
» cas où l'appel eſt recevable, les Tribu-
» naux ſupérieurs doivent prononcer
» ſuivant les Loix, Statuts & Coutumes
» de chaque Territoire. Enfin les Etats
» ont le pouvoir d'accorder des diſ-
» penſes d'âge, des lettres de répit,
» des privileges, des lettres de grace,
» de réhabilitation, &c. Ils ont la Ju-
» riſdiction Civile & Criminelle ſur
» leurs femmes, leurs enfans, ſur les
» Princes appanagés dans leur Souve-
» raineté, & même ſur les membres
» immédiats de l'Empire qui y poſ-
» ſedent des Domaines.

» Le droit de battre monnoie étant
» une ſuite de la Supériorité Territo-
» riale, tous les Etats peuvent l'exer-
» cer, mais toujours conformément
» aux Loix de la Nation. Ces Loix fixent
» le titre & la valeur des eſpeces, &
» marquent la quantité d'alliage qu'on
» peut y employer ; mais comme elles
» n'ont pas été conſtamment obſer-
» vées, l'Allemagne a vu pluſieurs fois

» toutes ses monnoies altérées, & sont
» au-dessous de la valeur ordonnée par
» les Réglemens. La Diete a souvent
» proposé des moyens pour détruire
» les mauvaises especes, & introduire
» une monnoie égale pour tous les Cer-
» cles ; mais comme chacun a voulu
» profiter de l'altération de l'argent, on
» n'est parvenu à aucun arrêté définitif.

» Les Electeurs délibérerent de nou-
» veau sur cette matiere, lors de l'élection
» de l'Empereur Charles VII, qui promit
» d'y donner ses soins ; mais les revers
» qui accompagnerent toutes les années
» de son regne, l'empêcherent de songer
» à l'exécution de cet article. On l'inséra
» dans la Capitulation de François I,
» qui adressa à l'Empire un Decret de
» commission à ce sujet. La Diete s'en
» est effectivement occupée dans plu-
» sieurs séances, mais sans prendre de
» résolution positive, parce que beau-
» coup d'Etats ont continué de eson-
» dre les bonnes especes pour en fabri-
» quer de nouvelles de bas alloi ; ce qui
» a achevé de discréditer la monnoie.
» On vient enfin de nommer une Com-
» mission qui doit faire l'essai de toute
» celle qui se fabrique en Allemagne;

SUITE DE L'AUTRICHE. 377
» mais cette opération rencontre tant
» d'obstacles, qu'il est difficile d'en pré-
» voir l'issue.

» Les Loix défendent aux Etats,
» sous peine de privation de leur droit,
» de faire battre monnoie ailleurs
» que dans les Villes que chaque Cer-
» cle a choisies pour cet effet, à
» moins qu'ils n'aient des mines d'or
» ou d'argent dans leur Territoire. Ces
» mêmes Loix veulent que les es-
» peces nouvellement frappées soient
» essayées dans des Assemblées particu-
» lieres de Cercles; mais ces épreuves
» sont entierement négligées, quoique
» l'Empereur promette toujours d'en
» procurer le rétablissement. Delà ré-
» sultent plusieurs inconvéniens très-
» nuisibles au Commerce : le premier
» est la disproportion qui se trouve,
» entre les monnoies des différens Ter-
» ritoires d'Allemagne, & entre celles-
» ci & les especes étrangeres : le second
» est l'énorme quantité de petites pie-
» ces, dans lesquelles les Etats, en re-
» fondant les grosses, doublent & tri-
» plent l'alliage; ce qui remplit néces-
» sairement tout l'Empire de mau-
» vaise monnoie rejettée chez l'Etran-
» ger, & diminue considérablement

» celle qui est au vrai titre. Les Ordon-
» nances prononcent en vain des peines
» rigoureuses contre ceux qui exercent
» cette manœuvre ; la négligence des
» essais rend ces menaces inutiles. Cer-
» tains Etats donnent à ferme le droit de
» frapper de nouvelles especes, & par-
» tagent le gain avec les Monnoieurs.

» Autrefois l'Empereur seul pou-
» voit établir des péages, & les per-
» cevoir à son profit. Il les abandon-
» na ensuite, par des concessions vo-
» lontaires, aux Evêques, aux Mo-
» nasteres & aux Princes. Dans les tems
» de troubles, les Etats se les approprie-
» rent sans le consulter, les augmen-
» terent, & en créerent de nouveaux ;
» mais le Traité de Westphalie ne per-
» met pas qu'ils en jouissent avec la
» même liberté, que des autres droits
» de la Supériorité Territoriale, lors-
» qu'il dit, que « tous les péages qui au-
» ront été introduits d'autorité privée,
» & sans le consentement des Electeurs
» & de l'Empereur, seront & demeu-
» reront abolis ». La raison de cette Loi
» est que les Etats ne percevroient pas
» les péages de leurs Sujets seulement,
» mais de tous les Vassaux de l'Empire

SUITE DE L'AUTRICHE. 379

» qui passeroient sur leur Territoire; ce
» qui les rendroit maîtres de la liberté
» ou de l'anéantissement du commerce.
» C'est à l'Empereur à réprimer les
» abus sur cette matiere, & à faire exé-
» cuter les Ordonnances, sans donner
» atteinte aux privileges des Etats,
» comme il l'a promis dans sa Capitu-
» lation. Les personnes exemptes des
» péages par toute l'Allemagne, sont les
» Electeurs, les Princes ou leurs En-
» voyés lorsqu'ils se rendent à la Diete,
» les Juges, Présidens, Assesseurs &
» autres Officiers attachés soit à la
» Chambre Impériale, soit au Conseil
» Aulique.

» Il est aisé de concevoir présente-
» ment, que les Etats ont le pouvoir
» d'exercer, dans leur Territoire, tous
» les droits de souveraineté, qui ne sont
» point limités par les Loix de la Nation.
» Ces droits, anciennement appellés
» Régaliens, Privileges, Jurisdictions,
» sont aujourd'hui compris sous le nom
» de Supériorité Territoriale. Comme
» ils ne sont pas le fruit d'une subite
» révolution arrivée dans le Gouver-
» nement, & que chaque Etat les a
» acquis insensiblement, & à mesure

» que les circonstances le favorisoient,
» on peut en considérer l'origine &
» l'aggrandissement sous quatre épo-
» ques : la première se rapporte aux
» tems des Empereurs Carlovingiens,
» qui, par leur foiblesse, frayerent aux
» Princes le chemin de la grandeur : la
» seconde, aux divisions qui s'éleverent
» entre les Papes & les Empereurs : la
» troisieme, au grand interregne, pen-
» dant lequel les Seigneurs Allemands
» pouvoient à leur gré accroître leur
» indépendance : la quatrieme, au Traité
» de Westphalie, qui confirma les droits
» de cette Souveraineté, en détermina
» l'étendue, & leur donna les formes
» légales dont ils avoient manqué jus-
» qu'alors. Ces droits appartiennent
» également à tous les Etats, quoique
» les plus puissans en jouissent avec plus
» d'éclat que les plus foibles ; mais ces
» différens degrés de pouvoir qui dis-
» tinguent les Princes d'Allemagne,
» n'augmentent ni ne diminuent les de-
» voirs qui les tiennent tous attachés à
» l'Empire & à son Chef. Dans plu-
» sieurs Territoires, le pouvoir du
» Souverain est tempéré par le con-
» cours des Etats Provinciaux, sans le

» consentement desquels il ne peut va-
» lablement faire des Loix, ni imposer
» sur ses Sujets, ni rien changer dans
» le gouvernement & la police.

» La Jurisdiction Ecclésiastique est
» regardée comme étant une partie de
» la Supériorité Territoriale ; en con-
» séquence, chaque Etat a le pou-
» voir d'introduire chez lui celle des
» trois Religions reçues par le Trai-
» té de Westphalie, qu'il juge à pro-
» pos ; c'est-à-dire, la Catholique, la
» Luthérienne & la Calviniste, en se
» conformant toutefois aux conditions
» prescrites par la Paix de Religion ;
» d'où il suit qu'il ne peut pas exercer
» ce droit contre ceux de ses Sujets
» qui, en 1624, jouissoient de la liberté
» de leur culte ; il doit au contraire les
» y maintenir, & empêcher qu'ils n'y
» soient troublés. A l'égard de ceux qui
» en ont changé depuis la paix de West-
» phalie, il est libre aux Etats ou de les
» tolérer, ou de leur accorder le béné-
» fice de l'Emigration. Dans le premier
» cas, ils doivent ne leur faire aucune
» violence, & leur permettre tout ce
» qui peut leur faciliter la connoissance

» & l'exercice de leur culte, tels que
» des Livres, des Ecoles, des Consis-
» toires, des Eglises, &c. Si au con-
» traire ils refusent de les tolérer, les
» Sujets peuvent quitter le pays, sans
» qu'on puisse les empêcher de vendre
» leurs biens, ou de les faire adminis-
» trer, & de venir de tems en tems sur
» les lieux, pour régler leurs affaires par
» eux-mêmes. Les Etats ont encore le
» pouvoir de permettre que l'exercice
» de plusieurs Religions se fasse dans la
» même Eglise.

» Si un Prince de la Confession
» d'Augsbourg, ou de la Religion Ré-
» formée, change de croyance, ou
» qu'il entre en possession d'un Terri-
» toire d'une autre communion que la
» sienne, il ne peut y rien changer,
» ni enlever les revenus Ecclésiastiques
» pour les remettre aux Ministres de
» son Eglise, ni rien faire qui puisse
» porter préjudice à la Religion ac-
» tuellement reçue dans le pays. Les
» Etats Protestans, en suivant les prin-
» cipes de leur croyance, sont les
» Chefs & les Directeurs de leur Eglise;
» & en vertu de ce pouvoir, ils or-
» donnent & dirigent le culte divin,

» nomment & confirment les Ministres,
» exercent toute Jurisdiction Ecclésias-
» tique sur leurs Sujets ; mais cette par-
» tie est confiée à un Consistoire, dont
» les Jugemens sont portés par appel
» au Conseil de Régence, & delà au
» Prince même. Les Etats Catholiques
» ont le même pouvoir ; mais ils ne
» l'exercent que sur les Protestans, &
» abandonnent au Clergé, suivant les
» regles du Droit canonique, cette
» même Jurisdiction sur les Sujets de
» leur Eglise. Dans beaucoup d'en-
» droits, outre les Consistoires Protes-
» tans, il y a des Synodes & des Con-
» seils ; & parmi les Ecclésiastiques,
» ceux qui occupent les Dignités émi-
» nentes sont appellés Inspecteurs, Pré-
» lats, ou Superintendans.

» Les Etats Ecclésiastiques Protestans
» sont tous Luthériens, à l'exception
» de l'Abbesse de Herford, qui est de
» la Religion Réformée. Ils ont de plus,
» ou la qualité d'Evêque, comme celui
» de Lübeck, ou d'Abbesse, comme celle
» de Quedlinbourg, &c. Ils parvien-
» nent à leur dignité par la voie de
» l'élection du Chapitre ou de l'Abbaye,
» & n'ont besoin ni de la confirmation

» de l'Empereur, ni de celle du Pape.
» Ils ne reçoivent ni les Ordres, ni le
» *Pallium*, ne prêtent aucun serment,
» ne reconnoissent point de Métropo-
» litain, n'acquittent point d'Annates,
» & ne sont assujettis qu'à recevoir
» l'investiture des mains de l'Empereur.
» Ils prennent les mêmes titres que les
» Catholiques qui sont d'égale dignité,
» & peuvent se marier lorsque leur ca-
» pitulation n'y forme point d'obstacle.
» Ils sont regardés d'ailleurs, & se
» comportent comme des Séculiers.

» Les Etats Ecclésiastiques Catholi-
» ques, tels que les Archevêques, les
» Evêques, les Abbés, les Abbesses,
» les Prévôts, &c, parviennent à leur
» dignité, comme les précédens, par la
» voie de l'élection ; mais elle doit être
» confirmée ou par le Souverain Pon-
» tife, ou, dans les Abbayes médiates,
» par l'Evêque Diocésain ; & avant
» que de recevoir la Consécration, ils
» sont obligés de faire leur confession
» de foi, & de prêter serment de fidé-
» lité au Pape. Une partie des deux pre-
» mieres années de leur revenu est pour
» le Saint Pere, dont dépendent immé-
» diatement les Archevêques. Ces der-
» niers

» niers ont sous eux des Evêques qui
» sont leurs Suffragans ; & les Abbés
» dépendent de l'Ordinaire, à moins
» qu'ils n'en aient été spécialement
» exemptés par le Saint Siege.

» Le droit de former des alliances,
» de faire la guerre ou la paix, d'avoir
» des Ministres publics, sont autant de
» parties de la Supériorité Territoriale.
» Le Traité de Westphalie lui assure
» cette prérogative, dont la disposition
» est répétée dans la Capitulation de
» l'Empereur, de maniere cependant
» qu'on ne se permette rien de con-
» traire à la Paix Publique, ni au ser-
» ment qui lie chaque Etat envers l'Em-
» pire & celui qui en est le Chef; c'est-
» à-dire qu'on ne doit attaquer ni sa
» dignité, ni la constitution du Corps
» Germanique; car s'il s'agit d'un dé-
» mêlé d'intérêt, la raison & l'expé-
» rience prouvent que cette défense ne
» peut avoir lieu. Cet article est sus-
» ceptible d'exceptions, de modifica-
» tions, & d'interprétations qui ne
» regardent guère que les petits Etats;
» les plus puissans sont au-dessus de
» toutes les Loix ».

» L'Allemagne est composée d'une multitude innombrable d'Etats libres & immédiats, différens en grandeur & en dignité, & qui, unis entr'eux, reconnoissent l'Empereur pour leur Chef commun. L'un de ces Etats porte le titre de Royaume, les autres celui d'Archiduché, de Duché, de Comté, de Marquisat, d'Archevêché, d'Evêché, d'Abbaye, de Landgraviat, de Margraviat, de Principauté, Seigneuries, Villes Impériales, &c, qui ont leur Gouvernement particulier, & jouissent de tous les droits appartenant à la Souveraineté. Quelques-uns même ont sous leur Jurisdiction d'autres Archevêques, Evêques, Prélats, Ducs, Princes, Comtes, Barons, Chevaliers & Nobles. Les Seigneurs Territoriaux sont appellés Membres immédiats du Saint Empire, & leurs Vassaux Membres médiats. Parmi les premiers, il y en a qui possèdent plusieurs de ces Etats libres, dont est composé le Corps Germanique ; il y en a même qui, élevés à la Royauté dans d'autres pays de l'Europe, ne laissent pas néanmoins de dépendre toujours de l'Empire

« & de son Chef. L'un & l'autre ont
» encore plusieurs Fiefs en Italie,
» qu'on divise à la Cour Impériale
» en Fiefs Lombards, tels que les Du-
» chés de Milan, de Mantoue & de
» Montferrat; en Fiefs Liguriens, dont
» les principaux sont possédés par les
» Princes Doria; en Fiefs Bononiens,
» qui comprennent les Duchés de Mo-
» dene & de Ferrare; en Fiefs Tos-
» cans, parmi lesquels se trouve le
» Grand Duché de Toscane. Ils sont
» tous obligés de fournir certaines con-
» tributions en tems de guerre; ce
» qu'ils font rarement sans y être for-
» cés. Au surplus, l'Empereur ne peut
» rien statuer en Italie sans le concours
» des Electeurs, Princes & autres Etats
» Germaniques.

Je suis, &c.

A *Vienne*, ce 27 Décembre 1756.

LETTRE CCXCVIII.

SUITE DE L'AUTRICHE.

Les commencemens du Christianisme en Allemagne, ses progrès, ses variations, les desordres qu'y causerent le libertinage, la superstition ou l'ignorance, & sur-tout les prompts & incroyables changemens qu'y ont apporté les erreurs de Luther, sont autant de morceaux séparés dans le Manuscrit de M. Duval, mais que je réunirai dans une seule Lettre, pour ne pas diviser les matieres, ni trop multiplier les articles.

» Les premieres lueurs de la Reli-
» gion Chrétienne furent communi-
» quées aux Allemands vers la fin du
» septieme siecle, par des Evêques d'An-
» gleterre & d'Irlande, & sur-tout par
» Robert de Worms qui vint se fixer
» à Saltsbourg. Un autre Anglois,
» nommé Winfried, envoyé par le
» Pape pour travailler à la conversion

» des Infideles du Nord, remplit sa
» mission dans la Thuringe, le pays de
» Hesse, la Frise & la Saxe, & y bap-
» tisa un grand nombre d'Idolâtres.
» Charmé de ces succès, le Souverain
» Pontife l'appella à Rome, le sacra
» Evêque, & le renvoya en Allemagne
» sous le nom de Boniface. Les progrès
» de la Foi furent encore plus rapides
» à son retour : il convertit les Peuples
» de Baviere ; & Grégoire III, qui tenoit
» alors la Chaire de Saint Pierre, lui
» accorda, avec le *Pallium*, le titre
» d'Archevêque des Germains, & le
» pouvoir d'ériger des Evêchés dans les
» pays récemment éclairés des lumieres
» de la Foi. Le nouvel Archevêque
» veilla alors avec encore plus de zele,
» non-seulement à étendre le Christia-
» nisme, mais à établir l'obéissance
» envers le Saint Siege, & employa
» même l'autorité séculiere, pour sou-
» mettre les Prêtres & les Evêques qui
» refusoient de reconnoître la supré-
» matie de l'Eglise de Rome. Boni-
» face fut le premier Archevêque de
» Mayence ; il se démit en faveur de
» Lulle son Disciple ; & après sa mort

» l'Eglise le plaça au nombre des Saints.
» On nous a conservé quelques-unes
» de ses lettres pleines de sincérité &
» de zele, mais dépourvues des graces
» du style.

» Charlemagne força, par une longue
» guerre, les Allemands, & spéciale-
» ment les Saxons, à professer la Reli-
» gion Chrétienne, sur-tout lorsque
» leur Roi Witikind eut reçu le baptême
» à Attigny. Louis le Pieux, dit le Dé-
« bonnaire, suivant son goût pour la
» fondation des Couvens & des Églises,
» les enrichit de ses dons, & en remplit
» toute l'Allemagne. Dans ces premiers
» tems les Moines reconnoissoient la
» Jurisdiction de leurs Abbés; & ceux-
» ci, ainsi que les Evêques & le Clergé
» en général, obéissoient à la Justice
» Séculiere. Insensiblement les Reli-
» gieux passerent sous celle des Evê-
» ques; mais ils regretterent bientôt
» leur ancienne liberté, & travaillerent
» avec succès à se soustraire à l'auto-
» rité Episcopale. Le Pape en exempta
» plusieurs de l'Ordinaire, & les soumit
» immédiatement au Saint Siege. Le
» Concile de Constance déclara nulles

» toutes ces exemptions ; mais l'abus
» ne put être entierement aboli ; & le
» fameux Traité, connu sous le nom
» de Concordat de la Nation Germa-
» nique, qui fut conclu entre Nicolas V
» & Frédéric III, acheva d'asservir
» l'Allemagne aux Loix de la Cour de
» Rome.

» Ce Traité, qui déplut à la plupart
» des Etats de l'Empire, & qu'on ob-
» serve cependant encore, porte en
» substance, que les Elections cano-
» niques & capitulaires seront rétablies
» dans tous les Chapitres, Eglises &
» Communautés ; que les provisions
» en Cour de Rome, les graces, les
» expectatives & autres especes de no-
» minations que le Saint Siege s'étoit
» arrogées, seront à jamais défendues,
» sous quelque nom qu'on s'avise de
» les renouveller ; que le Pape conser-
» vera le droit de conférer tous les Bé-
» néfices, dont les Titulaires mourront
» à Rome ou à quelques journées de
» cette Ville ; tous ceux qui vaqueront
» soit par la déposition de ces mêmes
» Titulaires, soit par leur translation
» faite par le Saint Siege ; ceux enfin

» que fa Sainteté déclarera vacans
» pour cause de nullité ou de vice
» commis dans les élections ; que les
» Canonicats ouverts dans les Mois de
» rigueur, demeureront à la difposi-
» tion du Pape ; qu'au lieu & à la place
» des Annates, le Souverain Pontife re-
» cevra, à chaque mutation, une somme
» fixe, permanente, & proportionnée
» aux revenus du Bénéfice.

» Tels sont les articles principaux
» de ce fameux Concordat, par lequel
» l'Eglise d'Allemagne est régie depuis
» plus de trois siecles. Les Capitula-
» tions Impériales imposent à chaque
» Empereur l'obligation expresse de
» veiller à son exécution, & de faire
» réformer les abus que la Chancellerie
» Apostolique, par une extension illé-
» gitime de ses droits, pourroit intro-
» duire dans la collation des Bénéfices.
» Plusieurs Etats ont reproché à Frédé-
» ric d'avoir sacrifié les intérêts de l'E-
» glise à son indolence, tandis qu'il ne
» dépendoit que de lui, de stipuler des
» conditions plus favorables. Au sur-
» plus, par le Traité de Westphalie,
» les Bénéfices des Protestans ont été

» affranchis des réglemens & de la
» gêne du Concordat ; mais les Sou-
» verains se mettent communément à
» la place du Pape, & nomment alter-
» nativement avec les Chapitres.

» L'état déplorable de l'Eglise d'Al-
» lemagne dans le moyen âge, en fit
» desirer la réformation ; & ce fut
» Luther qui l'entreprit au seizieme
» siecle. Il est bien vrai qu'on voyoit
» regner plusieurs désordres occasion-
» nés par l'ignorance & la supersti-
» tion ; mais l'envie de remédier aux
» abus, ne fut ni le seul, ni peut-être
» le véritable motif qui détermina les
» Peuples à secouer le joug de l'Eglise
» Romaine. Si l'on veut réduire les
» causes des progrès de la Réforme à
» des principes simples, on verra qu'en
» Allemagne ce fut l'ouvrage de l'in-
» térêt, en Angleterre celui de l'amour,
» en France celui de la nouveauté ; &
» rien de plus funeste que les suites de
» ce changement de Religion. L'Europe
» fut inondée de sang ; des Peuples
» entiers se révolterent contre leurs
» Maîtres légitimes & les précipiterent
» du Trône. On vit des guerres cruelles
» entre les Sujets d'un même Royaume,

» & l'on combattoit avec cet acharnement qui caractérise les guerres civiles; en un mot, ce ne fut que carnage, qu'horreur, que trouble, que confusion. Telles ont été les suites de l'hérésie de Martin Luther, Moine Augustin, né en Saxe en 1483, & Professeur de l'Université de Witemberg.

» Léon X, aussi prodigue d'argent, que fécond en projets dispendieux, avoit envoyé un Prélat en Allemagne, pour y faire prêcher des Indulgences, dont le produit devoit être employé à la construction de l'Eglise de Saint Pierre. Comme le Clergé Germanique & la Nation entiere s'étoient opposés plusieurs fois à un pareil négoce, le Pape avoit pris la précaution de gagner l'Electeur de Mayence, en lui accordant une partie des sommes que rendroit ce trafic simoniaque. Le Prélat inonda l'Allemagne, & particulierement la Saxe, de ses Subdélégués qui se livrerent sans retenue à ce genre de commerce. On affermoit les Indulgences comme on affermeroit une Terre; & l'on n'épargnoit rien pour

» retirer l'intérêt de son argent. Des
» Prédicateurs à gages en exagéroient
» tellement l'efficacité, que les bureaux
» de distribution pouvoient à peine
» satisfaire l'empressement du Public ;
» mais leur multitude les rendit enfin
» si communs, qu'on en vint jusqu'à
» donner à vil prix, jusqu'à jouer
» même dans les cabarets le pardon
» général de tous les péchés commis
» ou à commettre, & le pouvoir de
» délivrer les ames du Purgatoire.

» Comme les Augustins étoient de-
» puis long-tems en possession de prê-
» cher les Indulgences, ils ne virent
» qu'avec dépit, qu'on eût chargé les
» Dominicains de cette commission lu-
» crative. Aussi-tôt Luther, le plus élo-
» quent des Religieux de son Ordre,
» & le plus savant des Docteurs de
» l'Université, eut ordre de ses Supé-
» rieurs de monter en chaire, & d'atta-
» quer les Freres Prêcheurs qui avan-
» çoient souvent des propositions peu
» exactes. Celui-ci ne se contentant pas
» d'invectiver ses Rivaux, lâcha la
» bride à son humeur impétueuse, &
» se mit à prêcher contre les Indul-
» gences mêmes, qu'il déclara de nulle

R vj

» valeur. Bientôt après il leva le
» masque, & déclama ouvertement
» contre l'Eglise Romaine. Le Pape le
» cita à son Tribunal pour rendre
» compte de sa doctrine, sous peine
» d'être jugé par contumace, & frappé
» de l'excommunication. Luther en
» appella au Concile; & comme l'E-
» lecteur de Saxe avoit goûté ses opi-
» nions, ce Docteur eut assez de
» crédit pour faire brûler à Wittemberg
» la Bulle même de Léon X. Cette
» bravade fut, pour ainsi dire, la dé-
» claration de guerre qu'il fit à la Cour
» de Rome, & qui donna naissance au
» Luthéranisme. Le Peuple qui vit brû-
» ler publiquement la Bulle d'un Pape,
» perdit machinalement & sa confiance
» dans les Indulgences, & cette frayeur
» religieuse que lui inspiroient les dé-
» crets des Souverains Pontifes.

» Luther, quoique solemnellement
» excommunié, parut, à l'abri d'un
» sauf-conduit Impérial, devant la
» Diete de Worms; & y plaida sa
» cause avec une intrépidité incroyable.
» Charles-Quint le pressa vainement
» de se rétracter; mais toutes les ins-
» tances des partisans de la Cour de

» Rome n'ayant pu engager ce Mo-
» narque à violer son sauf-conduit, il
» accorda au Docteur Allemand un dé-
» lai de vingt-un jours pour retourner
» à Wittemberg. Il déclara néanmoins
» qu'il le tenoit pour notoirement hé-
» rétique, ordonna qu'il fût regardé
» comme tel, défendit de le recevoir,
« de le protéger, & commanda à tous
» les Princes, à tous les Etats de
» l'Empire, de le prendre, de l'empri-
» sonner après le délai expiré, & de
» poursuivre ses Fauteurs, ses Adhé-
» rens & ses Complices; mais l'Electeur
» de Saxe, qui protégeoit cet Hérésiar-
» que, le fit conduire secretement
» dans un lieu de sûreté, que Lu-
» ther, qui compara modestemens ses
» écrits à l'Apocalypse, appelloit son
» Isle de Pathmos. Ainsi l'Eglise de
» Rome, qui avoit armé l'Europe en-
» tiere, fait trembler les Soudans,
» déposé les Rois, disposé des Cou-
» ronnes, vit sa puissance & celle de
» l'Empire échouer contre les foibles
» efforts d'un Moine fugitif.

» Luther revint à Wittemberg;
» l'Université adopta ses sentimens;
» on y abolit la messe; on attaqua

» l'autorité des Evêques, l'ordre même
» de l'Episcopat ; & le Chef de la
» nouvelle Secte prit le nom d'Evan-
» géliste qu'il disoit tenir de Jesus-
» Christ. En vertu de cette mission, il
» devint le Patriarche de son Eglise,
» l'Apôtre de la Saxe, l'Oracle d'une
» grande partie de l'Allemagne. Son
» imagination véhémente échauffa les
» esprits ; il communiqua son enthou-
» siasme ; & étonné lui-même de la
» rapidité de ses progrès, il se crut en
» effet un homme extraordinaire, & se
» vantoit d'avoir, sans violence & par
» ses seuls écrits, été plus contraire à la
» Cour de Rome, que n'auroit pu faire le
» plus grand Monarque avec toutes les
» forces de son Royaume. « Je n'ai mis,
» disoit-il, le feu à aucun Monastere; mais
» presque tous les Monasteres sont ren-
» versés par ma plume & par ma bou-
» che ». Ce n'étoit pas le Peuple seul qui
» le croyoit un Prophete, les Savans,
» les Théologiens même de son parti le
» regardoient comme un homme divin.
» L'Ecriture Sainte étoit, selon lui,
» l'unique regle de notre Foi ; & chacun
» avoit le droit de l'interpréter. En
» conséquence il traduisit la Bible en

» langue vulgaire ; & quiconque fa-
» voit lire, prit part dès-lors aux dif-
» putes de Religion.

» Il y avoit peu d'années que Luther
» avoit publié sa doctrine ; & déjà il
» comptoit des Rois, des Princes &
» des Nations entieres au nombre de
» ses Sectateurs. Les Peuples qui se
» croyoient opprimés par leurs Souve-
» rains, les Souverains qui se sentoient
» mal affermis sur le Trône, défendi-
» rent la Secte naissante afin d'y trouver
» un appui. Elle pénétra en Suede & en
» Danemarck, où Gustave Vasa & le
» Duc de Holstein, qui s'emparoient de
» ces deux Royaumes, crurent ne pou-
» voir mieux assurer leur nouvelle
» puissance, qu'en obligeant leurs Sujets
» à changer de Religion en même tems
» qu'ils changeoient de Maître. Elle
» pénétra dans la Livonie & dans la
» Prusse par l'apostasie d'Albert de
» Brandebourg, Grand-Maître de
» l'Ordre Teutonique. Frédéric, Elec-
» teur de Saxe, & Philippe Landgrave
» de Hesse-Cassel la répandirent dans
» leurs Etats. Plusieurs Villes Impé-
» riales, & une partie des Cantons

» Suisses la reçurent avec un égal em-
» pressement.

» Telle étoit l'étendue du Luthéra-
» nisme, lorsque les Etats d'Allemagne
» s'assemblerent à Nuremberg. Les
» débats qu'y excita cette Diete, pro-
» duisirent un décret qui accordoit une
» tolérance religieuse jusqu'au futur
» Concile. Charles-Quint ayant de
» nouveau convoqué les Etats à Spire,
» voulut révoquer ce décret, & en
» substituer un plus favorable aux
» Catholiques; mais plusieurs Princes
» & Villes d'Allemagne protesterent
» contre son exécution ; delà le nom
» de Protestans, qui devint commun à
» tous Religionnaires.

» L'année suivante l'Empereur assista
» en personne à la Diete d'Augsbourg,
» où l'Electeur de Saxe présenta cette
» fameuse Confession de Foi composée
» par Mélancton, le plus sage des
» Disciples de Luther. C'est ici une
» des principales époques de l'établis-
» sement du Protestantisme, qui com-
» mença à nier publiquement la néces-
» sité de la Confession & des bonnes
» œuvres, à exiger l'abolition de la
» Messe & des vœux monastiques, &

» le rétablissement de la Communion
» sous les deux especes.

» Tels sont en partie les articles de
» cette célebre Confession d'Augsbourg,
» qui a comme fixé la croyance des
» Protestans ; mais comme ils s'apper-
» çurent que l'Empereur avoit résolu
» de les réduire par les armes, ils
» songerent à se mettre hors d'insulte
» en s'unissant pour la défense com-
» mune, conclurent la célebre ligue
» de Smalcade, & écrivirent à tous les
» Princes Chrétiens, pour leur faire
» connoître les motifs qui, en atten-
» dant qu'un Concile général pronon-
» çât sur les points de Religion qui
» troubloient l'Allemagne, les avoient
» déterminés à embrasser la Réforme.
» Les deux partis se préparerent à la
» guerre ; & l'Empire fut livré à tous les
» désordres qu'elle entraîne. Ils furent
» enfin appaisés par cet accommode-
» ment si connu dans l'Histoire sous le
» nom de Traité de Passau, le premier
» où l'on vit les Protestans balancer
» le parti Catholique, & traiter à forces
» égales. Il fut réglé qu'on auroit dé-
» sormais, dans tout l'Empire, l'exer-
» cice libre du Luthéranisme suivant

» la Confession d'Augsbourg. La paix
» de Religion vint ensuite confirmer
» ce premier accommodement, & le
» Traité de Westphalie y mit la der-
» niere main.

» La mort de Luther avoit prévenu de
» quelques années l'Assemblée de Passau.
» Les plus grands ennemis de ce Théo-
» logien fameux ont été forcés de
» convenir, qu'il allioit à des connois-
» sances peu communes, une force
» d'esprit extraordinaire ; qu'intraitable
» dans les disputes de l'école, & d'une
» véhémence qui alloit jusqu'à l'em-
» portement, il eut les principes les
» plus modérés à l'égard du gouver-
» nement civil ; qu'il prêcha constam-
» ment la paix, la soumission à l'au-
» torité légitime, & l'obéissance en-
» vers les Souverains ; qu'il les em-
» pêcha, tant qu'il vécut, de soutenir
» leur cause par les armes, & que le
» moment de son décès fut, pour ainsi
» dire, le signal des guerres de Reli-
» gion qui s'allumerent dans le cœur
» de l'Allemagne. Une imagination
» forte, secondée par l'esprit & nourrie
» par l'étude, le rendoit naturellement
» éloquent ; & ses succès, en flattant

» son orgueil, le portoient à une audace
» révoltante. Lorsqu'il donnoit dans
» quelque écart, les remontrances mê-
» me, loin de le ramener à la raison, ne
» faisoient que l'en éloigner.

» Un homme de ce caractere devoit
» nécessairement enfanter des erreurs;
» aussi, long-tems avant l'éclat des In-
» dulgences, avoit-il déjà commencé à
» combattre divers points de doctrine
» de l'Eglise Romaine. Dès l'année
» 1516, il fit soutenir des thèses pu-
» bliques, dans lesquelles les gens
» éclairés crurent voir le germe de
» ses hérésies. De la matiere des
» Indulgences il passa à celle de la
» Justification, des Sacremens, du
» libre arbitre, du Purgatoire, &
» donna carriere à toutes ses idées.
» Il disputa à l'Eglise le pouvoir
» d'absoudre les péchés, qu'il di-
» soit n'appartenir qu'à Dieu seul.
» Les mérites de Jesus-Christ, sans le
» concours des bonnes œuvres, lui
» paroissoient l'unique source de jus-
» tification, que la Foi seule peut nous
» ouvrir. Il attaqua la liberté de
» l'homme qu'il croyoit nécessité

» dans toutes ses actions, & fondoit
» cette opinion sur la corruption de sa
» nature, sur la certitude de la prescien-
» ce Divine, qui selon lui seroit anéan-
» tie si l'homme étoit libre; d'où il con-
» cluoit que Dieu faisoit tout en nous ;
» que le péché devoit être regardé com-
» me son ouvrage ainsi que la vertu; que
» ses préceptes étoient impossibles aux
» Justes lorsqu'ils ne les accomplissoient
» pas, & que les seuls Prédestinés avoient
» la grace de J. C. Luther n'admettoit
» que trois Sacremens, le Baptême, la
» Pénitence & le Pain, c'est le nom
» qu'il donnoit à l'Eucharistie, dont
» il changea le terme de transubstan-
» tiation en celui de consubstantiation,
» prétendant que le corps & le sang se
» mêlent avec le pain & le vin sans les
» détruire, comme le feu avec le fer. Il
» combattit l'infaillibilité de l'Eglise,
» l'autorité du Pape, & renouvella les
» erreurs de Wiclef & de Jean Hus
» sur les vœux, sur la priere pour les
» Morts. Enfin il franchit le dernier
» pas, pour lequel il avoit fait tous
» les autres ; il quitta l'habit monas-
» tique, & épousa publiquement une

» Religieuse dont il eut plusieurs enfans.
» D'autres Moines suivirent son exem-
» ple, & rentrerent dans le monde pour
» y prendre des engagemens plus doux,
» que ceux qu'ils avoient contractés
» dans le cloître ; ce qui donna lieu à
» ce bon mot d'Erasme : « on a beau
» dire que le Luthéranisme est quelque
» chose de tragique ; pour moi je n'y
» vois rien que de comique ; car le
» dénouement, comme à toutes les Co-
« médies, est toujours un mariage ». Les
» Prêtres Catholiques reprochoient à
» Luther, qu'il ne pouvoit se passer
» de femmes ; Luther leur répondoit
» qu'ils ne pouvoient se passer de Maî-
» tresses. Ce Patriarche de la Réforme
» acheva de donner au monde chrétien
» un spectacle le plus étrange, en per-
» mettant, par une décision authen-
» tique, au Landgrave de Hesse, d'é-
» pouser une seconde femme du vivant
» de la premiere.

» On ne peut nier qu'il n'y ait dans
» les ouvrages de Luther, recueillis en
» sept volumes in-folio, beaucoup de
» feu, d'esprit & d'érudition ; mais
» il y montre par-tout tant d'orgueil,
» de vanité, d'emportement, & de

» basses plaisanteries contre les Papes
» & l'Eglise Romaine, que la lecture
» en est insoutenable & révoltante :
» ce qui n'est que ridicule, c'est la
» fureur qu'il fait paroître en toute
» occasion contre les ouvrages d'A-
» ristote.

» Luther est le premier Ecrivain de sa
» Nation que l'on puisse citer. Sa poésie
» est pleine de noblesse, de chaleur &
» de force. Il a mis en vers plusieurs
» pseaumes, & a composé des hymnes
» qui sont encore en usage chez les
» Protestans ; je me souviens même
» d'avoir entendu chanter dans les
» Eglises Catholiques de la Baviere,
» quelques-unes de celles qu'il a tra-
» duites du Latin. Il est Auteur d'une
» version de la Bible, dont le style a
» une concision & une élégance naïve,
» que les Allemands ne connoissoient
» point avant lui. Parmi ses cantiques
» il s'en trouve plusieurs qui décelent
» un génie vraiment poétique. Sa ver-
» sification est beaucoup plus coulante
» que celle des Poëtes ses contem-
» porains ; & il avoit l'oreille si déli-
» cate, que souvent, dans plusieurs
» strophes, il observoit naturellement

» le rhytme introduit long-tems après
» par Opitz.

« Cet Hérésiarque reçut, après sa
» mort, les plus grands honneurs à
» Wittemberg. On lui érigea des mo-
» numens que les Espagnols, qui s'é-
» toient rendus maîtres de cette Ville,
» voulurent démolir ; mais Charles-
» Quint s'y opposa, en disant qu'il
» n'avoit plus rien à démêler avec un
» homme qui avoit actuellement un
» autre Juge, dont il ne lui étoit pas
» permis d'usurper la jurisdiction.
« Sachez, ajoutoit-il, que je fais la
» guerre non pas aux morts, mais aux
» vivans qui ont les armes à la main
» contre moi ».

« Les progrès du Luthéranisme ne
» furent pas par-tout les mêmes. En
» France il se vit étouffé presque dès sa
» naissance, par les erreurs de Calvin,
» qui, comme François, entraîna la
» préférence de ses Compatriotes ; il
» en fut de même dans les Pays-bas.
» En Angleterre il fut proscrit par
» Henri VIII, toléré par Edouard VI,
» persécuté par la Reine Marie, puis
» reçu, ainsi que les autres Sectes, par
» Elisabeth. Il gagna la Pologne par

» Dantzic, & y fut établi par Sigif-
» mond Auguste, qui crut avoir besoin
» de cette condescendance pour faire
» déclarer Reine une Radzivil, dont
» il étoit follement épris. En Hongrie
» le libre exercice de la Confession
» d'Augsbourg a été accordé après bien
» des guerres, dans lesquelles les Turcs
» sont venus plusieurs fois à son secours.
» Elle a éprouvé différentes fortunes
» en Transylvanie, & les Catholiques
» ont eu bien de la peine à se défendre
» contre les Luthériens. Ces derniers
» dominent en Courlande ; & ils ont
» fait tout plier sous leurs Loix en
» Suede & en Dannemarck. C'est dans
» ces deux Royaumes principalement
» qu'il faut en étudier les vicissitudes.

» Outre les trois Religions répandues
» en Allemagne, on y souffre aussi les
» Anabaptistes & les Juifs. Ceux-ci,
» conformément aux Loix de l'Em-
» pire, peuvent y être admis par les
» Etats qui possedent les droits réga-
» liens ; & dans plusieurs endroits,
» on leur accorde l'exercice public de
» leur culte. Cette Nation jouissoit an-
» ciennement de privileges fort éten-
» dus ; mais victime de la haine des
                                » Moines,

» Moines, & devenue odieuse par leurs
» calomnies, elle fut persécutée, pri-
» vée de ses droits, & même bannie.
» Dans les premiers tems, l'Empereur
» seul avoit le droit de permettre aux
» Juifs d'avoir ici des établissemens;
» mais par la suite, les Princes, les
» Comtes, les Villes libres, & même
» les Gentilhommes qui ont des Fiefs
» immédiats, se sont attribué le privi-
» lege de les admettre dans leurs terri-
» toires. Les regles qui leur sont le
» plus communément prescrites, sont
» de ne passer aucun contrat, aucune
» obligation avec les Chrétiens, que
» de l'approbation des Juges des lieux;
» de ne point établir de Synagogues,
» de ne point ériger entr'eux de char-
» ges publiques sans la permission du
» Souverain; de payer annuellement au
» fisc une certaine redevance par famille
» pour le droit de protection; d'être
» assujettis à un péage corporel, tou-
» tes les fois qu'ils sortent de l'Etat
» ou qu'ils y entrent; de ne point
» négocier en détail, ni d'avoir de bou-
» tiques ouvertes. Il y a cependant
» des Villes où il leur est permis, dans
» les quartiers qui leur sont assignés,

Tome XXIII.   S

» de faire toute sorte de commerce en
» gros & en détail ; mais cette liberté
» leur est vendue cherement. Il est de
» plus établi, qu'au couronnement de
» chaque Empereur, tous les Juifs d'Al-
» lemagne se cottisent, & lui fassent,
» par famille, un présent de cinq à six
» florins. Dans les tems difficiles, &
» lorsque la guerre est sur la frontiere,
» les Paysans trouvent chez cette Na-
» tion des ressources pour soutenir les
» charges dont ils sont tenus. S'ils ont
» été fouragés, s'ils ont perdu leurs
» bestiaux dans les corvées, les Juifs
» leurs font des avances qui les mettent
» en état de les réparer. Ces derniers
» s'emploient à la remonte de la cava-
» lerie ; ils s'intriguent pour faire venir
» des chevaux ; & l'on ne peut discon-
» venir que pendant toutes les guerres
» passées, ils n'aient rendu en ce genre
» de signalés services à l'Empire.

» On est moins étonné de la Persécu-
» tion qu'on exerce ici contre ce peuple,
» quand on considere le peu d'estime
» qu'ont pour les Juifs Allemands, je
» ne dis pas seulement les Chrétiens,
» mais leurs Freres même, les autres
» enfans de Jacob répandus dans le Mi-
» di de l'Europe. Les Portugais sur-tout

» & les Espagnols portent l'éloigne-
» ment, ou, si vous voulez, la dé-
» licatesse, jusqu'à ne contracter avec
» eux ni mariage, ni aucune espece
» d'alliance; & celui qui, en Angleterre
» ou en Hollande, épouseroit une Juive
» Allemande, perdroit aussi-tôt ses pré-
» rogatives, ne seroit plus reconnu
» pour membre de leur Synagogue, se
» verroit séparé du Corps de la Nation,
» & ne pourroit pas même être enterré
» parmi ses Freres. L'idée où ils sont
» généralement d'être issus de la Tribu
» de Juda, dont ils tiennent que les
» principales familles furent envoyées
» en Espagne du tems de la captivité
» de Babylone, ne peut que les porter
» à ces distinctions. C'est par cette po-
» litique sans doute, qu'ils ont conser-
» vé des mœurs pures, & acquis cette
» considération nationale, qui, aux
» yeux des Chrétiens même, les font
» distinguer des autres enfans d'Israël.
» Vous prendriez leur Synagogue de
» Hollande pour une assemblée de Séna-
» teurs; & les Allemands qui y entrent,
» ont peine à se persuader que ce soient
» des Juifs qui l'habitent. Une certaine
» gravité orgueilleuse, une fierté noble

» fait leur caractere distinctif; bien dif-
» férens de ceux d'Allemagne ou de Po-
» logne, que la misere chasse de leur
» pays, & que la seule pitié de leurs
» Freres fait recevoir. Le mépris dont
» on les accable, étouffe en eux le germe
» de la vertu & de l'honneur. Privés de
» tous les avantages de la société, mul-
» tipliant par les loix de la Religion,
» humiliés de tous côtés, souvent per-
» sécutés, toujours insultés, la nature
» avilie, dégradée en eux, n'a plus de
» commerce qu'avec le besoin; & ce
» besoin, qui se fait sentir avec tyran-
» nie, inspire à ceux qui en sont les
» martyrs, tous les moyens de s'y
» soustraire ou de le diminuer. N'est-ce
» pas applanir la route du crime, que
» de couvrir d'opprobre des gens qui
» ne s'en sont pas rendus coupables?
» Est-ce l'être en effet, que de rester
» constamment attachés à un culte
» regardé autrefois comme sacré, par
» ceux même qui le condamnent actuel-
» lement? On peut plaindre les Juifs,
» s'ils sont dans l'erreur; mais il seroit
» injuste de ne pas admirer la constance,
» le courage, la bonne foi, le désinté-
» ressement, avec lesquels ils sacrifient

» tant d'avantages temporels à une
» Religion qu'ils croient vraie ; plus
» injuste encore, cruel même, d'en
» prendre occasion de les accabler de
» mépris, d'insultes & d'outrages.

» Je sais qu'il existe souvent de ces
» haines innées, de ces préjugés na-
» tionaux qui ne portent sur rien, mais
» que rien ne peut détruire. Celui qu'on
» s'efforce de perpétuer contre les Juifs,
» remonte aux premiers siecles de notre
» Ere, & tire sa source d'un zele plus
» ardent qu'éclairé. Les nouveaux Chré-
» tiens ne pouvoient regarder qu'avec
» horreur une Nation qui avoit fait
» mourir leur Législateur & leur Chef ;
» & l'on chargea tout un Peuple du cri-
» me de quelques Particuliers. Les peres
» nourrissoient leurs enfans dans cette
» prévention ; ceux-ci la transmettoient
» à leurs Descendans ; & l'antipathie a
» subsisté ainsi durant des siecles, sans
» qu'on en ait encore bien senti l'in-
» justice ou le ridicule.

» On dit que l'usure est de précepte
» chez les Juifs, comme si Dieu, de qui
» ils tiennent leur loi, leur avoit com-
» mandé le crime. Ce qu'elle leur per-
» met, est de tirer un juste profit de

» l'argent qu'ils prêtent à des Etran-
» gers; mais en ce point, comme en
» tout autre, ils doivent se conformer
» aux Ordonnances des Souverains. S'il
» s'en trouve quelques-uns qui pren-
» nent un intérêt au-dessus des Régle-
» mens, peut-être ne doit-on pas leur en
» savoir si mauvais gré; car puisqu'on
» les exclut des emplois & des charges,
» qu'on leur interdit les arts, les mé-
» tiers & le commerce, qu'on les prive
» des moyens honnêtes de gagner leur
» vie, & que, pour comble de disgra-
» ce, on exige d'eux de fortes contri-
» butions, il faut nécessairement que
» pour vivre & les payer, ils prennent
» le parti de prêter à usure. A qui doit-
» on en attribuer la faute, si ce n'est
» à ceux qui les réduisent à cette ex-
» trêmité ? Laissez-les travailler en li-
» berté; permettez-leur de s'adonner
» aux sciences ou au commerce; & vous
» les verrez pratiquer avec probité,
» à l'avantage de l'État, les professions
» auxquelles il leur sera permis de se
» livrer; j'ose même dire qu'ils y ex-
» celleront; car non-seulement les
» Juifs ont été utiles dans tous les pays
» qui les ont reçus; mais ils ont toujours

» fait des progrès dans les sciences &
» les arts, sur-tout dans la Médecine
» & l'Astronomie, dès qu'ils ont voulu
» ou pu s'y appliquer. On les a vus
» commander les Armées en Portugal,
» rétablir en France les finances épui-
» sées, & faire fleurir toutes les par-
» ties du négoce. Une sagacité peu
» commune, une intelligence unique
» dans les petits détails, le don vrai-
» ment précieux de vaincre les obsta-
» cles, de n'être jamais surpris par l'é-
» vénement, d'attendre l'occasion sans
» la brusquer ; telles sont les heureuses
» qualités qu'ils apportent dans les af-
» faires. Artisans continuels de notre
» luxe, ils savent s'en garantir. Les
» privileges que leur ont accordés les
» Rois de Naples & de Sicile, de
» Suede & de Danemarck, de Prusse
» & de Pologne ; les Edits qu'ont don-
» nés en leur faveur l'Impératrice de
» Russie & d'autres Puissances éclai-
» rées, prouvent assez de quelle utilité
» ils peuvent être pour les Souverains
» qui les admettent dans leurs Etats.
» Ils sont reçus en Moravie, dans la
» Servie, la Croatie, la Moldavie, la
» Valachie, & dans la plupart des

» Villes d'Allemagne, avec liberté de
» religion. Ils ont des Synagogues à
» Apfurt, à Vorms, & dans tout le
» Palatinat. Ils sont en grand nombre
» dans la Prusse, & particulierement à
» Berlin & à Haberstat. Hambourg est
» appellé la petite Jérusalem par la
» grande quantité de Juifs qui y sont
» établis, & dont plusieurs s'adonnent
» aux sciences & cultivent les arts. A
» Vienne l'Empereur les favorise, les
» fait entrer dans les affaires, leur
» accorde même des titres d'honneur.

» Ce n'est pas qu'ils n'aient éprouvé
» bien des vicissitudes dans toute l'é-
» tendue de cet Empire ; une raison
» d'intérêt les faisoit admettre ; une
» raison pareille les faisoit proscri-
» re. Ils ont toujours eu des ennemis
» parmi le Peuple & les ignorans ;
» mais les hommes instruits, les Princes
» éclairés les ont jugés sur d'autres
» principes, les ont accueillis & re-
» cherchés, tant à cause de leur apti-
» tude pour les sciences, que relati-
» vement à leur intelligence pour le
» commerce & les affaires utiles au
» bien de leur Etat. L'intérêt ou le fa-
» natisme de quelques Particuliers ne

SUITE DE L'AUTRICHE. 417

» s'accordant point avec ces vues gé-
« nérales, leur a imputé des crimes
» imaginaires, pour les obliger à quit-
» ter le pays, & s'emparer de leurs
» dépouilles; mais ces accusations, ca-
» pables de les perdre si elles euſſent
» été vraies, n'ont ſervi qu'à mettre au
» jour la régularité de leur conduite.
» Dans une Ville d'Autriche, un Clerc
» qui avoit jetté à l'écart dans l'Egliſe
» une hoſtie teinte de ſang, perſuada au
» Peuple que les Juifs étoient les au-
» teurs de ce nouveau déicide ; mais
» convaincu d'avoir lui-même enſan-
» glanté ce pain non conſacré, il con-
» feſſa ſon atrocité & en ſubit le châ-
» timent. En 1342, la cupidité cachée
» ſous le zele ſuſcita contre les Juifs
» une eſpece de croiſade en Alſace; on
» les maſſacra inhumainement. Sept ans
» après la peſte ſe déclara dans la même
» Province; on s'en prit à ceux qui y
» étoient alors en très-petit nombre :
» on les accuſa à Strasbourg d'avoir
» empoiſonné les puits & les fontaines;
» & on les brula au nombre de deux
» cens dans leur cimetiere, où la po-
» pulace les avoit enfermés.
     » La ſoumiſſion pour les Puiſſances
S v

» paroît chez les Juifs un sentiment, un
» précepte de religion ; aussi est-elle
» une douce habitude, un véritable
» amour de la paix, une noble résigna-
» tion aux décrets éternels. Ils trou-
» vent dans l'union intéressante de leur
» famille une sorte d'adoucissement à
» leurs maux. Bienfaisans entr'eux, ri-
» gides observateurs d'une loi à la-
» quelle leur infortune les attache da-
» vantage, ils s'aident dans toutes leurs
» peines ; ils se punissent de toutes
» leurs fautes ; rebutés & insultés par-
» tout, ils n'opposent que la patience
» à l'outrage ; capables de reconnois-
» sance, ils n'ont jamais méconnu leurs
» Protecteurs ; & on les voit quelque-
» fois déployer une constance généreu-
» se pour les victimes du crédit & de la
» fortune. De plus, je doute qu'on trouve
» sur la terre un Peuple plus compatis-
» sant pour les malheureux : sa bienfai-
» sance ne se borne pas à ceux de sa Re-
» ligion ; elle s'étend jusques sur les Pau-
» vres de la Nation même qui l'opprime
» & l'avilit. Si les Juifs ont un défaut,
» c'est peut-être celui de porter trop
» loin la sensibilité à la vue des miseres
» qui affligent l'espece humaine. Leur

» charité est souvent un instinct aveugle
» de compassion, qui les empêche
» d'observer les mesures que la pitié
» éclairée admet & prescrit ; leurs au-
» mônes sont presque toujours des pro-
» fusions. Que ceux qui donnent dans
» les excès, ne s'en permettent jamais
» que de semblables.

» Je conviens que les secours que
» les Juifs offrent à l'indigence, sont
» quelquefois rendus funestes par l'usu-
» re, & que si ce peuple étoit trop nom-
» breux, il pourroit enfin devenir nuisi-
» ble. En se mêlant d'acheter & de débi-
» ter toutes sortes de marchandises, soit
» par la permission expresse des Sei-
» gneurs, soit par la tolérance des Ma-
» gistrats des Villes, ils se rendent Maî-
» tres de tout le commerce de la cam-
» pagne, & s'enrichissent aux dépens
» des Naturels du pays. Quelque fortune
» qu'ils ayent faite, ils ne contribuent
» point aux charges publiques propor-
» tionément à leurs facultés, puisqu'ils
» en sont quittes pour payer une
» capitation modique, le droit annuel
» de protection, ou le péage corporel.
» Ils ne travaillent point à la terre,
» & occupent, dans les campagnes,

S vj

» quantité de maisons, qui pour-
» roient être plus utilement habitées par
» des Laboureurs. Le Paysan trouvant
» chez eux de l'argent à emprunter
» pour payer les impositions, de-
» vient paresseux & tombe dans la
» misère. Un grand nombre de Juifs ne
» convient guere que dans des pays
» commerçans, & peut devenir un
» fléau pour un peuple agricole, tel
» que celui de la plus grande partie de
» l'Allemagne.

» En vain, pour les rendre odieux,
» on ose avancer qu'ils sont ennemis
» des Chrétiens. Ce ne sont point les
» vrais observateurs de notre Reli-
» gion qu'ils pourroient haïr ; c'est la
» calomnie & le Calomniateur ; c'est
» la persécution & le Persécuteur ; c'est
» le faux Chrétien, qui, au mépris de
» l'humanité, cherche de faux prétextes
» pour perdre ces Malheureux, & satis-
» faire en même tems son intérêt, sa
» vengeance ou sa haine. Ouvrons-leur
» nos villes ; permettons-leur de se ré-
» pandre dans nos campagnes ; recevons-
» les, sinon comme des Compatriotes, au
» moins comme des hommes ; laissons-
» leur entrevoir que nous les croyons

» dignes de nous aimer & de nous fer-
» vir ; qu'ils levent ces têtes que tant
» de siecles de honte avoient panchées
» vers la terre ; qu'ils se dépouillent
» de cet extérieur de bassesse & d'hy-
» pocrisie ; qu'ils ne nous approchent
» plus, sans nous montrer des êtres
» faits pour la confiance, faits pour
» l'estime ; que cette âpreté du gain,
» cette insensibilité, cette défiance
» cruelle, cette noire habitude de
» la fourberie & de l'usure sortent
» de leur cœur ; ou bien qu'ils de-
» viennent à jamais un Peuple dé-
» gradé, par-tout proscrit, par-tout
» malheureux ».

Je suis, &c.

A Vienne, ce 30 Décembre 1756.

LETTRE CCXCIX.

SUITE DE L'AUTRICHE.

» Les Allemands paroissent persuadés
» de très-bonne foi, qu'ils sont en état de
» disputer aux autres Nations la supé-
» riorité des connoissances; qu'on n'é-
» crit, qu'on n'imprime, qu'on ne lit
» nulle part autant que dans leur pays;
» que parmi une infinité de produc-
» tions, mauvaises à la vérité, il paroît
» de tems en tems des ouvrages impor-
» tans; qu'il n'est aucune science qu'ils
» n'aient connue & perfectionnée ; &
» que si les François ont eu autrefois la
» réputation de les surpasser dans les
» Belles-Lettres, il ne leur reste aujour-
» d'hui, à cet égard, qu'un foible avan-
» tage, si même ils l'ont encore sur les
» Protestans d'Allemagne. La Théologie
» leur doit ses plus grands progrès;
» ils ont sur-tout beaucoup contribué
» à l'intelligence du Droit Romain. On
» peut dire la même chose de la Méde-
» cine, dans laquelle Stahl, Ofman, &
» Van-Swiéten ont excellé de notre

» tems. Ce dernier vient de recevoir
» de sa Souveraine, toutes les marques
» d'honneur, dont on peut décorer un
» Bonnet Doctoral. Heister a fait des
» découvertes importantes dans l'Ana-
» tomie & dans la Chirurgie; on cite
» Pott & Marggraff pour la Chymie,
» Kepler & Otton de Guerike pour
» l'Astronomie & pour la Physique.
» L'Histoire doit aussi beaucoup
» aux Savans d'Allemagne : ce sont
» eux qui ont commencé à enseigner
» le Droit Public: On ne trouve point
» ailleurs autant de Professeurs pour
» cette science, autant d'écrits où
» elle soit traitée avec la même
» liberté, la même solidité ; dans
» aucun pays on n'a plus approfondi le
» code du genre humain. Ce vaste Empi-
» re, qui contient plus de Princes que de
» Provinces, est rempli d'Universités,
» dans lesquelles il y a communément
» une chaire établie pour le droit natu-
» rel. Les Princes Allemands sont flattés
» d'avoir des Sujets qui donnent des
» ouvrages au Public : les Gens de Let-
» tres, pour mériter leur estime, se
» trouvent dans une espece d'obliga-
» tion de se distinguer par quelque pro-

» duction ; & comme il est aisé d'écrire
» sur une matiere qu'on enseigne &
» dont on parle tous les jours, il en
» est peu qui ne publient tous les
» ans quelques livres sur la science qui
» fait l'objet de leurs études. Il est cer-
» tain du moins, que les essais, les thèses,
» les abrégés & les systêmes du droit
» naturel sont tellement multipliés,
» qu'on pourroit en composer une im-
» mense bibliotheque. Les personnes
» même qui ont le moins de talent, ont
» recours à cette matiere, quand elles
» ne savent sur quoi exercer l'activi-
» té de leur plume, & cela précisé-
» ment parce qu'on en a déjà tant
» écrit ; la médiocrité se sauve à travers
» la foule.

» Bien des gens ignorent qu'il y ait
» une littérature Allemande. Des Beaux-
» Esprits dans la Germanie ! Quels mots
» pour la plupart des oreilles Euro-
» péennes ! comme si l'esprit & la sottise
» n'étoient pas de tous les pays. La
» Thrace a bien eu ses Orphées, pour-
» quoi l'Allemagne n'auroit-elle pas ses
» Littérateurs & ses Poëtes ? Toutes les
» Nations, les François eux-mêmes, se
» sont élevés contre ce que le P. Bou-

» hours avoit avancé sur ce Peuple res-
» pectable, auquel il osa refuser l'esprit,
» le goût, & l'imagination embellie
» par les Graces. C'est dans la consti-
» tution politique plutôt que dans
» le manque de génie, qu'il faudroit
» chercher la cause de cette médiocrité.
» Partagée entre tant de Provinces,
» l'Allemagne n'a point de Capitale qui
» réunisse, comme dans un centre,
» tous les talens, dont le concours
» excite l'émulation. La gloire de ceux
» qui se distinguent, ne s'étend guere
» au-delà des limites d'un Etat borné;
» leurs récompenses, mesurées aux
» facultés des Souverains, sont tou-
» jours médiocres; & rien ne les engage
» à des efforts extraordinaires. De plus,
» l'application au Droit Public, si né-
» cessaire à la fortune, si préjudi-
» ciable au génie, absorbe tout le
» loisir de la Jeunesse studieuse. Sûre du
» mépris des Savans qui n'estiment que
» le latin, & sans appui du côté des
» Grands, qui souvent affectent de ne
» pas savoir l'Allemand, comment
» oseroit-elle se livrer aux Belles-
» Lettres? Toutes les vues tournées
» vers la politique, semblent l'éloigner

» des talens agréables. Rien ne seroit
» plus ridicule, que d'écrire en style
» fleuri sur des matieres scientifiques,
» de disserter galamment sur la fievre
» ou sur le droit des gens ; & de
» charger de guirlandes le portrait de
» Minerve, comme celui de Flore. Les
» Beaux Esprits Allemands n'en sont
» donc que plus estimables, d'avoir,
» sans protection, & malgré tant
» d'obstacles, réussi dans plus d'une
» partie de la Littérature.

» La Poésie est aujourd'hui très-floris-
» sante parmi eux : elle y respire la sim-
» plicité, la noblesse, la vérité & le na-
» turel. Ce ne fut guere qu'au treisieme
» siecle, qu'elle commença à s'élever
» du sein même des plus profondes té-
» nébres de la barbarie. Les Minne-Sin-
» gers furent, dans ces contrées, ce qu'é-
» toient alors en France les Trouba-
» dours. Ils ont fleuri sous les Empe-
» reurs de la Maison de Suabe ; on en
» connoît jusqu'à cent quarante ; pres-
» que tous grands Seigneurs, parmi
» lesquels il se trouve même des Sou-
» verains. Après la mort de Conrad
» le jeune, dernier Prince de cette
» Maison, la Poésie Allemande fut

» négligée ; & les Minne-Singers tom-
» berent dans le mépris. Les Meister-
» Singers leur succéderent : c'étoient
» des gens du peuple, presque tous
» ouvriers de profession, qui s'imagine-
» rent que la poésie pouvoit être mise
» au rang des métiers : on obtenoit
» d'eux la permission de faire des vers,
» comme celle de faire des souliers ou des
» habits ; & afin de pouvoir rimer en
» paix, il falloit être inscrit sur les re-
» gistres de la Communauté, divisée en
» Garçons-Poëtes, en Compagnons
» Poëtes, & en Maîtres Poëtes. Les pri-
» vileges étoient expédiés au nom du
» Corps ; & le Chef de cette respecta-
» ble Confrairie étoit un Cordonnier
» de Nuremberg, qui a laissé cinq vo-
» lumes in-folio, où quelques étin-
« celles de génie brillent à travers la
» grossiéreté & l'ignorance.

» Cette Communauté de Poëtes-Ar-
» tisans subsista pendant un siecle. Une
» lumiere plus pure éclaira l'Allema-
» gne. Des hommes vraiment nés avec
» des talens, firent sortir les Muses des
» boutiques, & les ramenerent sur l'Hé-
» licon. On ne s'attendoit pas à voir
» naître d'excellens Poëtes dans tous

» les genres, chez des Peuples qui, juſ-
» ques - là, n'avoient paru deſtinés
» qu'aux travaux infatigables d'une pe-
» ſante érudition. Au commencement
» du quatorzieme ſiecle, Hugues Tum-
» bergs donna un poëme ſatyrique-
» moral, intitulé *le Coureur*, dans le-
» quel il cenſuroit tous les états ſans
» excepter le Clergé. Brandt & Fiſchar
» ſe firent enſuite quelque réputation ;
» mais la dureté de leurs vers les a laiſ-
» ſés dans l'oubli. Le dernier, Contem-
» porain de Rabelais, avoit traduit Pen-
» tagruel, où l'on remarque une ex-
» preſſion auſſi originale & encore plus
» d'ordures que dans le François.

» Le ſiecle de Luther eſt, à pro-
» prement parler, l'époque de l'éta-
» bliſſement des Lettres & de la bon-
» ne poéſie. Il s'éleva des hommes
» nourris de l'étude des Anciens,
» animés par le génie, & doués de ce
» goût heureux, preſqu'auſſi nécef-
» ſaire que le génie même. Ce fut
» ſur-tout dans ce même tems, qu'on
» commença à perfectionner la langue
» du pays ; mais comme dans preſ-
» que toutes les Provinces Catholiques
» de l'Empire on parle un mauvais

» idiome, la culture de la langue &
» des Lettres est restée aux Protestans.

» Le Silésien Opitz, qui vivoit cent
» ans après Luther, est regardé comme
» le pere de la poésie Allemande. L'Em-
» pereur Ferdinand lui donna des titres
» de noblesse ; & il fut estimé univer-
» sellement de tous les Princes ses Con-
» temporains. On vient de réimprimer
» ses ouvrages en Allemagne & en
» Suisse avec tous les ornemens, toutes
» les superfluités, dont on a soin actuel-
» lement de renchérir les éditions.

» Le tems que renferme cette épo-
» que, abonde en génies qui se sont
» exercés & distingués dans tous les
» genres ; mais celui qui a travaillé
» avec le plus d'ardeur à la perfec-
» tion de la Langue, est le célebre
» Gottsched, né à Konigsberg, Ca-
» pitale de la Prusse. Cet illustre
» Bienfaiteur de sa Patrie est actuelle-
» ment Professeur en Philosophie & en
» Poésie dans l'Université de Leipsick,
» où il rassemble, sous les drapeaux
» d'Apollon, une multitude d'Eleves,
» parmi lesquels il s'en trouvera cer-
» tainement, qui feront honneur à
» leur Maître. Il avoit lu les grands

» Ecrivains du siecle de Louis XIV;
» & enrichi ses ouvrages de ce qu'ils
» lui offroient d'excellent. Avant lui, il
» n'y avoit guere que les Gens du mon-
» de, qui connussent les Auteurs François.
» Peu curieux de la littérature mo-
» derne, les Savans ne lisoient que des
» Commentateurs & des Jurisconsultes;
» & les jeunes Allemands qui alloient à
» Paris pour se former l'esprit & le
» goût, ne voyoient que les Compagnies
» où l'on est dispensé d'en avoir. Les
» Compatriotes de Gottsched lui ont
» donc obligation de leur avoir décou-
» vert les sources du vrai beau ; mais
» comme il y a ici beaucoup d'Uni-
» versités, que les emplois y sont
» très-lucratifs, que ceux qui cultivent
» les Lettres, n'ont d'autre ambition
» que d'être mis au nombre des Pro-
» fesseurs, toute la littérature du pays
» est en quelque sorte concentrée dans
» les Colléges ; & c'est, je crois, ce qui,
» jusqu'à présent, a empêché les Al-
» lemands d'attraper cette légereté,
» cette délicatesse, ce sentiment fin,
» que le seul usage du monde choisi,
» & le commerce agréable des deux
» sexes peuvent inspirer. Le Dieu du

» goût monte rarement dans une chaire
» de College avec la robe & le bonnet
» de Docteur ».

On pourroit objecter à M. Duval, que Gottfched, dont il vient de faire l'éloge, & presque tous les grands Ecrivains que l'Allemagne a produits, ont été, ou sont encore des Professeurs d'Université.

» Un homme qui a parfaitement
» saisi le ridicule de ces Savans Erudits,
» & les a peints dans ses satyres avec
» des couleurs fortes & riantes, c'est
» Rabener, Auteur Saxon, qui, quoi-
» que satyrique, a fait un grand che-
» min dans la finance. Il étoit Revi-
» seur des tailles à Leipsick, & de-
» meure actuellement à Dresde. Ses
» ouvrages sont très-estimés dans sa
» patrie, parce que les défauts qu'il
» reprend y sont très-communs, & par
» conséquent connus de tous ses Lec-
» teurs.

» Mais en louant l'abondance des
» Poëtes Allemands dans plusieurs gen-
» res, on est obligé d'avouer qu'ils
» laissent beaucoup à desirer dans le
» dramatique, & n'ont aucun Auteur
» qu'on puisse regarder comme ori-

» ginal. Dans la Comédie sur-tout ;
» ils sont incapables jusqu'ici d'en-
» trer en lice avec Moliere. On lit
» quelques pieces où il y a de l'ef-
» prit, de la finesse, de la correc-
» tion ; & c'est à peu près tout ce
» qu'on y trouve. Pour le lyrique, ils
» ont, si on les en croit, un Anacréon
» dans Gleim, dans Weisse, dans
» Hagedorn ; un Chaulieu, un Rous-
» seau, & même un Horace dans Utz.
» Lessing, Gellert, Lichtwehr &
» Gotthold se sont illustrés par d'ex-
» cellentes fables. On y voit de l'es-
» prit, du sel, & un genre nouveau
» qui annonce du génie. Gessner, Ross,
» & Gartner ont donné des chefs-
» d'œuvre dans la poésie Bucolique &
» Pastorale. Peut-être ces Auteurs se
» sont-ils trop attachés à imiter les mo-
» deles de l'antiquité ; & pechent-ils
» quelquefois par un entassement d'i-
» mages, qui sont l'effet d'une stérile
» abondance. Ils connoissent les An-
» ciens ; mais le goût ne préside pas
» assez à leur imagination. Ils ne dis-
» tinguent pas toujours les beautés
» vraies & de tous les tems, d'avec
» celles qui cessent de l'être avec leur
» siecle.   » A

» A entendre encore les Allemands, » la France n'a point eu de Satyriques » préférables à Rabener, à Kanitz, à » Haller. Je conviens que du côté de la » poésie pittoresque, ces Ecrivains » peuvent avoir quelque avantage. M. » Kleist est mis à côté de Thompson. » Ses ouvrages offrent des détails poé- » tiques, mais sans variété, des images » trop fortes, & des comparaisons » outrées. Cramer, Poëte lyrique, a » traduit les Sept Pseaumes avec toute » l'énergie de l'enthousiasme qui enflam- » me l'original. Il est encore connu par » plusieurs odes sacrées, dont rien » n'égale le pathétique & le sublime. » Le beau *poëme de la Solitude* du Baron » de Cronegk suffiroit seul pour lui » faire une réputation, si sa poésie étoit » plus variée. Ce sont toujours des » ruisseaux qui serpentent dans les » prairies à travers les fleuves, des oi- » seaux qui chantent dans les bois, le » soleil qui dore les montagnes, la » lune qui dissipe l'obscurité de la » nuit, &c. Le sentiment, la vérité » & les images caractérisent les pasto- » rales judaïques de Schmidt & de » Breitembauch : mais on y désireroit

Tome XXIII. T

» plus d'harmonie & de naturel.

» Zacharie, dans ses Quatres Parties
» du Jour, s'est attaché à rendre tous
» les objets de la nature qui ont pu lui
» fournir des tableaux ; mais ses images
» de la nuit sont sombres comme elle.
» Au sein des ténébres, il s'égare au mi-
» lieu des tombeaux, & prend Young
» pour modele, comme dans les autres
» parties il avoit imité Thompson ;
» il a, comme eux, le défaut de vouloir
» tout peindre, tout dire, tout détailler.
» Cette abondance de luxe dépare ses
» ouvrages, où l'on remarque plus de
» génie que de goût.

» La hardiesse & l'indécence font
» le principal caractere des Poésies de
» Thumel, qui a chanté les amours
» très-peu intéressantes d'un Ministre
» Protestant, Curé d'un petit Village.
» Les ouvrages de Jacobi ont cette fleur
» de sentiment & de délicatesse, qui
» perdroit beaucoup de son prix en
» passant dans une autre langue. Son
» ode anacréontique au Lit de Bélin-
» de, offre la peinture la plus sédui-
» sante de cette volupté douce, qui
» s'allie avec la modestie & la vertu.

» Presque toutes les pieces de Haller

» sont philosophiques & morales. Son
» poëme des Alpes est une de ses
» meilleures productions. On y voit
» marcher d'un pas égal, la poésie & la
» raison, la fiction & la vérité. Le sujet
» aride en apparence, devient d'une fé-
» condité admirable sous la plume de
» l'Ecrivain, qui y a répandu de la
» grandeur, de la majesté, des graces
» & de l'enjouement. Son but est de
» peindre le physique des Alpes, & les
» mœurs innocentes des Peuples qui les
» habitent.

» La Messiade est ce qu'on peut lire
» de plus poétique après Milton.
» Klopstock qui en est l'Auteur, &
» qui réunit au génie du Poëte les
» connoissances profondes du Littéra-
» teur, n'a besoin que de ce seul ou-
» vrage, pour être mis au rang des meil-
» leurs Ecrivains de sa Nation ; mais
» Gellert est celui qui paroît avoir por-
» té le plus haut la gloire des Lettres en
» Allemagne. On le félicite de ne s'être
» point amusé dans ses Comédies, à sai-
» sir de petites nuances de ridicule pres-
» que imperceptibles, & propres seule-
» ment à être jouées devant un Peuple
» de métaphysiciens; mais on trouve

» que ses dialogues sont diffus & traî-
» nans, ses intrigues foibles & froides.

» L'Auteur du poëme d'Abel, le
» Suisse Gessner, s'est nourri de la lec-
» ture des Anciens & des Livres sa-
» crés ; mais son sujet, qui prête peu à
» la fiction, se trouve resserré dans un
» cercle d'événemens si étroit, que
» pour remplir la mesure ordinaire de
» l'épopée, il a fallu recourir à de fré-
» quentes descriptions, à de longs en-
» tretiens, à des peintures du cœur, à
» des tableaux de sentimens & d'autres
» détails accessoires, pour lesquels l'Au-
» teur a montré beaucoup de talent. Le
» sujet principal est noyé dans des épi-
» sodes d'une longueur fatigante. Le
» parfum des fleurs, l'émail des prairies,
» le murmure des eaux, le souffle des
» zéphirs, l'éclat des astres, le chant
» des oiseaux, les fruits de la terre, les
» charmes de l'hymen, les douceurs
» de l'amitié, la tendresse paternelle,
» l'amour filiale, & tous les lieux
» communs de la vieille poésie, font
» de ce poëme une galerie de peinture,
» plutôt qu'un édifice auguste & ma-
» jestueux: Ici, comme dans ses autres
» ouvrages, Gessner est un de ces

» Peintres qui tournent toujours les
» yeux vers la nature, & savent allier
» l'amour des plaisirs à celui de la
» vertu, les bonnes mœurs avec la
» vraie philosophie, une richesse d'i-
» mages à la flamme du sentiment.

» On remarque comme une singula-
» rité de la poésie Allemande, que les
» vers se scandent comme ceux des
» Latins, & sont en même tems rimés
» comme les vers François ; mais on
» évite les rimes d'une syllabe entiere
» avec autant de soin, que les François
» les recherchent ; & ce qui est richesse
» pour ces derniers, est stérilité pour
» les oreilles Germaniques.

» Dès le neuvieme siecle l'Allemagne a
» commencé à produire des Ecrivains,
» dont l'Histoire nous a conservé le sou-
» venir, & qui se sont succédés jusqu'à
» nos jours. Un Réginon, Abbé de Prum,
» a donné une Chronique & un Recueil
» de Canons, qu'on cite encore avec
» éloge. Un Luitprand, Evêque de
» Crémone, a écrit d'un style dur &
» véhément une Relation, en six Livres,
» de ce qui s'est passé en Europe de
» son tems ; ses récits ne sont pas tou-
» jours fideles ; il est ou flatteur ou sa-

» tyrique. Un Dithmar, Evêque de
» Mersbourg, a laissé une Chronique
» écrite avec sincérité, pour servir à
» l'Histoire des Henris & des Othon;
» Leibnitz en a donné une édition dans
» ses Ecrivains de Brunsvick. Un Adam
» de Breme, Chanoine de cette Ville,
» a composé une Histoire Ecclésiastique,
» où il traite de l'origine & de la pro-
» pagation de la Foi dans les pays
» Septentrionaux. Un Lambert d'Af-
» chaffenbourg, Moine Bénédictin,
» a lié à un Abrégé d'Histoire Uni-
» verselle, le récit des événemens
» arrivés de son tems. Un Sigebert,
« Religieux de Gemblours, passoit
» pour un homme d'esprit, un savant
» universel, & un bon Poëte : son
» Traité des Hommes Illustres est lâche-
» ment écrit ; mais on y trouve des
» choses curieuses, & des faits exacts.
» Un Burchard, Evêque de Vormes,
» qui a fait une compilation intitulée *le*
» *Grand Volume des Décrets*, avoit acquis
» une si grande autorité, qu'il suffisoit,
» dans les disputes de l'école, d'alléguer
» une de ses sentences, pour terrasser
» son Adversaire. Delà vient, dit-on,
» le mot de *Brocardicum*, un brocard,

SUITE DE L'AUTRICHE. 439
» pour déſigner une attaque vive, pi-
» quante & ſans réplique. Un Othon,
» Evêque de Friſingue, alla en France
» faire ſes études, fut Moine à Morimont,
» puis Abbé, enſuite Evêque, & trou-
» va encore moyen de compoſer une
» Chronique depuis le commencement
» du monde juſqu'en 1146, avec un
» Traité de l'Antechriſt. Un Godefroy
» de Viſorbe a écrit ſous le titre de Pan-
» théon, tout ce qui s'eſt paſſé depuis
» Adam juſqu'au douzieme ſiécle de no-
» tre Ere, & une Généalogie des Rois
» & des Empereurs depuis le déluge
» juſqu'à Henri IV, dont il étoit
» l'Aumônier. Cet Auteur affecte dans
» ſes vers, quoique latins, des rimes &
» des jeux de mots ridicules, ſuivant
» l'uſage de ce tems de barbarie. Un
» Gonthier, Religieux Allemand, eſt
» Auteur du *Ligurinus*, Poëme Latin
» ſur les guerres de Fréderic, en Italie.
» Une Sainte Hildegarde, Abbeſſe du
» Mont Saint-Rupert, a laiſſé trois Li-
» vres de Révélations, qui l'ont rendue
» célebre même dans ſa patrie, & l'ont
» fait eſtimer des Papes & des Empe-
» reurs. Un Conrad de Lichtenau, Abbé
» d'Uſperg, a recueilli les principaux

T iv

» événemens de son siecle, & en a com-
» posé une Chronique, où il flatte au-
» tant les Empereurs, qu'il ménage
» peu les Souverains Pontifes. Albert,
» dit le Grand, Evêque de Ratisbonne,
» est plus célebre par les secrets qu'on
» a publiés sous son nom, que par
» ses Commentaires sur Aristote, sur
» Saint Denis l'Aréopagiste, sur Pierre
» Lombard, & par les subtilités bar-
» bares d'une logique diffuse & inin-
» telligible. Herman, surnommé le *Con-*
» *tractus*, parce que dans son enfance
» il avoit eu les membres rétrecis, a
» passé pour profond dans l'Histoire &
» dans les Langues; mais ce qui l'a fait
» connoître principalement est le *Salve*
» *Regina* & l'*Alma Redemptoris*, qui font
» plus d'honneur à sa piété, qu'à son
» génie.

» Thomas-à-Kempis, Chanoine-
» Régulier du Diocèse de Cologne, a
» écrit, imité, traduit ou copié plu-
» sieurs ouvrages de dévotion, parmi
» lesquels est l'Imitation de Jésus-Christ,
» le premier, après l'Ecriture Sainte, de
» tous les livres de ce genre, & le plus
» beau, a dit un homme d'esprit, qui soit
» sorti de la main des hommes. Est-ce
» effectivement un Chanoine-Régulier

» d'Allemagne, ou un Bénédictin d'Italie,
» qu'on doit regarder comme le véri-
» table Auteur de ce livre admirable ?
» Cette question, peu importante en
» elle-même, a été agitée avec chaleur
» par les Bénédictins & les Chanoines-
» Réguliers, pendant une grande partie
» du dernier siecle. Après une infinité
» de dissertations, de réponses & de
» répliques, les Combattans s'apper-
» cevant enfin que leur acharnement
» mutuel scandalisoit le Public, aban-
» donnerent, de part & d'autre, le champ
» de bataille. Peut-être même n'y se-
» roient-ils jamais entrés, si, des deux
» côtés, ils s'étoient rappellé ce passa-
» ge de l'Imitation même, qui dit «
» que ces sortes de questions engen-
» drent souvent des différends & des
» contestations inutiles, nourrissent
» l'orgueil & la vaine gloire, d'où
» naissent les envies & les dissensions,
» l'un se déclarant pour un tel Saint,
» & l'autre s'efforçant avec orgueil
» d'en mettre un autre au-dessus (*) ».
» J'exhorte tous ceux qui seroient
» d'humeur de renouveller cette que-

_____

(*) Livre III, chap. 44.

T v

» relle, de lire le reste du Chapitre;
» il leur sera plus utile que toutes les
» dissertations qu'ils pourroient faire
» à ce sujet.

» Les autres Ecrivains ou Savans Al-
» lemands qui ont fleuri dans les der-
» niers siecles, sont un Nicolas de
» Cusa, du Diocèse de Treve, de fils
» de Pêcheur devenu Cardinal, & dont
» les Œuvres imprimées présentent des
» Traités de Théologie, de Mathéma-
» tiques, d'Astronomie & de Contro-
» verse, où tantôt il calcule la venue
» de l'Ante-Christ, qu'il place à l'année
» 1734; tantôt il emploie tout ce qu'il
» a d'esprit, pour faire l'éloge de l'i-
» gnorance. Ce n'est donc point un pa-
» radoxe nouveau, que de prétendre
» que les arts & les sciences ont cor-
» rompu la nature; c'est n'avoir fait
» que répéter ce qu'on avoit dit de
» l'Arbre d'Eve, de la Boëte de Pan-
» dore, & de la curiosité, cause de
» tous les maux; mais c'est précisé-
» ment condamner la nature; c'est de-
» sirer à l'homme un autre instinct.

» Les ouvrages historiques & très-
» peu catholiques de Sleidan sont écrits
» avec clarté, & même avec élégance
» Charles-Quint l'appelloit lui & Paul

» Jove, ses menteurs, parce que le
» premier avoit dit trop de bien de
» lui, & le second trop de mal. Sec-
» kendorf s'est rendu habile dans les
» Langues savantes, dans le Droit,
» dans l'Histoire & dans la Théologie.
» C'étoit un Protestant zélé, qui a
» laissé une Histoire du Luthéranisme
» plus estimée que celle de Mainbourg.
» Le nom de Sturm est célebre dans
» ce pays par tous les Savans qui l'ont
» honoré. Trois Cocceius se sont dis-
» tingués, l'un par des questions de
» controverse, les autres par des Traités
» de Jurisprudence & de politique. Il
» seroit trop long de nommer tous les
» Théologiens qui se sont signalés, tant
» du côté des Catholiques, que de la
» part des Protestans, dans les disputes
» occasionnées par l'hérésie de Luther.
» On connoît Bucer, Mélanchton,
» Zuingle, Æcolampade, auxquels on
» peut opposer les Canisius, les Gretser,
» & le célebre Evêque Faber, surnom-
» mé le Marteau des Hérétiques.

» On ne me pardonneroit point d'ou-
» blier l'Astronome Copernic, le Cri-
» tique Sciopius, le Commentateur
» Pontanus, le Physicien Kirker,

» l'Historien Puffendorff, l'Orateur
» Buchner, le Poëte Lotichius, &
» pour me rapprocher de notre tems,
» le Métaphysicien Leibnitz, le Philo-
» sophe Wolf, les Géographes Hubner,
» Büsching, &c. &c.

» Tout ce qu'un travail opiniâtre,
» tout ce que la patience la plus conf-
» tante & l'étude la plus affidue peu-
» vent produire, est du reffort des
» Allemands. Leurs Auteurs ont porté
» la lumiere dans les mysteres les plus
» cachés de la politique. Les ouvrages
» qu'ils ont composés sur le droit des
» gens, dont l'utilité tient à tout le
» genre humain, sont peut-être dé-
» pourvus d'éclat & d'agrément; mais
» ils ont le mérite essentiel de la solidité
» & de la raison. Leur style, à la vérité,
» manque quelquefois de nerf & de
» chaleur; mais on y trouve par-tout
» une gravité décente, une sagacité
» pleine d'érudition, des connoissances
» puisées dans les sources les plus pures
» de l'antiquité.

» On compte en Allemagne trente-
» sept Universités, dix-huit Protestantes,
» dont les plus connues en France sont
» celles de Vittemberg, de Gœttingen,

» de Leipzic; & parmi les Catholiques,
» on distingue sur-tout celles de Bam-
» berg, de Cologne, de Louvain, de
» Mayence, de Prague, de Trève & de
» Vienne. Il y a aussi des Compagnies
» Littéraires, telles que l'Académie Im-
» périale de Physique, l'Académie des
» Sciences de Berlin; celles de Gœttin-
» gen, de Munich, de Manheim; les
» Sociétés de Leipzick, de Duisbourg,
» de Jena. Parmi les Bibliotheques pu-
» bliques, les plus considérables sont
» celles de Vienne, de Wolfenbüttel,
» d'Hannover, de Gœttingen, de Wei-
» mar, de Leipzick.

» La langue qu'on parle en Allema-
» gne est un dialecte de la Teutone,
» qui a succedé à la Celtique, & a
» donné naissance à la Flamande, à l'An-
» gloise, à la Suédoise, à la Danoise &
» à la Norvégienne. On ne se sert que de
» cet idiome dans presque tous les Etats
» Germaniques, excepté en Bohême,
» où l'Esclavon est plus en usage. Il y a
» aussi beaucoup d'Allemands qui par-
» lent Latin, mais sans s'embarrasser ni
» de la pureté, ni de l'élégance. Le
» François est familier dans la plupart
» des Cours du Nord, & princi-

» palement à Berlin, où l'on écrit & » l'on imprime dans cette langue; d'au- » tres enfin préferent l'Italien.

» Les Allemands se sont sur-tout » distingués dans la partie des Arts libé- » raux. La Musique cite avec honneur » les Hendel, les Hasse, les Graun, &c. » La Peinture compte les Durer, les » Holbein, les Sandrat. Nuremberg a » produit les premieres gravures. L'in- » vention de l'Imprimerie, qui nous » rend propre l'esprit de tous les âges, » & nous fait participer aux lumieres » de tous les lieux, ne sauroit être dis- » putée à Strasbourg ou à Mayence.

» Plusieurs Manufactures se sont éta- » bl es dans ce Pays depuis la révoca- » tion de l'Edit de Nantes; & l'on y » fabrique tout ce qui peut servir aux » usages de la vie. Les Arts méchani- » ques y ont en quelque sorte leur » berceau; la poudre à canon, les ar- » mes à feu, le fer blanc sont autant » d'effets de l'industrie germanique.

» Les différentes mers qui envi- » ronnent cet Empire & forment » une partie de ses limites, le grand » nombre de fleuves & de rivieres » qui l'arrosent, & sa situation au

» centre de l'Europe, lui donnent,
» relativement au commerce, des avan-
» tages dont les Habitans savent pro-
» fiter. Tout le monde connoît les fa-
» meuses foires de Francfort & de
» Leipsick: les autres Villes principales
» pour le négoce, sont Nuremberg,
» Augsbourg, Vienne, Fiume, Trieste,
» Mayence, Embden, &c. On a
» établi des voitures publiques pour
» transporter de l'une à l'autre les
» marchandises à un prix médiocre.
» Toutes les productions de la terre,
» le vin, le bled, les bestiaux, le bois,
» le fer, le lin, le chanvre, le tabac, abon-
» dent dans la plupart de ces contrées, &
» fournissent matieres à un commerce
» fort étendu. Par-tout on envoie les
» vins du Rhin & de la Moselle; on
» connoît par tout le bleu de Prusse,
» la porcelaine de Saxe, &c.

» L'air, le sol, le climat, les mon-
» tagnes, les forêts & les fleuves sont
» d'autres objets que je ne ferai que
» parcourir. Comme l'Allemagne est
» d'une immense étendue, l'air & le
» terroir y sont différens, suivant la
» diversité des lieux ; mais on n'est
» incommodé ni par des chaleurs ex-

» cessives dans les Provinces Méri-
» dionales, ni par un froid trop âpre,
» dans celles qui sont les plus voisines
» du Nord. Le long du Rhin & du Da-
» nube le terroir est extrêmement fer-
» tile en vin & en froment. Les bords
» de l'Oder, de l'Elbe & du Weser
» produisent le houblon, dont on fait
» de la bierre qui sert de boisson à tout
» le pays. On y éleve une grande
» quantité de bestiaux, & en particulier
» des chevaux forts pour monter la
» Cavalerie. Les plus hautes montagnes
» sont situées entre la Bohême & la Mo-
» ravie, entre l'Ens & la Carniole,
» entre la Suabe, la Suisse & l'Alsace.
» Les forêts abondent en cerfs, en
» sangliers, en chevreuils, en daims,
» en buffles & autres bêtes fauves, dont
» la chair est quelquefois plus
» commune & à meilleur marché que
» la viande de boucherie.

» Les rivieres, qui fertilisent les cam-
» pagnes, sont très-poissonneuses, &
» presque toutes navigables. Je viens de
» nommer celles qui surpassent les au-
» tres par la longueur de leur cours &
» l'abondance de leurs eaux. Le Danube
» reçoit l'Iler au-dessus de la ville

» d'Ulm, le Lech au-deſſous de Dona-
» vert, l'Iſer à Deckendorf, l'Inn près
» de Paſſau, & l'Ens dans le voiſinage
» de la Ville de ce nom. Le Rhin for-
» me pluſieurs cataractes, & eſt groſſi
» par la Thur & l'Aar vers Lauffen,
» par l'Ill au-deſſous de Strasbourg,
» par le Neckar aux environs de Man-
» heim, & par le Mein auprès de
» Mayence. Il prend alors le nom de
» bas Rhin, & reçoit enſuite le tribut
» de la Lahn, de la Moſelle, de la
» Roer, de la Lippe.

» On vante comme un poiſſon très-
» délicat les Saumonneaux qui ſe pê-
» chent à Baſle. Ils ne reſtent pas d'or-
» dinaire plus d'un an dans le Rhin; dès
» qu'ils ont quatre ou cinq pouces de
» longueur, ils deſcendent dans l'Océan;
» & lorſqu'ils ont pris leur accroiſſe-
» ment dans la mer juſqu'à devenir de
» vrais ſaumons, ils remontent le fleuve,
» cherchent un lieu commode, y creu-
» ſent une foſſe; & la femelle y dépoſe
» ſes œufs que le mâle arroſe de ſa lai-
» tance. Pour empêcher que la riviere
» ne les entraîne, ils ont l'induſtrie de
» les entourer d'un rempart de pierre.
» Ils y reſtent juſqu'au Printems, dont

» la première chaleur les anime, & en
» fait naître des Saumonneaux.

» L'Allemagne est un pays peuplé,
» où l'on compte près de vingt-quatre
» millions d'Habitans, & un très-grand
» nombre de belles Villes. Les Bour-
» geois & les Paysans sont communé-
» ment des hommes libres, tenus tout
» au plus à des corvées limitées, & à
» quelques contributions pécuniaires ;
» mais dans la Marche de Brandebourg
» en Poméranie, en Lusace, en Mo-
» ravie, en Bohême & en Autriche,
» ils vivent dans une espece de servi-
» tude. Les uns & les autres ont fait
» paroître anciennnement leur valeur
» contre les Romains, & dans des
» tems plus modernes, contre les Fran-
» çois & les Turcs : aussi cet Etat est-
» il une source inépuisable de gens de
» guerre, qui le rendroient redouta-
» ble à ses voisins, si la diversité, & as-
» sez souvent l'opposition d'intérêts ne
» l'empêchoient de réunir toutes ses for-
» ces. Cependant l'union de ces peuples,
» que cette diversité, cette opposition
» même rendent admirable, est tout à
» la fois une preuve de leur prudence
» & de leur amour pour la liberté.

» Ils s'assujettissent sans peine à toutes
les régles; ce sont les gens les plus amis
» de la subordination, comme les plus
» ennemis de la tyrannie.

« En général les Allemands sont
» d'une taille avantageuse, bien faits,
» robustes, laborieux, patiens, francs,
» amis & ennemis découverts ; géné-
» reux, & beaucoup plus civils qu'ils
» ne l'étoient autrefois, particuliére-
» ment la Noblesse, depuis qu'elle
» s'est livrée au goût des voyages. Ils
» aiment la parure, la magnificence,
» la bonne chere, & sur-tout le
» vin, qu'on les accuse de prendre
» avec excès. Ils passent pour les Peu-
» ples du monde les plus jaloux de
» leur noblesse, & les plus délicats sur
» les Mésalliances : sentimens qu'ils ont
» hérités de leurs Ancêtres, & qu'un
» Homme de Qualité, quand il épouse
» une Roturiere, ose abjurer aux pieds
» des autels. Et de quel droit, s'écrie avec
» humeur M. Duval, vous, Citoyen,
» vous décoré de prérogatives & d'hon-
» neurs, intervertissez-vous l'ordre de
» la Société, qui, en distinguant les
» conditions pour le bien de l'état, s'est
» promis à juste titre, que ceux qu'elle

» plaçoit dans un rang honorable, ne fe-
» roient ni affez ingrats, ni affez lâches
» pour en troubler l'harmonie par leur
» propre aviliffement ? De quel droit,
» vous, particulierement chargé par
» votre rang, du dépôt augufte des
» mœurs publiques, dégradez-vous la
» Nation, en lui raviffant, autant
» qu'il eft en vous, ces mœurs pré-
» cieufes, dont vos Aïeux vous avoient
» tranfmis l'exemple ? Que répondrez-
» vous à votre Pâtrie, qui vous re-
» prochera de n'avoir nourri en vous,
» de fon fang le plus pur, qu'un fils
» indigne qui n'a voulu fuivre que le
» chemin du deshonneur ? Que répon-
» drez-vous à votre famille, qui vous
» demandera pourquoi vous avez flétri
» fon nom ? Ce nom n'eft point à
» vous feul ; & la tache que vous y
» imprimez, eft un attentat contre tous
» ceux qui le portent. Ils fe verront
» tous les jours confondus avec vous
» & vos Defcendans; ils feront tous pu-
» nis pour un feul Coupable; & cette fa-
» mille, honorée jufqu'à vous qui étiez
» fait pour la venger de quiconque
» oferoit la flétrir, vous n'aurez vécu
» que pour attacher à fon nom une

» forte d'infamie (*). Et vos enfans ?
» ne leur devez-vous pas un sang pur,
» comme vous l'avez reçu de vos
» Peres ? Ce sang s'élevera contre vous,
» si vous le mêlez avec un sang vil &
» ignoble. Jettez les yeux sur ces Êtres,
» malheureux à jamais par leur naif-
» sance, qui, sur leur front, porteront
» dans la Société, un caractere de
» proscription. Ils verront fuir devant
« eux les familles & les honneurs qui
» venoient au devant de leurs Ancê-
» tres, & auront tous les jours à rougir
» de la Mere que vous leur aurez
» donnée ? Le public les appellera
» les enfans d'une Roturiere, comme
» s'il disoit les enfans de l'opprobre.
» Ils transmettront leur honte à la
» postérité ; & cette tache héréditaire
» sera encore empreinte sur le dernier
» de leurs Descendans ».

Je suis, &c.

A Vienne, ce 2 Janvier 1757.

___

(*) On sent bien que des principes si sé-
veres ne peuvent guere convenir à la Noblesse Françoise.

LETTRE CCC.

SUITE DE L'AUTRICHE.

Après avoir mis sous les yeux de ses jeunes Princes, le plan général & quelques détails particuliers de l'administration Germanique, M. Duval fixe leurs regards sur la Province dont ils portent le nom, & s'étend avec complaisance sur tous les objets qui peuvent leur rendre ce pays intéressant.

« L'Autriche, bornée au Nord par
» la Bohême, au Midi par la Stirie, au
» Levant par la Hongrie, au Couchant
» par la Baviere, a dans sa plus grande
» étendue, de l'Orient à l'Occident,
» environ quatre-vingt lieues, & près
» de quarante du Midi au Nord. Elle est
» traversée dans toute sa longueur par
» le Danube ; & son nom en Allemand
» Œstreich, en Latin Austria, désigne
» une contrée située vers l'Est ou le
» Sud. On la partage en haute & basse ;
» & cette division se fait naturellement
» par la riviere d'Ens. La basse est la

« plus considérable, tant à cause de
» son étendue, que parce qu'elle est le
» siege où résident depuis long-tems
» les Chefs de l'Empire. Les autres
» lieux remarquables sont les villes de
» Krems, de Newstatd, de Bade, &c.
» La haute Autriche a pour Capitale
» celle de Lintz. On y trouve aussi les
» villes d'Ens, de Steyr, &c.

» Krems, près de la riviere de ce
» nom, est assez bien bâtie; & le saffran,
» qui y est d'une qualité supérieure,
» fait le principal objet de son com-
» merce. On parle d'y établir une Ma-
» nufacture de Velours, & une rafi-
» nerie d'Alun, dont il y a, dans les
» environs, une mine abondante. Les
» Jésuites ont un College & un Sémi-
» naire dans cette Ville, & les Domi-
» nicains un Couvent. Une cataracte du
» Danube, qui forme un tournant très-
» dangéreux, n'en est qu'à une petite
» distance. Près delà, sur un rocher
» escarpé, on a planté une croix pour
» avertir les Passans de prendre leurs
» précautions. Ce gouffre a sa direc-
» tion vers le centre de la terre, de
» maniere que les bateaux, lorsqu'ils
» sont chargés, courent risque d'être

» entraînés au fond de l'eau.

» Newstadt, petite ville très-forte, » l'un des boulevards de l'Autriche, » est défendue par un Château où l'on » met les Prisonniers d'Etat. L'Evêque, » qui dépendoit anciennement du Pape, » est aujourd'hui l'unique Suffragant de » l'Archevêque de Vienne. Maximilien » voulut y être inhumé; & les Comtes » de Serin & Frangipani y ont leur » sépulture. Le Château Archiducal a » été cédé pour une Académie, où les » enfans des Nobles, dont les talens » demeureroient étouffés sous les dis- » graces de la fortune, sont tirés d'une » oisive obscurité, & viennent prendre » des leçons d'héroïsme sous des Chefs » qui en ont eux-mêmes donné l'exem- » ple. On leur montre le chemin de » l'honneur, en leur ouvrant une » école de vertu & de science Mili- » taire, où ces jeunes Eleves, destinés » à soutenir la gloire de leur patrie, » se forment au commandement par » l'obéissance. L'objet de cet établis- » sement est de leur procurer des ins- » tructions capables à la fois & » de cultiver l'esprit, & d'inspirer au » cœur de magnanimes sentimens, &
» sous

» sous des Officiers expérimentés, de
» leur rendre familieres les connoissan-
» ces qui font les grands hommes & les
» héros. Ce monument de bienfaisance
» particuliere & d'utilité générale, ce
» portique guerrier, où la jeune No-
» blesse reçoit une éducation si digne
» d'elle, se présente sous les traits
» les plus propres à en faire sentir tous
» les avantages. Ces Eleves, avant que
» d'être employés dans les Troupes,
» subissent, sur les objets qu'on leur
» enseigne, l'examen le plus sévere de
» la part de ceux qui président à leurs
» études. Il faut qu'au sortir de ce lycée
» militaire, on les voie dans le manége
» disputer la palme aux meilleurs
» Ecuyers, descendre ensuite dans la
» plaine, & par leur adresse à manier
» les armes, ainsi que par la vîtesse &
» l'exactitude des évolutions, charmer
» les Connoisseurs, & offrir le specta-
» cle le plus agréable à ceux qui, non
» contens du présent, portent leurs
» vues sur le bonheur futur de l'Etat.
» C'est ainsi que dans les siecles florissans
» de la Grece, s'avançoit sur le Théatre
» un chœur nombreux de jeunes Orphe-
» lins revêtus d'une armure complette;

» c'étoient les Fils des Citoyens morts
» en combattant pour la République.
» Alors un Hérault élevant la voix : « ces
» enfans, disoit-il, ont retrouvé
» dans le Peuple d'Athènes, un pere
» qui a pris soin de leur éducation.
» Qu'ils partent maintenant sous d'heu-
» reux auspices ; la Patrie leur donne
» ces armes dont elle leur a montré
» l'usage, & les invite à mériter les
» premieres places dans ses armées.

» N'est-ce pas là ce que dicte la re-
» connoissance aux jeunes Eleves de
» l'Ecole de Newstadt ? N'entendent-
» ils pas au fond de leur cœur la voix
» de ce Hérault ; & le Prince qui leur
» tient lieu de pere, n'est-il pas en
» droit d'attendre de leurs services le
» fruit de ses soins généreux ? L'exemple
» de la France, joint à une bienfaisance
» religieuse, a inspiré le projet de cet
» utile & glorieux établissement. Le
» cœur noble de Thérese n'a pu voir
» les Fils des Défenseurs de la patrie,
» délaissés sans état, dans un Empire
» que leurs Peres ont servi avec tant de
» bravoure ; il n'a pu voir cette jeune
» Noblesse, distinguée par son origine,
» ramper autour des trophées de ses

» Aïeux, & accablée sous le poids d'un
» nom qu'elle n'étoit point en état de
» soutenir. La grandeur de son ame ne
» lui a pas permis de laisser cette por-
» tion, la plus glorieuse de l'Etat, s'avilir
» dans des travaux obscurs, ou dans
» un loisir funeste. Elle a cru qu'il étoit
» de son équité, de récompenser les ser-
» vices des Peres dans les Enfans, & de
» l'intérêt public, de former ces Enfans
» eux-mêmes à des services pareils à
» ceux de leurs Peres. L'utile sagesse
» de ses vues les a réunis dans le voisi-
» nage de cette Capitale, & pour ainsi
» dire, sous ses yeux, avec des ré-
» glemens & sous une discipline pro-
» pres à inspirer cet esprit de subordi-
» nation qui ne fait rien de lui-même,
» & entreprend tout quand il est com-
» mandé. Sa religion l'a portée à en
» écarter les vices par des instructions
» réglées & une vigilance, qui, d'une
» Académie de gloire Militaire, en font
» une de vertus civiles & chrétien-
» nes. Je souhaite que cette Ecole guer-
» riere, dont la France nous a donné
» le modele, serve d'exemple & d'en-
» couragement pour en instituer d'au-
» tres dans le même genre, auxquelles

» toute la jeune Noblesse participe, &
» où, à l'imitation de ces jeunes Grecs,
» elle puisse se former de bonne heure,
» & devenir le soutien de l'Etat, l'or-
» nement de la Patrie, & l'objet de
» l'admiration de toute l'Europe.

» Ce qu'on trouve encore de remar-
» quable dans cette même ville, est sa fa-
» brique de porcelaine, ainsi qu'une ma-
» nufacture d'épingles & de laiton dans
» un Village voisin. Non loin delà est un
» désert sablonneux, qui ne produit ni
» herbe ni plantes, & qu'on tenteroit
» inutilement de cultiver : c'est ce
» qu'on appelle les Landes de Newstadt.
» Plusieurs familles Nobles, qui n'ont
» point assez de fortune pour vivre
» dans la Capitale, se sont retirées
» dans cette Ville agréable, bien bâtie,
» mais mal peuplée. Ses rues sont lar-
» ges, tirées au cordeau, & ses places
» ornées de statues en l'honneur de la
» Sainte Vierge.

» La ville de Baden, à quelques lieues
» de Vienne, n'a de célébrité que par
» ses bains, dont on vante la salubrité.
» Leur source est dans une montagne
» voisine, d'où elles arrivent par divers
» canaux. On en trouve dans la Ville
» même & hors de ses murs ; l'alun, le

» sel & sur-tout le soufre entrent dans
» leur substance, & se font sentir dans
» les exhalaisons. Des jardins agréables
» sont ouverts à ceux qui font usage
» de ces eaux ; & l'on y trouve d'ail-
» leurs tant d'autres sortes d'amuse-
» mens, que les Habitans de Vienne y
» font de fréquentes parties de plaisir.
» La cure entiere exige que l'on prenne
» soixante bains, & qu'on y reste trois
» heures consécutives.

» On va delà visiter les manufactures
» de Neuhaus, l'une de glaces, l'autre
» de laiton. Dans cette derniere, une
» roue que l'eau met en mouvement,
» fait jouer seize tours qu'un Ouvrier
» peut arrêter d'un seul coup, sans sus-
» pendre le travail des autres Travail-
» leurs.

» Baden n'est pas le seul endroit de
» l'Autriche, que ses eaux rendent cé-
» lebre. On en trouve aussi à Mæ-
» nerstorf, sur les frontieres de la
» Hongrie. L'Empereur vient d'en ac-
» quérir la propriété, & doit y faire
» construire un vaste bâtiment pour la
» commodité des personnes qui visite-
» ront ces sources salutaires. On dit
» même que pour les accréditer, on

» fournira gratuitement des voitures
» aux Malades.

» Lintz, Capitale de la Haute-Au-
» triche, moins confidérable par elle-
» même, que par ſes fauxbourgs,
» fut aſſiégée & priſe en 1741, avec le
» ſecours de l'Armée Françoiſe, par
» l'Electeur de Baviere, qui y laiſſa le
» Marquis de Ségur. Les Autrichiens la
» reprirent l'année ſuivante ; & en ac-
» cordant à nos troupes les honneurs
» de la guerre, ils les obligerent à ne
» pas ſervir d'un an contre la Reine.
» En conſéquence, M. de Ségur ſortit
» de Lintz, & ſe retira en Baviere avec
» une Garniſon d'environ dix mille
» hommes. L'ancienne Ville, qui n'eſt
» preſque compoſée que d'une rue,
» renferme le Château Archiducal, bâti
» ſur une colline, d'où l'on découvre une
» vaſte & riante perſpective. Tout ce
» qui peut rendre recommendable la Ca-
» pitale d'une petite contrée, ſe trouve
» à peu près réuni dans celle-ci. Située
» ſur la route de Bohême, baignée par
» le Danube, ſa poſition & ſes manu-
» facturer la rendent active & commer-
» çante. Ses rues ſont belles & larges, &

» ses places ornées de somptueux édifi-
» ces. C'est dans cette Ville que s'assem-
» blent les Etats de la Province, & que
» résident à la fois le Gouverneur &
» beaucoup de Noblesse. Les Jésuites y
» ont un beau College & un Séminaire
» nombreux ; ajoutez à cela cinq Cou-
» vens d'Hommes, trois de Filles, deux
» Châteaux forts, une Chambre de
» commerce, un Tribunal de change,
» deux grandes Foires, & une Comman-
» derie de l'Ordre Teutonique.

» Au confluent du Danube & de l'Ens,
» est bâtie, sur une hauteur, la Ville de ce
» nom, qui a titre de Principauté. Steyr,
» à quelques lieues au-dessus, est re-
» nommée par ses manufactures d'acier
» & de fer tirés des mines du pays. Les
» autres lieux remarquables de la basse
» & de la haute Autriche sont l'ancienne
» maison Impériale d'Ebersdorf, que
» la Reine vient de consacrer à l'é-
» ducation des filles d'Officiers indi-
» gens ; le mont Kalemberg, agréable-
» ment varié de vignes & de maisons de
» campagne, parmi lesquelles est celle
» des Jésuites, où quantité de person-
» nes de distinction vont faire des re-
» traites ; le château d'Ober-Gœslin,

V iv

» où il y a une manufacture pour fo-
» rer les canons, & une papeterie qui
» imite les fabriques de France & de
» Hollande ; l'Abbaye immédiate des
» Bénédictins de Gottwich, dont l'il-
» lustre Abbé, Godefroy de Bessel,
» nous a laissé le *Chronicon Gottwicense*,
» ouvrage immortel, qu'on peut ap-
» peller le flambeau de la diplomatique
» d'Allemagne, & de la géographie du
» moyen âge ; on vante aussi sa riche
» Bibliotheque, la plus belle de l'Au-
» triche, & ses rares manuscrits ; la
» Seigneurie de Scloshof sur la Mo-
» rave, où l'Empereur vient de faire
» percer une montagne qui masquoit
» la vue de Presbourg, & planter
» une allée d'arbres jusqu'à cette Ville ;
» le village de Stillfried, où périt
» Ottocare, Roi de Bohême, vain-
» cu par Rodolphe d'Habsbourg ; la
» ville Seigneuriale de Horn, dont
» les Habitans tirent leur principale
» subsistance d'une bierre couleur de
» lait, brassée de tartre & d'avoine,
» qui a le goût & la fraîcheur de la li-
» monade, & se voiture par eau dans
» toute l'Autriche ; la montagne voi-
» sine de Tyrnstein, où étoit le châ-

» teau qui servit de prison à Richard,
» Roi d'Angleterre, pris par le Duc
» Léopold; le Monastere des Bénédictins
» de Cremsmunster, fondé du tems de
» Charlemagne, par un Duc de Baviere,
» dans l'endroit où son fils fut déchiré
» à la chasse, par un sanglier; le châ-
» teau d'Agstein, où un chef de Bri-
» gands prenoit plaisir à précipiter du
» haut d'un rocher les Prisonniers qu'il
» avoit faits dans les lieux voisins; le
» Couvent des Bernardins de Lilien-
» feld, où est enterrée la Princesse
» Cimburgis, femme du Duc Ernest,
» laquelle a, dit-on, apporté les grosses
» lèvres à la Maison d'Autriche.

» Nous n'avons encore, jusqu'à pré-
» sent, que deux Ordres de Chevalerie
» estimés dans cette Province; l'un pour
» les hommes, celui de la Toison d'Or,
» & l'autre pour les femmes, fondé par
» Eléonore, épouse de l'Empereur Fer-
» dinand. On parle d'en établir un troi-
» sieme sous le titre de Marie Thérese,
» dont on m'a communiqué les statuts,
» & qui probablement n'aura lieu que
» dans quelques années (1). L'Empe-

___
(1) Il n'a été institué en effet qu'en 1760.

» reur doit en être le Grand-Maître ;
» & tous les Officiers, jusqu'aux Sous-
» Lieutenans, pourront y être ad-
» mis fans diſtinction de Religion,
» de naiſſance & d'ancienneté de ſer-
» vice. On y recevra même les Of-
» ficiers Etrangers qui ſerviront en
» qualité de Volontaires dans les Ar-
» mées de l'Impératrice Reine ; mais
» ils ne pourront aſpirer aux penſions
» de l'Ordre, qui feront de quinze
» cens florins pour les Grand-Croix,
» de quatre cens & au-deſſous pour
» les ſimples Chevaliers, & auxquelles
» on ne parviendra qu'à ſon tour ſui-
» vant la date de ſa réception. La
» grande Croix ſera réſervée aux Of-
» ficiers, qui joignant à une valeur
» diſtinguée la prudence & les lumie-
» res, auront contribué particuliére-
» ment au ſuccès de quelque entre-
» priſe importante ; mais quiconque
» ſe ſera ſignalé par une action d'éclat,
» pourra ſe flatter d'être admis parmi
» les membres de cet Ordre. On exi-
» gera une information ſuffiſamment
» détaillée, & des preuves non équi-
» voques de l'action dont on deman-
» dera la récompenſe. Le Candidat

» s'adressera au Général Commandant,
» qui chargera un Commissaire de
» faire les perquisitions les plus exactes.
» Celui-ci, après avoir reçu des té-
» moins leur parole d'honneur de dire
» la vérité, rédigera leurs dépositions,
» & fera la lecture du procès-verbal
» qu'ils signeront & y apposeront leur
» cachet.

» Parmi ces témoignages, celui de
» l'Officier aux ordres duquel est le
» Candidat, & sous les yeux de qui
» l'action se sera passée, sera prin-
» cipalement nécessaire ; & lorsque les
» preuves seront faites, on les en-
» verra au Commandant général, qui
» tiendra ou fera tenir un Chapitre de
» l'Ordre, où elles seront encore exa-
» minées ; & la réception n'aura lieu
» qu'après la décision du Grand-Maître.
» Un Chapitre ne pourra jamais être
» composé de moins de six Cheva-
» liers ; & si leurs suffrages sont con-
» firmés par l'Empereur, le Comman-
» dant général, ou celui qui le repré-
» sente, attachera au Récipiendaire le
» Cordon de l'Ordre, & lui donnera
» l'accolade au bruit des timbales & des
» trompettes.

» Cette récompense de la valeur &
» des exploits remarquables doit être
» exceptée de l'incompatibilité établie
» dans cette Cour par rapport à l'Or-
» dre de la Toison d'Or; & la marque
» d'honneur de l'Ordre Militaire de
» Marie Thérèse pourra être portée
» avec la Toison. Les Chevaliers auront
» audience de leurs Majestés Impé-
» riales sans être assujettis à l'étiquette
» du Grand Chambellan, & les Grands-
» Croix leurs entrées perpétuelles au
» Conseil privé.

» Charles VI, en renonçant à la
» succession d'Espagne, s'étoit réservé
» l'Ordre de la Toison - d'Or. Après
» la mort de ce Prince, Philippe V
» voulut en retenir le droit exclusif;
» mais l'Archiduchesse Marie - Thérèse
» s'y opposa, & déclara son époux, le
» Duc de Lorraine, aujourd'hui Em-
» pereur, Co-Régent & Chef de l'Or-
» dre; ce qui se fit avec beaucoup de
» solemnité, malgré les protestations
» de la Cour d'Espagne. Le nombre
» des Chevaliers n'étoit autrefois que
» de vingt-cinq; il y en a aujourd'hui
» plus de quarante. On célèbre tous les
» ans à Vienne la fête de la Toison le

» jour de la Saint André, patron de
» l'Ordre. Ce jour-là, les Chevaliers,
» richement vêtus, se rendent avec
» leur Grand-Maître dans la chapelle
» Archiducale.

» L'Ordre de Chevalerie des Dames
» fut fondé en 1668; une croix
» formée de deux morceaux de la vraie
» croix, y donna occasion. Après un
» grand incendie arrivé au Palais, cette
» croix miraculeuse fut trouvée toute
» entiere dans les cendres; ce qui étant
» regardé comme un prodige, on en
« voulut éterniser la mémoire par l'é-
» tablissement d'un Ordre féminin sous
» le nom de la Vraie Croix, & dont la
» marque est le signe du salut, accom-
» pagné de quatre étoiles. L'Impéra-
» trice, qui en est la Grande-Maîtresse,
» la confere aux femmes de la premiere
» qualité. Ces Dames-Chevalieres en
» célebrent la fête le jour de l'Exalta-
» tion de la Croix. La Vierge & Saint
» Joseph en sont les Patrons.

» Les Etats d'Autriche ne composent
» pas seuls le Cercle de ce nom ; il
» comprend encore la Stirie, la Carin-
» thie & la Carniole. Le Duché de
» Stirie, qui faisoit anciennement par-

» tie du Royaume de Baviere, en fut
» détaché vers le dixieme siecle, pour
» former un Marquisat possédé par des
» Comtes héréditaires. Un Ottocare, qui
» en étoit le premier Duc, se voyant
» sans enfans, le vendit à un Léopold
» d'Autriche, d'où il passa à la Maison
» d'Habsbourg. La riviere de Muer,
» vers le Nord, & celle de Drave au
» Midi, arrosent cette Province, & se
» réunissent à son extrêmité. Ce pays,
» quoique montueux, a pourtant d'ex-
» cellentes terres labourables, qui pro-
» duisent du bled en abondance ; il est
» également riche en vin, en bétail,
» en mines de fer ; & les armes qu'on
» y fabrique sont très-estimées. On y
» vit à très-bon marché ; & l'on ne se
» souvient pas d'y avoir jamais souffert
» de disette. Les Habitans ne passent ni
» pour braves, ni pour spirituels ; mais
» en revanche, ils font profession d'u-
» ne dévotion particuliere au culte de
» la Vierge, & restent tranquilles dans
» leurs foyers, contens des seuls biens
» que la Providence leur envoie. On
» en compte à peine deux cens mille,
» répandus dans vingt-deux villes, qua-
» tre-vingt quinze bourgs, trois cens
» trente-huit Villages, & plusieurs Châ-

» teaux. Le lieu principal, la Capi-
» tale de la Province, est la ville de
» Gratz, où réside le Gouverneur,
» le Conseil de Régence & l'Uni-
» versité. Cette Ville est petite, mais
» bien bâtie, & renferme beaucoup de
» Couvens & de Noblesse. On y voit
» aussi un grand nombre de beaux
» Palais, un Château situé sur une émi-
» nence, une Salle des Etats, un Col-
» lege de Jésuites, un Arsenal superbe
» qu'a fait bâtir le feu Empereur.
» Mariencelle est célebre par les péle-
» rinages qu'y attire une image miracu-
» leuse de la Vierge, à laquelle l'Impé-
» ratrice-Reine fit présent de seize livres
» deux onces & demi pesant d'argent,
» lorsqu'elle accoucha en 1741, d'un
» Prince qui étoit du même poids.

» La Carinthie a eu ses Ducs parti-
» culiers comme la Stirie, dont elle
» differe peu, soit pour la nature & les
» productions du pays, soit pour le
» nombre & le caractere des Habitans.
» Clagenfurt en est la Capitale; & c'est
» au Collège des Jésuites de cette Ville,
» que le Prince de Baviere, le même
» que nous avons vu depuis, Empereur
» sous le nom de Charles VII, fut
» élevé, lorsque l'Electeur son pere

» alla chercher un asyle en France. Les
» plus beaux édifices sont le Palais du
» Gouverneur, l'Hôtel du Bailli, la
» Maison de Ville & le College dont
» je viens de parler. Toutes les rues
» sont alignées, & les remparts si
» larges, que six carrosses peuvent y
» rouler de front. Il y a une fontaine
» au milieu de la grande place qui
» occupe le centre de la Cité. A deux
» lieues delà est le Prieuré de Saal,
» dont l'Église, où repose le corps de
» Saint-Modeste qu'on nomme l'Apôtre
» de la Carinthie, est la plus ancienne
» du pays.

» On conserve, dans la même contrée,
» cette pierre fameuse, sur laquelle, à
» chaque changement de regne, le nou-
» veau Souverain devoit s'asseoir pour
» recevoir l'hommage de ses Sujets. Le
» jour marqué pour la cérémonie, le Peu-
» ple s'assembloit dans une vallée près
» la ville de Saint-Weit, autrefois le
» Chef-lieu de la Province. Un Paysan
» montoit sur cette pierre ; & le Prince,
» vêtu en Villageois, tenant une vache
» noire d'une main, de l'autre une
» jument, venoit à lui, accompagné de
» ses Officiers & de ses Gardes, Alors

» le Payſan demandoit : « qui eſt celui
» qui marche ſi fiérement ? C'eſt, répon-
» doit le Peuple, le nouveau Maître
» qui vient pour nous gouverner.
» Eſt-il noble & chrétien, deman-
» doit-il encore ? Sera-t-il bon, juſte,
» équitable ? Défendra-t-il la Religion ;
» protégera-t-il les Malheureux ; les
» Veuves, les Orphelins ; cherchera-t-il
» à procurer le bien de la Province ;
» ſera-t-il tout à la fois notre Maître
» & notre Pere ? Sur l'affirmative,
» paroiſſant toujours vouloir garder ſa
» place, il ajoutoit : qui pourra me
» faire deſcendre de cette pierre ? Sur
» quoi le Maître - d'Hôtel lui promet-
» toit ſoixante deniers, avec la vache,
» la jument, les habits que portoit le
» Prince, & l'exemption de toute ſorte
» d'impôts. Sur ſa parole le Payſan
» deſcendoit, touchoit doucement avec
» la main la joue du Duc, & lui per-
» mettoit de le remplacer. Alors le
» Prince monté ſur la pierre, tenant
» une épée au lieu de ſa houlette,
» recevoit avec acclamation l'homma-
» ge & le ſerment de ſes nouveaux
» Sujets. Ces ridicules cérémonies ont
» été obſervées à tous les changemens

» jusqu'en 1414; le Duc Ernest
» fut le dernier qui voulut s'asseoir
» sur cette pierre. Rien de semblable
» ne fut pratiqué, lorsque Charles VI
» reçut l'hommage des Habitans. Le
» Villageois, devant qui le Monarque
» auroit dû comparoître, si cet usage
» avoit encore été suivi, fut conduit
» à la Cour, où on l'accueillit de ma-
» niere à lui faire oublier que ses droits
» avoient été négligés. On les croit
» fondés sur ce que les Paysans de
» Carinthie, ayant été les premiers à
» embrasser le Religion chrétienne, ont
» donné l'exemple à la Noblesse. L'Em-
» pereur Henri II, qui fonda vers le
» dixieme siecle le Chapitre de Bamberg,
» lui fit présent de seize bailliages de
» cette Province, qui aujourd'hui dé-
» pendent encore de l'Evêque ».

Je suis, &c.

A Vienne, ce 5 Janvier 1757.

Fin du Tome XXIII.

TABLE
DES MATIERES

Contenues dans ce Volume.

LETTRE CCLXXXVII.

LA HONGRIE.

Les Monts Carpaths.	page 5
Histoire du Comte Nadasti.	6
Conjuration contre l'Empereur.	7
Accusation d'empoisonnement.	8
On découvre la conjuration.	9
Lettre de Frangipani.	ibid.
Mort du Comte de Nadasti.	10
Lettre du Comte de Serin à l'Empereur.	11
Lettre de la Comtesse au même.	12
Lettre du Comte à sa femme.	13
Origine des Hongrois.	14
Révolutions de la Hongrie.	15
Elle tombe à la Maison d'Autriche.	16
Révolte des Hongrois.	17
Tekeli commande leur Armée.	ibid.

Les Hongrois font foumis.	18
Eloge de la Reine de Hongrie.	19
Difcours de cette Princeffe aux Hongrois.	20
Saint Etienne, Roi de Hongrie.	21
Religion Chrétienne dans ce Royaume.	22
Ladiflas, Roi de Hongrie.	23
André II, & Sainte Elifabeth.	ibid.
Presbourg, Capitale de Hongrie.	24
Tour où l'on garde la Couronne.	25
Caractere & éloge de la Reine.	26
Vins & fruits des environs de Presbourg.	27
Le vin de Tokai.	28
La maniere de le faire.	29
Sa qualité.	30
Comment on le contrefait.	31
La ville de Tokai.	32
Hiftoire du Prince Ragoftki.	ibid.
Il trouve un afyle en France.	33
Il fe retire en Turquie.	ibid.
Ses ouvrages.	34

LETTRE CCLXXXVIII.

SUITE DE LA HONGRIE.

La Tranfilvanie.	35
Jean Corvin, furnommé Huniade.	36
Révolution de la Tranfilvanie.	37
Son Gouvernement actuel.	38
Ses différens Peuples.	ibid.
La ville de Colofwar.	39
Pays habité par les Saxons.	40
La ville d'Herman-Stadt.	41

DES MATIERES.

La ville de Cronstat.	41
Les Sicules.	42
Albe-Jule, ou Carlsbourg.	43
Les Valaques.	44
La Religion en Transilvanie.	45
L'administration de la justice.	46
La Moldavie.	47
Ses Vaivodes ou Hospodars.	48
La riviere de Pruth.	49
Religion dominante en Moldavie.	50
Langage usité dans le Pays.	ibid.
Histoire de la Moldavie.	51
La ville de Jassy, sa Capitale.	52
Autres Villes.	ibid.
Usage nuisible aux Voyageurs.	53
La Valaquie.	ibid.
Cruauté d'un de ses Ducs.	54
Son Gouvernement actuel.	ibid.
Ses Habitans.	55
Ses Villes.	56
Ancien pont de Trajan.	ibid.
La Bulgarie.	57
Histoire des Bulgares.	ibid.
Les Bulgares en France.	58
L'hérésie des Albigeois.	ibid.
Leur condamnation.	60
Croisade contre ces Hérétiques.	61
Guerre qu'elle occasionna.	ibid.
Simon de Montfort.	62
Siége de Toulouse.	63
Siége d'Avignon.	64
Habitans de la Bulgarie, ses productions.	65
Son Gouvernement, ses Villes.	66
La ville de Sardique, son Concile.	67
Les Eusébiens, le grand Osius.	68

La ville de Sophie, ancienne Sardique.	69
Les environs de cette Ville.	70
Leurs Habitans.	71
La ville de Nicopoli.	72
Le Mont Hæmus.	73
La ville de Thomiswar.	ibid.
Bataille de Varna.	ibid.
Peuple hospitalier.	74

LETTRE CCLXXXIX.

SUITE DE LA HONGRIE.

La ville de Tyrnau.	76
La ville de Neytra.	ibid.
Le Comté de Comore.	77
La ville de Strigonie ou de Gran.	78
La ville de Bude ou Offen.	79
La ville de Pesth.	80
Concile tenu à Bude.	81
Sources d'eau chaude.	82
La ville d'Albe Royale.	83
Cours du Danube.	84
Les villes de Colocza & de Telna.	85
Bataille gagnée par le Prince Eugene.	ibid.
Prise de Belgrade.	86
Paix de Belgrade.	87
La France médiatrice.	88
M. de Villeneuve, Ambassadeur.	ibid.
Les Turcs rentrent dans Bellegrade.	89
Description de cette Ville.	90
La Servie, son Gouvernement, ses Villes.	91
Le Bannat de Temeswar.	ibid.
Description de la Ville.	92

DES MATIERES.

L'Esclavonie.	93
Les Rasciens, ses Habitans.	94
La ville d'Esseck, sa Capitale.	ibid.
La ville de Sirmium, ses Conciles.	95
Son Conciliabule.	96
L'Empereur Probus né à Sirmium.	97
Sirmium, patrie de Maximien.	98
Illok, patrie de Saint Jean Capistran.	99
Lieux célebres aux environs de Sirmium.	100
La ville de Semlin.	101

LETTRE CCXC.

SUITE DE LA HONGRIE.

La Bosnie.	101
Ses productions, ses Habitans, ses Villes.	102
La Dalmatie.	ibid.
Ses guerres contre les Romains.	104
Ses révolutions.	105
La Dalmatie Vénitienne.	ibid.
Zare, sa Capitale.	ibid.
La République de Raguse.	106
Sa Capitale.	ibid.
Tremblement de terre.	107
Isles voisines de Raguse.	ibid.
Beauté de la Vallée d'Omble.	108
Fête de Saint Blaise, patron de Raguse.	ibid.
Le Carnaval.	109
Vie des Habitans de Raguse.	ibid.
Gouvernement de cette République.	110
Le grand & le petit Conseil.	111
Les revenus de la République.	112

L'Isle de Mélida. 113
Naufrage de Saint Paul près de cette Isle. ibid.
Dispute des Savans à ce sujet. 114
Autres villes de la Dalmatie. 115
L'Albanie, ses Villes. 116
Histoire du fameux Scanderberg. 117
Description du Mont Athos. ibid.
Monasteres établis sur cette Montagne. 118
Institution des anciens Couvens. ibid.
Vie des Moines du Mont Athos. 119
Description de leurs Maisons. 120
Leur exemption de l'Ordinaire. 121
Réflexions à ce sujet. 122
Cellules séparées des Couvens. ibid.
Tributs qu'ils paient au Grand Seigneur. 123
La Croatie, les Morlaques ou l'andours. 124
Leurs usages en voyage. 125
Leur amitié, leur haine. 126
Leur superstition. 127
Leurs Filles, leurs Femmes. 128
Leurs mariages. ibid.
Soumission des femmes envers leurs maris. 129
Accouchemens, éducation des enfans. ibid.
Nourriture & occupations. 130
Les Uscoques, Peuple sauvage. 131
La province de Carniole. ibid.
Ses Habitans, Laubach sa Capitale. 132
Le lac Ckirnick. 133
Son dessèchement. 134
Cause de ses phénomenes. 135
Gouvernement de la Hongrie. ibid.
Droits du Primat, Archevêque de Gran. 136
Le Clergé Hongrois. ibid.
Les grands Officiers de la Couronne. 137
Diete de la Nation. ibid.

La

DES MATIERES.

La Lieutenance Royale.	138
La Chambre Royale.	ibid.
Mines de Kremnits & de Kœnisberg.	139
Les Comtés de Hongrie.	140
Différens Peuples de la Hongrie.	141
Privileges des Nobles.	142
Les Laboureurs.	ibid.
Les différentes Langues.	143
Les Protestans en Hongrie.	ibid.
Les Ecoles Catholiques.	144
Caractere des Hongrois.	145
Le mal Hongrois.	ibid.
Commodités de la vie.	ibid.
Productions du pays.	146
Le commerce.	ibid.
La monnoie.	147
Les Tribunaux de Justice.	ibid.
Abondance de bled & de poisson.	148
Mines de sel d'Epiceries.	149
La caverne de Selitze.	150
Dernier Viceroi de Hongrie.	151
Eloge du feu Empereur.	152
Eloge de ses Enfans.	154

LETTRE CCXCI.

L'AUTRICHE.

La ville de Vienne.	155
Malignité de l'air.	156
Accident de feu arrivé à Vienne.	157
Les Fauxbourgs de cette Ville.	ibid.
Sa description.	158

Place de la Cour, Monument de piété. 159
Le Marché neuf, autre Monument. ibid.
La Cathédrale, la tour, le maitre-autel. 160
Erection d'un Evêché, d'un Archevêché. 161
Le Chapitre. ibid.
Autres Eglises de Vienne. 162
L'Université régie par les Jésuites. ibid.
Grand nombre d'Ecoliers. 163
La Bibliotheque Archiducale. ibid.
Son Bibliothécaire, M. Duval. 164
Histoire de sa vie. 165
Description du Château Impérial. 166
Le Trésor Archiducal, la salle d'Opéra. ibid.
Les Opéra de Metastasio. 167
Jugement sur ce Poëte. 168
Autres édifices de Vienne. 169
Le fauxbourg de Léopold. ibid.
Le fauxbourg de Lichtental. 170
Eglises & Palais des autres Fauxbourgs. 171
Habitans de Vienne. 172
Maisons Impériales. 173
L'Autriche, excellent pays. 174
Dévotion du Peuple de Vienne. 175
Image miraculeuse de la Vierge. ibid.
Les Cafés de Vienne. 176
Le pacte de Famille. ibid.
Reflexions à ce sujet. 177
Détails sur la guerre de 1756. 178
Conquête de Mahon, l'Amiral Byng. 179
Mort de cet Amiral. 180
Les Spectacles de Vienne. 181
L'Opéra Italien. 182
Comédie Françoise. ibid.
Deux Actrices célebres. 183
Acteurs François. 184

DES MATIERES.

L'Empire est divisé en plusieurs Cercles. 268
Gouvernement du Cercle de l'Empire. 269
Cercles Catholiques & Cercles Protestans. 270
Frédéric III est élu Empereur. 271
L'Autriche érigée en Archiduché. ibid.
Prérogatives des Archiducs. 272
Maximilien I, fils de Frédéric. 273
Son double mariage. ibid.
Abolition du Conseil secret. 274
Institution de la Chambre Impériale. ibid.
Officiers de cette Chambre. 275
Fonctions de la Chambre Impériale. 276
Appel de ce Tribunal. 277
Lenteur de cette Jurisdiction. ibid.
Maximilien I veut se faire Pape. 278
Nouvelle forme de l'Etat Militaire. ibid.

Nota. A cette page 278, ligne 24 il y a force nouvelle, *lisez* forme nouvelle.

Ancienne forme de l'Etat Militaire. 279
Maximilien invente de nouvelles armes. 280
Election de Charles-Quint. ibid.
Capitulation des Empereurs. 281
A quoi elle les oblige. 282
Création du Conseil Aulique. 283
Causes qui sont de son ressort. 284
Officiers de ce Tribunal. ibid.
Comment on réforme ses Jugemens. 285
Privilege de plusieurs Princes. 286

LETTRE CCXCV.

SUITE DE L'AUTRICHE.

Testament de Ferdinand.	287
Ce qu'il produit en 1740.	ibid.
Maximilien veut abolir le célibat des Prêtres.	288
Mauvais regne de son fils Rodolphe II.	289
Etablissement des Postes en Allemagne.	ibid.
Le Prince de Taxis Surintendant.	290
Despotisme de Ferdinand II.	ibid.
Il veut établir le Protestantisme.	291
Son intolérance.	292
Vertus de son fils Ferdinand III.	293
Vicaires de l'Empire.	294
Leur pouvoir & leurs droits.	295
Dispute dans la Maison Palatine.	296
Grands ou Archi-Officiers de l'Empire.	297
L'Electeur de Mayence, Archi-Chancelier.	298
Offices des autres Electeurs.	299
Lieutenans des Grands Officiers.	300
Création d'un nouvel Electorat.	301
Droits & prérogatives des Electeurs.	302
Les Princes de l'Empire.	303
Leurs différentes classes.	304
Princes anciens & nouveaux.	305
Princes à brevet.	306
Comtes d'Empire, Comtes à brevet.	ibid.
Les Barons, leur origine.	307
Barons à Diplome.	308
Quatre classes de Noblesse Allemande.	309

DES MATIERES. 489
Cercles de la Noblesse immédiate. 310
Les Villes Impériales. 311
Leur gouvernement, leurs prétentions. 312
Origine de la Noblesse Allemande. 313
Son indépendance. 314

LETTRE CCXCVI.

SUITE DE L'AUTRICHE.

Destinée de la Maison de Lorraine. 315
Sa situation sous le Duc Léopold. 316
Caractere du Duc Charles IV. 317
Politique du Duc Léopold. 318
Mariage de son fils avec Marie-Thérese. 319
Ce jeune Prince meurt. 320
Le Prince François le remplace. 321
Il vient à Versailles rendre hommage. 322
Son séjour à Paris. 323
Il retourne à Vienne. ibid.
Cession de la Lorraine à la France. 324
Il devient grand Duc de Toscane. 325
Pragmatique sanction de Charles VI. 326
La France fait élire Charles VII Empereur. 327
Le grand Duc lui succede. 328
Voies qui le conduisent à l'Empire. 329
Combien il a d'obstacles à vaincre. 330
Son portrait & son caractere. 331
Eloge de l'Impératrice Reine. 332
Ses démélés avec le Roi de Prusse. 333
Mémoires de part & d'autre. 334
Naissance d'un Archiduc. 335
Couronnement de l'Empereur. 336

Elle est touchée des malheurs de la guerre: 337
Elle prend conseil de son époux. ibid.
L'avantage qu'elle en retire. 338
Suites heureuses de la paix. 339
Eloge de Marie-Thérese d'Autriche. 340
Election de l'Empereur. 341
Office de l'Electeur de Mayence. 342
Office du Maréchal de l'Empire. 343
Ordre aux Etrangers de sortir de Francfort 344
Qualités requises pour être Empereur. 345
Couronnement de l'Empereur. 346
Quel est le Prélat qui fait cette cérémonie. 347
Ce qui s'observe avant & après. 348
Fonctions des Grands Officiers. 349
Tables du festin Impérial. 350

LETTRE CCXCVII.

SUITE DE L'AUTRICHE.

Situation de l'Allemagne. 352
Ses noms différens. 353
Divers titres de l'Empereur. ibid.
Ses armes, ses droits, ses prérogatives. 354
Son pouvoir en Allemagne. 355
Ses revenus. ibid.
Armée de l'Empire. 356
Résidence des Empereurs. 357
Autres prérogatives de l'Empereur. 358
Rang & droits de l'Impératrice. 369
Ancien gouvernement d'Allemagne. 360
Désordres de ce gouvernement. 361

Prise de possession de ce Duché. 472
Fin de cet usage. 473
Baillages donnés au Chapitre de Bamberg. 474

Fin de la Table.

Fautes à corriger.

Page 339, ligne 8 récompensés, *lisez* bien-faits.

Page 397, ligne 18 compara, *lisez* comparoit.

www.ingramcontent.com/pod-product-compliance
Lightning Source LLC
Chambersburg PA
CBHW052336230426
43664CB00041B/1860